短期間でしっかり合格!

成美堂出版

# ポケット漢検２級問題集



## ■頻度別問題集

### 頻出度 A 最頻出問題

### 頻出度 B 必修問題

## もくじ

# 本書の見かた

出題ジャンル

問題

頻出度

頻出度はA～Cの3つに分かれています。右の「ひよこでわかる頻出度」も参考に。

チェックボックス

できた問題をチェックしましょう。

頻出度 A

## 読み①

次の＿＿線の**漢字の読み**を**ひらがな**で答えよ。

☑ **01** 金額の多寡は問わない。

☑ **02** この商売は繁閑の差が大きい。

☑ **03** 政治家が舌禍事件を引き起こす。

☑ **04** 早暁に家を出て駅へ向かった。

☑ **05** 一つの考え方に拘泥する。

| 解説の中のアイコンの意味 | | | |
|---|---|---|---|
| 出例 | **似たような問題で、過去の実際の試験に出題されたもの**<br>P.12の01では「多寡」の読みが出題されていますが、同じ漢字を使った「寡欲」「寡聞」の読みも、過去の試験で出題されていることを示しています。 | | |
| 豆 | 覚えておくとためになる解説 | 用例 | 解答または解答の一部を使った語句 |
| ✖ | 間違いやすい例 | 熟語 | 解答の漢字を使った熟語の例 |
| 対義語 | 解答の熟語の反対の意味の熟語の例 | 類義語 | 解答の熟語と同じような意味の熟語の例 |
| 音読 | 解答の漢字の音読み | 訓読 | 解答の漢字の訓読み |
| ㊥ | 中学校で習う読み方 | ㊫ | 高等学校で習う読み方 |

本書のメインコンテンツであるP.12〜313の頻度別問題集のページの見かたです。赤シートをかぶせながら問題を解いていきましょう。

**自己採点記入欄**

合格点がとれるまで、くり返しましょう。

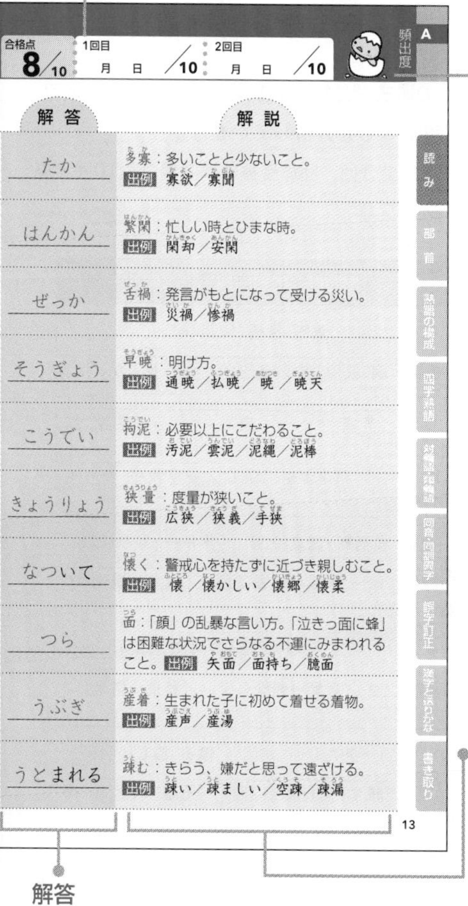

合格点 8/10
1回目 月 日 /10
2回目 月 日 /10
頻出度 A
解答
解説
たか
多寡：多いことと少ないこと。
出例 寡欲／寡聞
はんかん
繁閑：忙しい時とひまな時。
出例 閑却／安閑
ぜっか
舌禍：発言がもとになって受ける災い。
出例 災禍／惨禍
そうぎょう
早暁：明け方。
出例 通暁／払暁／暁／暁天
こうでい
拘泥：必要以上にこだわること。
出例 汚泥／雲泥／泥縄／泥棒
きょうりょう
狭量：度量が狭いこと。
出例 広狭／狭義／手狭
なついて
懐く：警戒心を持たずに近づき親しむこと。
出例 懐／懐かしい／懐郷／懐柔
つら
面：「顔」の乱暴な言い方。「泣きっ面に蜂」は困難な状況でさらなる不運にみまわれること。出例 矢面／面持ち／臆面
うぶぎ
産着：生まれた子に初めて着せる着物。
出例 産声／産湯
うとまれる
疎む：きらう、嫌だと思って遠ざける。
出例 疎い／疎ましい／空疎／疎漏
読み
部首
13

**ひよこでわかる頻出度**

**A**
過去問21年分の試験で出題頻度が最も高いもの

**B**
Aの次に頻度が高いもの

**C**
頻度は高くないが、覚えておきたい問題

**解説**

解答の漢字や熟語の意味、そのほか覚えておきたい注意点など辞書いらずの親切な解説が書かれています。

**解答**

赤シートで答えを隠してくり返し学習できます。

# 本書の特長

## 過去問21年分（約260回分）を徹底分析！試験に出る問題だけを完全攻略！

本書では、**漢字検定の過去問21年分（約260回分※）の試験で、実際に出題された問題すべてを分析**しています。

※検定は一年間に公開会場で３回、団体受検の準会場で約10回実施されています。

| ジャンル | 出題例（出題回数） |
|---|---|
| 読み | 筒抜け 彩る（22回）／薫陶 横柄（17回） |
| 部首 | 爵 升（26回）／嗣 畝（25回）／喪（24回）／亜 且 など（23回） |
| 熟語の構成 | 争覇（23回）／多寡（22回）／衆寡（21回）／早晩 叙勲 点滅（20回） |
| 四字熟語 | 合従連衡（20回）／精進潔斎（19回）／安寧秩序 会者定離 など（18回） |
| 対義語 | 慶賀←→哀悼 横柄←→謙虚（23回）／多弁←→寡黙（22回） |
| 類義語 | 功名＝殊勲（23回）／永眠＝逝去（21回）／残念＝遺憾（20回）／面倒＝厄介（19回） |
| 同音・同訓異字 | 応酬 押収 欧州（40回）／履く 掃く など（32回） |
| 誤字訂正 | 堅著→顕著（17回）／賓繁→頻繁（15回）／登乗→搭乗（12回） |
| 漢字と送りがな | 懐かしい（17回）／甚だしい（16回）／憤る 恭しい（15回） |
| 書き取り | 契る（18回）／醸す 怠ける（17回）／光陰（11回）／郷愁 如実 など（10回） |

上の表が、分析結果です。出題範囲（８ページ参照）が決まっているので、何度も出題される漢字があることに気づくはず

短時間でしっかり合格するために、本書は過去問を徹底的に分析した問題集になっています。赤シート対応、辞書いらずの親切な解説も特長です。

です。たとえば、読みの問題では「横柄」が17回出題されている一方、「曖昧」は１回しか出題されていません。

本書では、出題回数が多い順、すなわち出題頻度が高い順にA、B、Cの３ランクに分類して問題を掲載しています。これまでに何度も出題された問題はこれからも出題されやすい**「試験に出る問題」**です。これを集中的に学習することにより短時間でしっかり合格できます。特に、頻出度Aは出題されることの多い問題で、覚えておけば得点源になります。

また、時間に余裕がない人は頻出度Aのみの学習、満点合格を狙う人は頻出度Cまでの学習、というように自分の勉強時間に合わせた使い方もできます。

## いつでもどこでも学習できる！<br>隠して覚えられる赤シート対応！

本書は隠して覚えられる赤シート対応になっています。また、辞書をひかなくても済むくらい親切な解説がついています。

ノートや辞書を持ち運ばなくても済み、通学中、通勤中、いつでもどこでも空いた時間で学習できるので、短時間でしっかり合格することができます。

**2020年度からの試験制度変更について**

平成29年改訂の小学校学習指導要領が2020年度から全面実施されたことに伴い、漢字検定でも一部の漢字の配当級が変更になりました。２級では、２級配当漢字だった「茨」「媛」「岡」など11字が７級配当漢字に移動していますが、出題範囲は2136字で変更ありません。本書ではこの試験制度変更を踏まえて、配当級が変更になった漢字の出題頻度を予想した上で、A・B・Cの各ランクに予想問題として掲載しています。

# 漢字検定２級の
# 出題範囲

●２級検定では、常用漢字2136字全てが出題範囲となり、準２級から185字増えました。

●準２級から増えた185字が２級の配当漢字となり、２級試験では重要な漢字です。

- 「読み」や「書き取り」の問題では、すべての常用漢字が出題の対象になります。とくに重要なのが２級配当漢字ですが、以前２級配当漢字であった準２級配当漢字からも多く出題されます。巻末の配当漢字表を参考にして、しっかりと学習しておきましょう。
- 準2級試験からの出題形式の変更点は、(四)「四字熟語」の問題で、漢字を一字書く問題から漢字二字を書く問題へと変更になりました。また、(六)「同音・同訓異字」の問題でも同様に、漢字を一字書く問題から漢字二字を書く問題へと変更になりました。
- 「読み」の問題では、小学校や中学校で習う漢字で、高等学校で習う読み(「旨」を「むね」、「行」を「アン」と読むなど)の出題率が高くなるので、注意する必要があります。

●試験は、以下のような内容で構成されています。

(一) 短文中の漢字の読み(音・訓)　(二) 部首
(三) 熟語の構成　(四) 四字熟語
(五) 対義語・類義語　(六) 同音・同訓異字
(七) 誤字訂正　(八) 漢字と送りがな
(九) 短文中の書き取り(音・訓)

ただし、(公財)日本漢字能力検定協会の審査基準の変更の有無にかかわらず、出題形式や問題数が変更されることもあります。

# 漢字検定２級の
# 採点基準

●漢字検定では、とめやはねなどにも注意して、一画一画ていねいに書かなくてはいけません。点が抜けていたり、不要な点がついていたりすると不正解です。

●字体は、小学校の教科書に使用されている教科書体が採点の基準になっています。本書の問題文と解答は教科書体を使用していますので、参考にしてください。

●常用漢字表にない漢字や読みはバツになります。たとえば、「動きマワル」の「マワル」は、漢字で「回る」と書くのが正解で、「廻る」と書くとバツになります。常用漢字の旧字体も正答とは認められません。ただし、２級配当漢字には、例外として「漢検」で正答と認められる字体（許容字体）があります（例　「葛」と「葛」、「喩」と「喩」など）。どちらも正解になりますが、巻末の２級配当漢字表で違いを確認しておきましょう。

●その他の採点基準は以下のとおりです。

・送りがなは、昭和48年６月18日内閣告示の「送り仮名の付け方」が基準になっています。

・部首は、参考書によって多少異なりますが、漢字検定を主催する（公財）日本漢字能力検定協会の定めによっています。

●２級の合格点は正解率80パーセント前後が目安です。２級は200満点ですから、160点以上をとれば合格です。

# 漢字検定の

●年齢、性別、国籍を問わず、だれでも受検できます。個人で受検する場合は以下の方法があります。

- インターネットから申し込む
- ローソン、セブン-イレブン、ファミリーマート、ミニストップで申し込む

●個人受検の試験は１年に３回、定期的に実施されています。日程については（公財）日本漢字能力検定協会に問い合わせてください。

●検定会場は、全国と海外の主要都市で行われています。願書に載っている検定会場から、自分の希望する会場を選びます。団体受検の場合、条件を満たせば学校や会社の中で受検することもできます。

●申込期間は検定日の約３か月前から１か月前までです。しめ切り日までに願書を送らないと無効になってしまいますから、注意してください。

●検定時間は60分です。開始時間の異なる級を選べば、２つ以上の級を受検することも可能です。

# 実施要項

●合否の発表は、検定日から所定の日数後、合格者には合格証書、合格証明書、検定結果通知が送られます。不合格者には検定結果通知が郵送されます。

●検定日当日は、以下の点に注意しましょう。

- 受検票を忘れずに持参しましょう。受検票は、受検中に机の上に置いておかなければなりません。
- 自動車やバイクで来ることを禁止している会場が多いので、事前に確認してください。
- 当日はHBかBの鉛筆、または濃いシャープペンシルを持参しましょう。鉛筆は２本以上、さらに鉛筆が削れる簡単なものを用意しておくと安心です。消しゴムも持参しましょう。ボールペンや万年筆の使用は認められません。
- 検定中、携帯電話の電源は切っておきましょう。

●検定料等は変わることがあるので、漢字検定の広告やホームページなどで確認するようにしましょう。

問い合わせ先

公益財団法人 **日本漢字能力検定協会**

ホームページ　https://www.kanken.or.jp/

［本部］〒605-0074　京都市東山区祇園町南側551番地

ホームページにある「よくある質問」を読んで該当する質問がみつからなければメールフォームでお問合せください。電話でのお問合せ窓口は0120-509-315（無料）です。

本書は原則として2023年５月時点のものです。受検をお考えの方は、ご自身で（公財）日本漢字能力検定協会の発表する最新情報をご確認ください。

頻出度 A

# 読み①

次の＿＿線の**漢字の読み**を**ひらがな**で答えよ。

☐ **01** 金額の多寡は問わない。

☐ **02** この商売は繁閑の差が大きい。

☐ **03** 政治家が舌禍事件を引き起こす。

☐ **04** 早暁に家を出て駅へ向かった。

☐ **05** 一つの考え方に拘泥する。

☐ **06** 狭量な価値観に縛られている。

☐ **07** 近所に住む野良猫が懐いてきた。

☐ **08** 泣きっ面に蜂。

☐ **09** 実家から産着が送られてきた。

☐ **10** 身勝手な行動から皆に疎まれる。

| 解答 | 解説 |
|---|---|
| たか | 多寡：多いことと少ないこと。 出例 寡欲／寡聞 |
| はんかん | 繁閑：忙しい時とひまな時。 出例 閑却／安閑 |
| ぜっか | 舌禍：発言がもとになって受ける災い。 出例 災禍／惨禍 |
| そうぎょう | 早暁：明け方。 出例 通暁／払暁／暁／暁天 |
| こうでい | 拘泥：必要以上にこだわること。 出例 汚泥／雲泥／泥縄／泥棒 |
| きょうりょう | 狭量：度量が狭いこと。 出例 広狭／狭義／手狭 |
| なついて | 懐く：警戒心を持たずに近づき親しむこと。 出例 懐／懐かしい／懐郷／懐柔 |
| つら | 面：「顔」の乱暴な言い方。「泣きっ面に蜂」は困難な状況でさらなる不運にみまわれること。 出例 矢面／面持ち／臆面 |
| うぶぎ | 産着：生まれた子に初めて着せる着物。 出例 産声／産湯 |
| うとまれる | 疎む：きらう、嫌だと思って遠ざける。 出例 疎い／疎ましい／空疎／疎漏 |

# 頻出度A 読み②

次の＿＿線の**漢字の読み**を**ひらがな**で答えよ。

☑ 01 全国制覇という壮図を抱く。

☑ 02 旧友を迎えて一献傾ける。

☑ 03 恩師の言葉を粛然として聞き入った。

☑ 04 師匠の薫陶の賜物だ。

☑ 05 必要な資料が散逸している。

☑ 06 自転車に施錠して駅に向かう。

☑ 07 端数を切り捨てる。

☑ 08 長いことガンを患っている。

☑ 09 父は新たに会社を興した。

☑ 10 彩り鮮やかなお弁当を食べた。

| 解答 | 解説 |
|---|---|
| そうと | 壮図：大規模で立派な計画。<br>出例 豪壮／壮挙 |
| いっこん | 一献：一杯の酒。小酒宴を催すこと。<br>出例 献本／献金　✕いっけん |
| しゅくぜん | 粛然：かしこまり静まり返っている様子。<br>出例 粛々／自粛 |
| くんとう | 薫陶：優れた徳の力や品格で人を感化し、教育すること。<br>出例 薫風／余薫／薫る |
| さんいつ | 散逸：まとまっていたものが散りうせること。「逸」は「失う」「すぐれたもの」の意。<br>出例 秀逸／逸品 |
| せじょう | 施錠：かぎをかけること。<br>出例 施主／布施　豆「施」の音読みはシ（施設／実施）／セ（施療）。施行／施工は両方に読む |
| はすう | 端数：計算の都合上、切りのいい位までに止めた場合に出る残りの数。出例 年端／端役／端的　豆「はすう」は湯桶読み（訓読み＋音読み） |
| わずらって | 患う：病気になる。悩むこと。苦労。病気。悩む、苦しむ。<br>出例 長患い／疾患／患部 |
| おこした | 興す：新たに立ち上げる。気力を奮い立たせる。<br>出例 興る／勃興 |
| いろどり | 彩る：色をつける。取り合わせて飾る。 |

# 読み③

次の＿＿線の**漢字の読み**を**ひらがな**で答えよ。

☐ **01** 一度拙宅へお越しください。

☐ **02** 長年続いた悪弊を打破する。

☐ **03** 計画の目標に向かって漸進する。

☐ **04** 部下を督励して仕事を急がす。

☐ **05** 奔流に大岩が砕かれた。

☐ **06** 業界に旋風が吹き荒れる。

☐ **07** 町内会の神輿を担ぐ。

☐ **08** 作戦の概要は敵に筒抜けだった。

☐ **09** 栄えある賞に選ばれる。

☐ **10** 公園で友人の犬と戯れる。

| 解答 | 解説 |
|---|---|
| せったく | 拙宅：自分の家をへりくだっていう言葉。<br>出例 稚拙／巧拙 |
| あくへい | 悪弊：よくない風習のこと。悪習。<br>出例 弊社／宿弊 |
| ぜんしん | 漸進：順を追って徐々に進むこと。<br>出例 漸増／漸次 ✕ざんしん |
| とくれい | 督励：監督し、はげますこと。<br>出例 督促／家督 |
| ほんりゅう | 奔流：激しい勢いの流れ。<br>出例 狂奔／奔走 |
| せんぷう | 旋風：大きな変動をもたらすもの。つむじ風。<br>出例 周旋／旋回 |
| かつぐ | 担ぐ：物を肩に載せて持つこと。祭り上げること。<br>出例 担う |
| つつぬけ | 筒抜け：秘密などが外にもれること。話し声などがそのまま他人に聞こえること。<br>出例 封筒 |
| はえある | 栄えある：光栄のこと。<br>出例 見栄え／栄える ✕さか(え) |
| たわむれる | 戯れる：遊ぶこと。ふざける、おもしろがって遊ぶ。<br>出例 戯れ |

頻出度 A

# 読み④

次の＿＿線の**漢字の読み**を**ひらがな**で答えよ。

☑ **01** 高熱が出たので解熱剤を頓服する。

☑ **02** 悪質なうわさが流布している。

☑ **03** 自己顕示欲が人一倍強い。

☑ **04** 資源が枯渇する時期を予測する。

☑ **05** 事件の真相を糾明する。

☑ **06** 人生とは何かを思索する。

☑ **07** 子供を膝の上に乗せてあやす。

☑ **08** 漢字に倣って作られた文字だ。

☑ **09** 前言を翻し反対派に回る。

☑ **10** 真に忌むべき存在である。

| 解答 | 解説 |
|---|---|
| とんぷく | 頓服（とんぷく）：症状が出た時に、薬を一回だけ飲むこと。<br>出例 整頓（せいとん）／停頓（ていとん） |
| るふ | 流布（るふ）：広く知れ渡ること。<br>出例 布団（ふとん）／布石（ふせき） |
| けんじ | 顕示（けんじ）：はっきり示すこと。<br>出例 露顕（ろけん）／顕著（けんちょ） |
| こかつ | 枯渇（こかつ）：かれてなくなること。<br>出例 渇望（かつぼう）／渇水（かっすい）／渇く（かわく） |
| きゅうめい | 糾明（きゅうめい）：鋭く追及して明らかにすること。<br>出例 紛糾（ふんきゅう）／糾弾（きゅうだん） |
| しさく | 思索（しさく）：根本的な意味などを深く考えること。<br>出例 索引（さくいん）／探索（たんさく） |
| ひざ | 膝（ひざ）：脚の中間くらいにあるももとすねをつなぐ関節部のこと。また、太ももの前面部のこともいう。出例 膝詰め（ひざづめ） |
| ならって | 倣う（ならう）：まねること。まねる。 |
| ひるがえし | 翻す（ひるがえす）：態度を変える。裏返しにする。なびかせる。<br>出例 翻る（ひるがえる）／翻意（ほんい）／翻弄（ほんろう） |
| いむ | 忌む（いむ）：避ける、拒否する。<br>出例 忌まわしい（いまわしい） |

頻出度 A

# 読み⑤

次の____線の**漢字の読み**を**ひらがな**で答えよ。

☐ **01** 町の変遷が分かる資料だ。

☐ **02** ライバル同士の角逐が激しい。

☐ **03** 日本一を奪還すべく練習に励む。

☐ **04** お客様に煎茶をお出しする。

☐ **05** 故郷を離れ幾星霜を経た。

☐ **06** 鬱屈とした感情を押し殺す。

☐ **07** 騒乱が鎮まるまでに三か月を費やした。

☐ **08** 愁いのある横顔が素敵だ。

☐ **09** 神々しいほど美しい山だ。

☐ **10** 腰を据えて問題解決に取り組む。

| 解答 | 解説 |
|---|---|
| へんせん | 変遷：移り変わり。<br>出例 遷都／左遷 |
| かくちく | 角逐：互いに相争うこと。<br>出例 逐次／放逐 |
| だっかん | 奪還：うばい返すこと。<br>出例 召還／還元 |
| せんちゃ | 煎茶：緑茶の一種。<br>出例 煎じる／煎餅／煎る |
| せいそう | 星霜：としつき。年月。<br>出例 風霜／霜害／霜柱 |
| うっくつ | 鬱屈：気分が晴れないこと。憂鬱な気分になること。<br>出例 陰鬱／憂鬱 |
| しずまる | 鎮まる：騒動などがおさまる。静かになる。勢いが衰える。<br>出例 鎮める／鎮魂歌 |
| うれい | 愁い：悲しみ、嘆きのこと。<br>出例 愁える／愁う／郷愁／哀愁 |
| こうごうしい | 神々しい：「神神し」の音便。尊くておごそかなこと。<br>出例 お神酒 |
| すえて | 据える：落ちつける。動かないように置く。「腰を据える」は落ちついて行動すること。<br>出例 据わる／見据える |

頻出度 A

# 読み⑥

次の____線の**漢字の読み**を**ひらがな**で答えよ。

☑ **01** 全国行脚へ出発する。

☑ **02** ご同席いただければ幸甚です。

☑ **03** 若き俊才が集まっている。

☑ **04** 他者の意見など歯牙にもかけない。

☑ **05** 会議の準備不足が露呈した。

☑ **06** 人名救助を評価され褒賞された。

☑ **07** 詠み人知らずの短歌が現代に伝わる。

☑ **08** 了承した旨を相手に伝える。

☑ **09** 捕らえた鹿の皮を剝ぐ。

☑ **10** 友人だと思っていた人物に陥れられた。

| 解答 | 解説 |
|---|---|
| あんぎゃ | 行脚（あんぎゃ）：徒歩で諸国を旅すること。<br>出例 脚立（きゃたつ） 豆「あんぎゃ」は唐音（平安時代から江戸時代までに中国から伝わった音） ✕こうきゃく |
| こうじん | 幸甚（こうじん）：非常に幸せであること。<br>出例 激甚（げきじん）／甚大（じんだい）／甚（はなは）だしい |
| しゅんさい | 俊才（しゅんさい）：才知のすぐれた人。<br>出例 俊傑（しゅんけつ）／俊敏（しゅんびん） |
| しが | 歯牙（しが）：歯ときば。「歯牙にもかけない」は、「まったく問題にしない」の意味。<br>出例 毒牙（どくが）／牙城（がじょう）／牙（きば） |
| ろてい | 露呈（ろてい）：隠していたことがさらけ出されること。<br>出例 呈（てい）する／進呈（しんてい） |
| ほうしょう | 褒賞（ほうしょう）：ほめたたえること。その証として贈られるほうび。<br>出例 褒美（ほうび）／褒章（ほうしょう）／褒（ほ）める |
| よみ | 詠（よ）む：詩歌を作ること。<br>出例 歌詠（うたよ）み |
| むね | 旨（むね）：そのことの主な点。趣意。 出例 論旨（ろんし） |
| はぐ | 剝（は）ぐ：表面に付いている物をむきとる。<br>出例 剝（は）がす／剝（は）げる／剝製（はくせい）／剝奪（はくだつ） |
| おとしいれられた | 陥（おとしい）れる：だまして相手を困らせる。攻撃して取る。<br>出例 陥（おちい）る／陥没（かんぼつ）／陥落（かんらく） |

頻出度
A

# 読み⑦

次の____線の**漢字の読み**を**ひらがな**で答えよ。

☑ 01 臨時の出費を補填する。

☑ 02 犯人が籠城を始めてから半日が経過している。

☑ 03 業者との癒着が浮き彫りになる。

☑ 04 漆器のお椀（わん）を好んで使う。

☑ 05 判断は時期尚早だった。

☑ 06 朝の清澄な空気を吸い込む。

☑ 07 臨時収入を借金返済に充てる。

☑ 08 偽の情報に踊らされ惨敗した。

☑ 09 義兄弟の契りを交わす。

☑ 10 崖の際に石碑が建っている。

| 解答 | 解説 |
|---|---|
| ほてん | 補塡：不足している部分を補って、うめること。 出例 充塡／装塡 |
| ろうじょう | 籠城：家などにこもって外へ出ないことのたとえ。城にこもって敵を防ぐこと。 出例 籠絡／参籠／鳥籠／籠 |
| ゆちゃく | 癒着：無関係であるべき者同士が深く結びつくこと。離れているべき皮膚や組織がくっついてしまうこと。 出例 平癒／快癒 |
| しっき | 漆器：漆を塗ってある器。 出例 乾漆／漆黒／漆塗り／漆 |
| しょうそう | 尚早：そのことをするには機が熟していないこと。 出例 好尚／高尚 |
| せいちょう | 清澄：きれいですんでいること。 出例 澄明 |
| あてる | 充てる：その目的にかなうようにする。 出例 拡充／充血 |
| にせ | 偽：真実でないこと。 出例 偽る／真偽／偽善 豆「偽り」と読む場合は送りがなが付く |
| ちぎり | 契る：約束のこと。契約。固く約束する。 |
| きわ | 際：別のものとの境目のぎりぎりの部分。 出例 手際／際どい／瀬戸際 |

頻出度 A

# 読み⑧

次の＿＿線の**漢字の読み**を**ひらがな**で答えよ。

☐ **01** 円借款制度の見直しをする。

☐ **02** 海外の文学作品の抄本を読む。

☐ **03** 明治に作られた紡績工場を見学する。

☐ **04** 怠惰な生活を改善する。

☐ **05** 敵の守りを粉砕する。

☐ **06** 疫病神として恐れられる。

☐ **07** 芸術の才に秀でている。

☐ **08** 瞬く間に完売してしまった。

☐ **09** 接ぎ木をして病気から守る。

☐ **10** 国の礎となった素晴らしい人だった。

| 解答 | 解説 |
| --- | --- |
| しゃっかん | 借款（しゃっかん）：国際間の資金の貸し借り。<br>出例 約款（やっかん）／落款（らっかん） |
| しょうほん | 抄本（しょうほん）：原本の一部分を書き抜いたもの。<br>出例 抄録（しょうろく）／抄訳（しょうやく） |
| ぼうせき | 紡績（ぼうせき）：綿、麻、獣毛など動植物の繊維を加工して糸にすること。<br>出例 混紡（こんぼう）／紡織（ぼうしょく）／紡（つむ）ぐ |
| たいだ | 怠惰（たいだ）：怠けてだらだらしていること。<br>出例 惰性（だせい）／惰眠（だみん） |
| ふんさい | 粉砕（ふんさい）：完全に打ち破ること。粉々に砕くこと。<br>出例 砕石（さいせき）／砕氷（さいひょう）／砕（くだ）く |
| やくびょうがみ | 疫病神（やくびょうがみ）：疫病を流行させる神。転じて他人から嫌われる存在。<br>出例 検疫（けんえき）／免疫（めんえき） |
| ひいでて | 秀（ひい）でる：特にすぐれていること。 |
| またたく | 瞬（またた）く：まばたきをすること。光がちらちらすること。「瞬く間」はまばたきするほどの短い時間。 |
| つぎ | 接（つ）ぐ：つなぎあわせる。 |
| いしずえ | 礎（いしずえ）：石据えの意。基礎となる大事な事柄(人物)。 |

頻出度 **A**

# 読み⑨

次の＿＿線の**漢字の読み**を**ひらがな**で答えよ。

☑ **01** よく吟味して牛肉を買う。

☑ **02** 師範の強さに比肩する者はいない。

☑ **03** 利権絡みの醜聞が相次ぐ。

☑ **04** 古書店街で古本を渉猟する。

☑ **05** 均斉のとれた体つきだと褒められた。

☑ **06** 戴冠式への出席を求められた。

☑ **07** 表向きは平静を装っている。

☑ **08** 政界から潔く去る決断をする。

☑ **09** 親しい友と酒を酌み交わす。

☑ **10** 不当に辱められている。

| 解答 | 解説 |
|---|---|
| ぎんみ | 吟味(ぎんみ)：内容などを念入りに調べ確認すること。 出例 詩吟(しぎん)／苦吟(くぎん) |
| ひけん | 比肩(ひけん)：匹敵すること。 出例 強肩(きょうけん) |
| しゅうぶん | 醜聞(しゅうぶん)：聞き苦しいうわさ。 出例 美醜(びしゅう)／醜態(しゅうたい)／醜(みにく)い |
| しょうりょう | 渉猟(しょうりょう)：広く探し歩くこと。多くの本を読みあさること。 出例 渉外(しょうがい)／干渉(かんしょう) |
| きんせい | 均斉(きんせい)：バランスよく、整っていること。均整とも書く。 出例 斉唱(せいしょう)／一斉(いっせい) |
| たいかん | 戴冠(たいかん)：国王が即位のしるしとして王冠を頭にいただくこと。 出例 頂戴(ちょうだい)／推戴(すいたい) |
| よそおって | 装(よそお)う：そのように見せかけること。身なりを整えること。 |
| いさぎよく | 潔(いさぎよ)い：思い切りがよく立派なこと。 |
| くみ | 酌(く)む：酒などを器に注いで飲むこと。「酌み交わす」は、互いに酒などを相手についで飲むこと。 出例 酌(しゃく)／晩酌(ばんしゃく) |
| はずかしめ | 辱(はずかし)める：恥をかかせる、傷つける。 |

頻出度
A

# 読み⑩

次の＿＿線の**漢字の読み**を**ひらがな**で答えよ。

☑ **01** 王の覇業を支えた功臣だ。

☑ **02** 突如、漠とした不安に襲われる。

☑ **03** 煩悩を振り払って修業を続ける。

☑ **04** 指定種苗を販売している。

☑ **05** 偏狭な考えだと指摘する。

☑ **06** 摩耗してしまった部品を取り換える。

☑ **07** いつも傍らに寄り添っている。

☑ **08** 政敵にまんまと謀られた。

☑ **09** マグロの競りを見学する。

☑ **10** 兄の発言が物議を醸している。

| 解答 | 解説 |
| --- | --- |
| はぎょう | 覇業（はぎょう）：力でもって天下を制すること。<br>出例 覇（は）／覇気（はき） |
| ばく | 漠（ばく）：はっきりしないさま。はてしなく広々としたさま。<br>出例 空漠（くうばく）／広漠（こうばく） |
| ぼんのう | 煩悩（ぼんのう）：欲望、怒り、執着など、人の心身の苦しみを生み出す精神の作用。<br>出例 煩雑（はんざつ）／煩忙（はんぼう）／煩（わずら）わしい／子煩悩（こぼんのう） |
| しゅびょう | 種苗（しゅびょう）：たねとなえ。「指定種苗」は種苗法によって種芋などの売買が制限されているもの。<br>出例 育苗（いくびょう） |
| へんきょう | 偏狭（へんきょう）：度量の小さいこと。自分の狭い考えばかりにとらわれること。<br>出例 偏在（へんざい）／偏向（へんこう）／偏（かたよ）る |
| まもう | 摩耗（まもう）：こすれてすり減ること。<br>出例 摩滅（まめつ）／摩天楼（まてんろう） |
| かたわら | 傍（かたわ）ら：そばのこと。 |
| はかられた | 謀（はか）る：計画的に人をだますこと。 |
| せり | 競（せ）り：高値をつけた者に買う権利を与える取引き。<br>出例 競（きそ）う／競艇（きょうてい） |
| かもし | 醸（かも）す：ある事態を生ずること。米や豆を発酵させ、酒やしょうゆなどをつくること。<br>出例 醸成（じょうせい） |

頻出度 A

# 読み⑪

次の＿＿線の**漢字の読み**を**ひらがな**で答えよ。

☑ **01** 自らを<u>凡庸</u>と認め努力を惜しまない。

☑ **02** <u>豊沃</u>な地を開拓して農地にした。

☑ **03** <u>傲慢</u>な態度を取り友人を失くす。

☑ **04** <u>懸案</u>事項を抱えている。

☑ **05** <u>湖沼</u>にすむ生物の調査を行う。

☑ **06** <u>緻密</u>に計算して撮られた写真だ。

☑ **07** 決勝点に<u>絡</u>む活躍を見せた。

☑ **08** 難しいと評判のゲームに<u>尻込</u>みする。

☑ **09** 国際法の専門家に教えを<u>請</u>う。

☑ **10** 最年長者を会長に<u>奉</u>る。

| 解答 | 解説 |
| --- | --- |
| ぼんよう | 凡庸：平凡、凡人であること。<br>出例 中庸 |
| ほうよく | 豊沃：土地が肥沃で、農作物がよく実ること。<br>出例 沃野／肥沃 |
| ごうまん | 傲慢：思い上がって、人を見下すこと。<br>出例 傲然 |
| けんあん | 懸案：解決の必要がありながら未解決である事柄。<br>出例 懸賞／懸垂 |
| こしょう | 湖沼：みずうみとぬま。陸地に囲まれたくぼ地にある、水のかたまり。<br>出例 沼沢／池沼 |
| ちみつ | 緻密：細部まで行き届いていること。きめが細かいこと。<br>出例 細緻／巧緻 |
| からむ | 絡む：物事が関係する。巻き付く。言いがかりをつける。<br>出例 絡まる |
| しりごみ | 尻込み：気後れして、ためらうこと。<br>出例 尻ぬぐい／尻餅／帳尻 |
| こう | 請う：願うこと。ある事をしてくれるよう、相手に求める。<br>出例 請ける／普請／請願 |
| たてまつる | 奉る：ある人を高い地位に据え、表面的に敬意を表すこと。差し上げること。 |

# 読み⑫

次の＿＿線の**漢字の読み**を**ひらがな**で答えよ。

☐ **01** 書類に記名押印が必要です。

☐ **02** 機械で圧搾するのが主流だ。

☐ **03** 渦中の人物にインタビューを申し込む。

☐ **04** 入院費用は控除の対象になる。

☐ **05** 荘重な音楽が流れる。

☐ **06** 窮余の一策は失敗に終わった。

☐ **07** 憂さ晴らしに公園に出かけた。

☐ **08** 心の糧となる話だった。

☐ **09** ライバルチームが優勝を阻んでいる。

☐ **10** 自宅の建坪を調べる。

| 解答 | 解説 |
|---|---|
| おういん | 押印（おういん）：判を押すこと。<br>出例 押収（おうしゅう）／花押（かおう） |
| あっさく | 圧搾（あっさく）：圧力で搾ること。<br>出例 搾取（さくしゅ） |
| かちゅう | 渦中（かちゅう）：事件やもめごとの中。<br>出例 渦紋（かもん）／戦渦（せんか）／渦潮（うずしお）／渦（うず） |
| こうじょ | 控除（こうじょ）：差し引いて除外すること。<br>出例 控訴（こうそ） |
| そうちょう | 荘重（そうちょう）：おごそかで重々しいこと。<br>出例 荘厳（そうごん）　豆「荘」におごそかの意味がある　✕そうじゅう |
| きゅうよ | 窮余（きゅうよ）：困ったあげく、苦しまぎれのこと。<br>出例 窮状（きゅうじょう）／窮迫（きゅうはく）／窮まる（きわまる）／窮める（きわめる） |
| うさ | 憂さ（うさ）：思いどおりにならず辛いこと。<br>出例 物憂い（ものうい） |
| かて | 糧（かて）：活力の支えとなるもの。生きるために必要な食糧。出例 兵糧（ひょうろう） |
| はばんで | 阻む（はばむ）：進行を邪魔すること。 |
| たてつぼ | 建坪（たてつぼ）：建築物の占める土地面積の坪数。<br>出例 坪（つぼ）／坪庭（つぼにわ） |

頻出度 A

# 読み⑬

次の＿＿線の**漢字の読み**を**ひらがな**で答えよ。

☑ **01** 歴史を陰で動かした傑物である。

☑ **02** 手術で病巣を全て摘出した。

☑ **03** 両者に対して折衷案を提示する。

☑ **04** 若者の犯罪率は逓減している。

☑ **05** 料理のコツを会得した。

☑ **06** 廃屋から出火があり警察が捜査している。

☑ **07** 世界を統べる者として予言される。

☑ **08** 上司より大役を仰せつかる。

☑ **09** 悪事を唆されても拒否する。

☑ **10** 毎日走り込み、体力を培う。

| 解答 | 解説 |
|---|---|
| けつぶつ | 傑物(けつぶつ)：すぐれた人物のこと。<br>出例 傑出(けっしゅつ)／傑作(けっさく) |
| びょうそう | 病巣(びょうそう)：病気になっている部分。<br>出例 帰巣(きそう) |
| せっちゅう | 折衷(せっちゅう)：取捨して良いところを取ること。<br>出例 苦衷(くちゅう) |
| ていげん | 逓減(ていげん)：数量が少しずつ減っていくこと。<br>出例 逓増(ていぞう) |
| えとく | 会得(えとく)：物事を深く理解して習得し、自分のものにすること。<br>出例 拾得(しゅうとく) |
| はいおく | 廃屋(はいおく)：住む人がいなくなり荒れ果てた家。<br>出例 荒廃(こうはい)／統廃合(とうはいごう)／廃(すた)れる |
| すべる | 統(す)べる：統一し、支配すること。 |
| おおせ | 仰(おお)せ：目上の人の言いつけ、お言葉。 |
| そそのかされる | 唆(そそのか)す：「唆す」はおだててやらせること。<br>出例 教唆(きょうさ)／示唆(しさ) |
| つちかう | 培(つちか)う：大切に養い育てる。植物を育てる。<br>出例 培養(ばいよう) |

頻出度 A

# 部首①

次の漢字の**部首**を答えよ。

- ☑ 01　嗣
- ☑ 02　褒
- ☑ 03　且
- ☑ 04　寧
- ☑ 05　虜
- ☑ 06　塁
- ☑ 07　奔
- ☑ 08　窯
- ☑ 09　畝
- ☑ 10　戻
- ☑ 11　勅
- ☑ 12　升
- ☑ 13　妥
- ☑ 14　亭
- ☑ 15　賓

| 解答 | 解説 |
| --- | --- |
| 口 | くち<br>出例 喪／呈／呉／唇もよく出題される |
| 衣 | ころも<br>出例 衷／衰／裏／裁もよく出題される |
| 一 | いち<br>出例 丙／丘／丈／世もよく出題される |
| 宀 | うかんむり<br>出例 宰／宵／宜／寡もよく出題される |
| 虍 | とらがしら　とらかんむり<br>出例 虞／虐／虚／虎もよく出題される |
| 土 | つち<br>出例 塑／塞／執／塗もよく出題される |
| 大 | だい<br>出例 奨／奪／奇／央もよく出題される |
| 穴 | あなかんむり<br>出例 窮／窃／窒／空もよく出題される |
| 田 | た<br>出例 甲／畜／申／畳もよく出題される |
| 戸 | とだれ　とかんむり<br>出例 扉／房／扇もよく出題される |
| 力 | ちから<br>出例 劾／募／励／勘もよく出題される |
| 十 | じゅう<br>出例 卑／卓／南／半もよく出題される |
| 女 | おんな<br>出例 威／妄／婆もよく出題される |
| 亠 | なべぶた　けいさんかんむり<br>出例 享もよく出題される |
| 貝 | かい　こがい<br>出例 貢／貧／賢もよく出題される |

頻出度
A
# 部首②

次の漢字の**部首**を答えよ。

- ☑ 01 頻
- ☑ 02 栽
- ☑ 03 充
- ☑ 04 帥
- ☑ 05 衡
- ☑ 06 淑
- ☑ 07 薫
- ☑ 08 叙
- ☑ 09 尼
- ☑ 10 累
- ☑ 11 凸
- ☑ 12 摩
- ☑ 13 亜
- ☑ 14 爵
- ☑ 15 甚

| 解答 | 解説 |
|---|---|
| 頁 | おおがい<br>出例 頒／頃／頑／顎もよく出題される |
| 木 | き<br>出例 朱／架／案／業もよく出題される |
| 儿 | ひとあし　にんにょう<br>出例 克／兆／免／元もよく出題される |
| 巾 | はば<br>出例 師／帝／幣／幕もよく出題される |
| 行 | ぎょうがまえ　ゆきがまえ<br>出例 衝／街／衛もよく出題される |
| 氵 | さんずい<br>出例 準／漸／涯／漆もよく出題される |
| 艹 | くさかんむり<br>出例 薦／藻／菌／蒸もよく出題される |
| 又 | また<br>出例 叔／受／及／取もよく出題される |
| 尸 | かばね　しかばね<br>出例 尿／履／屋もよく出題される |
| 糸 | いと<br>出例 索／緊／繭もよく出題される |
| 凵 | うけばこ<br>出例 凹もよく出題される |
| 手 | て<br>出例 拳／掌／承もよく出題される |
| 二 | に<br>出例 互／五もよく出題される |
| 爫 | つめかんむり　つめがしら |
| 甘 | かん　あまい<br>出例 甘もよく出題される |

頻出度 A

# 熟語の構成①

**熟語の構成**のしかたには右の□のようなものがある。次の熟語は□の**ア～オ**のどれに当たるか、**一つ**選び**記号**を答えよ。

☐ 01 衆寡

☐ 02 不肖

☐ 03 公僕

☐ 04 不浄

☐ 05 多寡

☐ 06 叙勲

☐ 07 逸脱

☐ 08 謹呈

☐ 09 争覇

☐ 10 媒介

ア 同じような意味の漢字を重ねたもの
（例＝**善良**）

イ 反対または対応の意味を表す字を重ねたもの
（例＝**細大**）

ウ 前の字が後ろの字を修飾しているもの
（例＝**美談**）

エ 後ろの字が前の字の目的語・補語になっているもの
（例＝**点火**）

オ 前の字が後ろの字の意味を打ち消しているもの
（例＝**不当**）

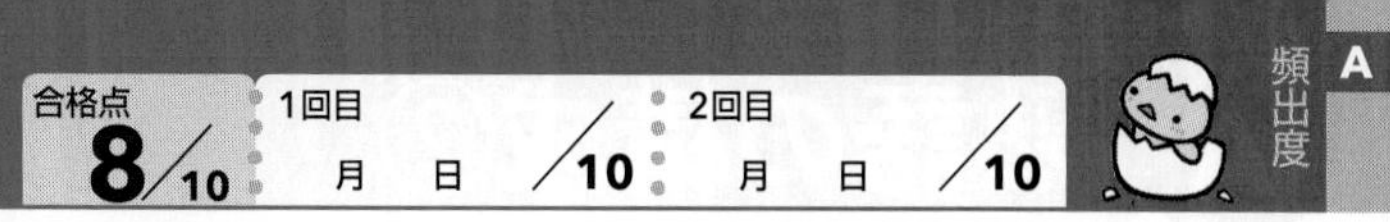




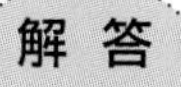


| 解答 | | 解説 |
|---|---|---|
| イ（反対） | しゅうか<br>衆寡 | 衆（おおい）←反→寡（すくない） |
| オ（打消） | ふしょう<br>不肖 | 不（否定）×←打消 肖（似ている） |
| ウ（修飾） | こうぼく<br>公僕 | 公（の） 修→僕（しもべ） |
| オ（打消） | ふじょう<br>不浄 | 不（否定）×←打消 浄（きよらか） |
| イ（反対） | たか<br>多寡 | 多（い）←反→寡（すくない） |
| エ（目・補） | じょくん<br>叙勲 | 叙（さずける）←目・補 勲（章を） |
| ア（同じ） | いつだつ<br>逸脱 | 逸 ＝同＝ 脱<br>どちらも「ぬける」の意。 |
| ウ（修飾） | きんてい<br>謹呈 | 謹（んで） 修→呈（さし出す） |
| エ（目・補） | そうは<br>争覇 | 争（う）←目・補 覇（を） |
| ア（同じ） | ばいかい<br>媒介 | 媒 ＝同＝ 介<br>どちらも「なかだちする」の意。 |

頻出度 A

# 熟語の構成②

**熟語の構成**のしかたには右の□のようなものがある。次の熟語は□の**ア〜オ**のどれに当たるか、**一つ**選び**記号**を答えよ。

☑ **01** 露顕

☑ **02** 弾劾

☑ **03** 妄想

☑ **04** 罷業

☑ **05** 点滅

☑ **06** 貴賓

☑ **07** 無窮

☑ **08** 早晩

☑ **09** 未了

☑ **10** 叙情

ア 同じような意味の漢字を重ねたもの
（例＝**善良**）

イ 反対または対応の意味を表す字を重ねたもの
（例＝**細大**）

ウ 前の字が後ろの字を修飾しているもの
（例＝**美談**）

エ 後ろの字が前の字の目的語・補語になっているもの
（例＝**点火**）

オ 前の字が後ろの字の意味を打ち消しているもの
（例＝**不当**）

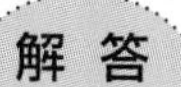

| 解答 | | 解説 |
|---|---|---|
| ア（同じ） | 露顕（ろけん） | 露 ＝同＝ 顕　どちらも「あらわになる」の意。 |
| ア（同じ） | 弾劾（だんがい） | 弾 ＝同＝ 劾　どちらも「罪を追及する」の意。 |
| ウ（修飾） | 妄想（もうそう） | 妄（いつわりの） 修→ 想（像） |
| エ（目・補） | 罷業（ひぎょう） | 罷（やめる）←目・補 業（仕事を） |
| イ（反対） | 点滅（てんめつ） | 点（つく）←反→ 滅（きえる） |
| ウ（修飾） | 貴賓（きひん） | 貴（地位の高い） 修→ 賓（客人） |
| オ（打消） | 無窮（むきゅう） | 無（否定）×←打消 窮（おわり） |
| イ（反対） | 早晩（そうばん） | 早（朝）←反→ 晩（夜） |
| オ（打消） | 未了（みりょう） | 未（否定）×←打消 了（終了） |
| エ（目・補） | 叙情（じょじょう） | 叙（のべる）←目・補 情（感情を） |

頻出度 A

# 熟語の構成③

**熟語の構成**のしかたには右の□のようなものがある。次の熟語は□の**ア〜オ**のどれに当たるか、**一つ**選び**記号**を答えよ。

☐ 01 浄財

☐ 02 未詳

☐ 03 逓減

☐ 04 享楽

☐ 05 贈賄

☐ 06 未遂

☐ 07 扶助

☐ 08 往還

☐ 09 享受

☐ 10 慶弔

ア 同じような意味の漢字を重ねたもの（例＝**善良**）

イ 反対または対応の意味を表す字を重ねたもの（例＝**細大**）

ウ 前の字が後ろの字を修飾しているもの（例＝**美談**）

エ 後ろの字が前の字の目的語・補語になっているもの（例＝**点火**）

オ 前の字が後ろの字の意味を打ち消しているもの（例＝**不当**）

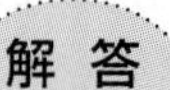

| 解答 | 解説 |
|---|---|
| ウ（修飾） | 浄財（じょうざい）　浄（きよらかな） 修→ 財（産） |
| オ（打消） | 未詳（みしょう）　未（否定）×← 打消 詳（しい） |
| ウ（修飾） | 逓減（ていげん）　逓（だんだんと） 修→ 減（らす） |
| エ（目・補） | 享楽（きょうらく）　享（受け止める）← 目・補 楽（しみを） |
| エ（目・補） | 贈賄（ぞうわい）　贈（る）← 目・補 賄（わいろを） |
| オ（打消） | 未遂（みすい）　未（否定）×← 打消 遂（げる） |
| ア（同じ） | 扶助（ふじょ）　扶 ＝同＝ 助　どちらも「たすける」の意。 |
| イ（反対） | 往還（おうかん）　往（ゆく）← 反 → 還（かえる） |
| ア（同じ） | 享受（きょうじゅ）　享 ＝同＝ 受　どちらも「うけいれる」の意。 |
| イ（反対） | 慶弔（けいちょう）　慶（いわう）← 反 → 弔（とむらう） |

頻出度 **A**

# 熟語の構成④

**熟語の構成**のしかたには右の□のようなものがある。次の熟語は□の**ア～オ**のどれに当たるか、**一つ**選び**記号**を答えよ。

☐ **01** 抑揚

☐ **02** 雅俗

☐ **03** 玩弄

☐ **04** 忍苦

☐ **05** 隠蔽

☐ **06** 奔流

☐ **07** 漆黒

☐ **08** 不祥

☐ **09** 籠城

☐ **10** 未来

ア 同じような意味の漢字を重ねたもの
（例＝**善良**）

イ 反対または対応の意味を表す字を重ねたもの
（例＝**細大**）

ウ 前の字が後ろの字を修飾しているもの
（例＝**美談**）

エ 後ろの字が前の字の目的語・補語になっているもの
（例＝**点火**）

オ 前の字が後ろの字の意味を打ち消しているもの
（例＝**不当**）

| 解答 | 解説 | |
|---|---|---|
| イ（反対） | 抑揚（よくよう） | 抑(える)←反→揚(げる) |
| イ（反対） | 雅俗（がぞく） | 雅(上品)←反→俗(下品) |
| ア（同じ） | 玩弄（がんろう） | 玩 ＝同＝ 弄<br>どちらも「もてあそぶ」の意。 |
| エ（目・補） | 忍苦（にんく） | 忍(ぶ)←目・補 苦(しみを) |
| ア（同じ） | 隠蔽（いんぺい） | 隠 ＝同＝ 蔽<br>どちらも「かくす」の意。 |
| ウ（修飾） | 奔流（ほんりゅう） | 奔(勢いのよい) 修→流(れ) |
| ウ（修飾） | 漆黒（しっこく） | 漆(うるしのように) 修→黒(い) |
| オ（打消） | 不祥（ふしょう） | 不(否定)×←打消 祥(めでたいこと) |
| エ（目・補） | 籠城（ろうじょう） | 籠(もる)←目・補 城(に) |
| オ（打消） | 未来（みらい） | 未(否定)×←打消 来(る) |

頻出度 A

# 四字熟語①

次の**四字熟語**の□に入る適切な語を右上の□の中から選び、**漢字二字**で答えよ。また、**01～10**の**意味**にあてはまるものを11～15から**一つ**選び（　）に**数字**でいれよ（該当しないものは空欄のままでよい）。

| | |
|---|---|
| きょうさ | けっさい |
| しゅうれい | しゅくせい |
| しよう | じょうり |
| じんそく | たいぜん |
| ちつじょ | れんこう |

☑ **01** 合従□□（　）

☑ **02** 精進□□（　）

☑ **03** 安寧□□（　）

☑ **04** 会者□□（　）

☑ **05** □□末節（　）

☑ **06** 眉目□□（　）

☑ **07** 綱紀□□（　）

☑ **08** □□果断（　）

☑ **09** □□自若（　）

☑ **10** □□扇動（　）

11 落ち着いていて何事にも動じないこと。

12 主要ではない、ささいなこと。

13 すばやく決断し、大胆に行動すること。

14 利害に応じて結びついたり離れたりすること。

15 乱れた規律を整えて、厳しく正すこと。

| 解答 | 解説 |
|---|---|
| 合従連衡(がっしょうれんこう) (14) | その時の利害に応じて結びついたり離れたりすること。 |
| 精進潔斎(しょうじんけっさい) (　) | 飲食を慎み、心身の清浄な状態を保つこと。<br>出例 「精進(しょうじん)」も問われる |
| 安寧秩序(あんねいちつじょ) (　) | 国や社会が平和に落ち着いていること。<br>出例 「安寧(あんねい)」も問われる |
| 会者定離(えしゃじょうり) (　) | 会えば必ず別れる運命にあるという意。この世は無常であることのたとえ。<br>出例 「会者(えしゃ)」も問われる |
| 枝葉末節(しようまっせつ) (12) | 主要ではない、ささいなこと。 |
| 眉目秀麗(びもくしゅうれい) (　) | 顔かたちがととのっていて美しいこと。<br>出例 「眉目(びもく)」も問われる |
| 綱紀粛正(こうきしゅくせい) (15) | 乱れた規律を整えて、厳しく正すこと。<br>出例 「綱紀(こうき)」も問われる |
| 迅速果断(じんそくかだん) (13) | すばやく決断し、大胆に行動すること。 |
| 泰然自若(たいぜんじじゃく) (11) | 落ち着いていて何事にも動じないこと。 |
| 教唆扇動(きょうさせんどう) (　) | おしえそそのかして人の心をあおり、行動させること。<br>出例 「扇動(せんどう)」も問われる |

四字熟語完成で10点配点、意味で5点配点

頻出度
A

# 四字熟語②

次の**四字熟語**の□に入る適切な語を右上の□の中から選び、**漢字二字**で答えよ。また、**01～10**の**意味**にあてはまるものを11～15から**一つ**選び（　）に**数字**でいれよ（該当しないものは空欄のままでよい）。

☐ **01** □□実直（　）

☐ **02** □□妄動（　）

☐ **03** □□不抜（　）

☐ **04** □□烈日（　）

☐ **05** 小心□□（　）

☐ **06** 内疎□□（　）

☐ **07** □□顕正（　）

☐ **08** 放歌□□（　）

☐ **09** □□充棟（　）

☐ **10** 快刀□□（　）

がいしん　かんぎゅう
きんげん　けいきょ
けんにん　こうぎん
しゅうそう　はじゃ
よくよく　らんま

11 こじれた物事をあざやかに処理すること。

12 分別なく軽はずみに行動すること。

13 不正を打破し、正義を表すこと。

14 刑罰や節操などがたいへん厳しいことのたとえ。

15 あたりかまわず大声で歌を歌うこと。

| 解答 | 解説 |
|---|---|
| 謹厳実直（きんげんじっちょく）( ) | たいへんつつしみ深く、まじめで正直なこと。 |
| 軽挙妄動（けいきょもうどう）(12) | 分別なく軽はずみに行動すること。<br>出例「妄動（もうどう）」も問われる |
| 堅忍不抜（けんにんふばつ）( ) | 意志を強く持って心を動かさず、我慢強く堪え忍ぶこと。 |
| 秋霜烈日（しゅうそうれつじつ）(14) | 刑罰や節操などがたいへん厳しいことのたとえ。<br>出例「烈日（れつじつ）」も問われる |
| 小心翼翼（しょうしんよくよく）( ) | 気が弱く、びくびくしていること。 |
| 内疎外親（ないそがいしん）( ) | 表向きは親しそうであるが、内心ではきらっていること。<br>出例「内疎（ないそ）」も問われる |
| 破邪顕正（はじゃけんしょう）(13) | 不正を打破し、正義を表すこと。<br>出例「顕正（けんしょう）」も問われる<br>豆「顕正」は「けんせい」とも読む |
| 放歌高吟（ほうかこうぎん）(15) | あたりかまわず大声で歌を歌い、詩を吟ずること。「高歌放吟」とも言う。<br>出例「放歌（ほうか）」も問われる |
| 汗牛充棟（かんぎゅうじゅうとう）( ) | 蔵書が非常に多いこと。<br>出例「充棟（じゅうとう）」も問われる |
| 快刀乱麻（かいとうらんま）(11) | こじれた物事をあざやかに処理すること。 |

頻出度 A

# 四字熟語③

次の**四字熟語**の□に入る適切な語を右上の□の中から選び、**漢字二字**で答えよ。また、**01〜10**の**意味**にあてはまるものを11〜15から**一つ**選び(　)に**数字**でいれよ(該当しないものは空欄のままでよい)。

| いんにん | がいかん |
| --- | --- |
| かっきょ | かんげん |
| きんか | ごうけつ |
| しんら | せっそく |
| ふへん | ぼんのう |

☑ 01 □□玉条(　)

☑ 02 群雄□□(　)

☑ 03 □□万象(　)

☑ 04 内憂□□(　)

☑ 05 百八□□(　)

☑ 06 詩歌□□(　)

☑ 07 □□妥当(　)

☑ 08 □□自重(　)

☑ 09 英俊□□(　)

☑ 10 巧遅□□(　)

11 文学と音楽のこと。

12 内外ともに憂慮すべき事態が多いこと。

13 宇宙に存在するすべてのもの。

14 下手でもはやいほうがよいということ。

15 どんな場合にも真理として承認されること。

| 解答 | 解説 |
|---|---|
| 金科玉条（きんかぎょくじょう）（ ） | 絶対的なよりどころとして守るべき法律や規則。<br>出例「玉条（ぎょくじょう）」も問われる |
| 群雄割拠（ぐんゆうかっきょ）（ ） | 多くの英雄や実力者たちが各地に勢力を張って覇権争いをすること。<br>出例「群雄（ぐんゆう）」も問われる |
| 森羅万象（しんらばんしょう）(13) | 宇宙、天地間に存在するすべての事象のこと。<br>出例「万象（ばんしょう）」も問われる |
| 内憂外患（ないゆうがいかん）(12) | 内外ともに憂慮すべき事態が多いこと。<br>出例「内憂（ないゆう）」も問われる |
| 百八煩悩（ひゃくはちぼんのう）（ ） | 人間が持っているたくさんの煩悩。 |
| 詩歌管弦（しいかかんげん）(11) | 漢詩や和歌を吟じ、楽器をかなでること。また、文学と音楽のこと。 |
| 普遍妥当（ふへんだとう）(15) | どんな場合にも真理として承認されること。<br>出例「妥当（だとう）」も問われる |
| 隠忍自重（いんにんじちょう）（ ） | じっと辛さをこらえて、軽々しい行動をしないこと。<br>出例「自重（じちょう）」も問われる |
| 英俊豪傑（えいしゅんごうけつ）（ ） | 人並みはずれた能力を持つ、すぐれた人物。<br>出例「英俊（えいしゅん）」も問われる |
| 巧遅拙速（こうちせっそく）(14) | 巧みではあるが遅いよりも、つたなくとも速いほうがよいこと。 |

四字熟語完成で10点配点、意味で5点配点

頻出度 A

# 四字熟語④

次の**四字熟語**の□に入る適切な語を右上の□の中から選び、**漢字二字**で答えよ。また、**01〜10**の**意味**にあてはまるものを11〜15から**一つ**選び（　）に**数字**でいれよ（該当しないものは空欄のままでよい）。

- ☐ **01** 泰山□□（　）
- ☐ **02** 円転□□（　）
- ☐ **03** 遠慮□□（　）
- ☐ **04** 温厚□□（　）
- ☐ **05** □□丁寧（　）
- ☐ **06** □□不覚（　）
- ☐ **07** 疾風□□（　）
- ☐ **08** 大言□□（　）
- ☐ **09** □□西走（　）
- ☐ **10** 白砂□□（　）

えしゃく　かつだつ
こんせつ　じんらい
せいしょう　そうご
とうほん　とくじつ
ふへん　ほくと

11 かたよることなく公正・中立を守ること。

12 細かいところまで心が行き届いていて丁寧なこと。

13 物事をそつなく処理していくさま。

14 おおげさで威勢のよい言葉。

15 すばやく激しいさま。

| 解答 | 解説 |
|---|---|
| 泰山北斗（たいざんほくと）（ ） | その道の権威、第一人者のたとえ。 |
| 円転滑脱（えんてんかつだつ）(13) | 物事をそつなく処理していくさま。 |
| 遠慮会釈（えんりょえしゃく）（ ） | 相手に配慮して、控えめに応対すること。強引に物事を進めるさまを「遠慮会釈もない」という。 |
| 温厚篤実（おんこうとくじつ）（ ） | 人柄が穏やかであたたかく、誠実なさま。 |
| 懇切丁寧（こんせつていねい）(12) | 細かいところまで心が行き届いていて丁寧なこと。 |
| 不偏不党（ふへんふとう）(11) | かたよることなく公正・中立を守ること。<br>出例「不党（ふとう）」も問われる |
| 疾風迅雷（しっぷうじんらい）(15) | すばやく激しいさま。<br>出例「疾風（しっぷう）」も問われる |
| 大言壮語（たいげんそうご）(14) | おおげさで威勢のよい言葉。 |
| 東奔西走（とうほんせいそう）（ ） | あちこちを忙しく走り回ること。<br>出例「西走（せいそう）」も問われる |
| 白砂青松（はくしゃせいしょう）（ ） | 白い砂浜と青い松。海岸の美しい風景。<br>出例「白砂（はくしゃ）」も問われる<br>豆「白砂」は「はくさ」とも読む |

四字熟語完成で10点配点、意味で5点配点

頻出度 A

# 四字熟語⑤

次の**四字熟語**の□に入る適切な語を右上の□の中から選び、**漢字二字**で答えよ。また、**01～10**の**意味**にあてはまるものを11～15から**一つ**選び（　）に**数字**でいれよ（該当しないものは空欄のままでよい）。

☐ **01** 文人□□（　）

☐ **02** □□有閑（　）

☐ **03** 冷汗□□（　）

☐ **04** □□落日（　）

☐ **05** 暖衣□□（　）

☐ **06** □□諾諾（　）

☐ **07** □□奪胎（　）

☐ **08** □□禍福（　）

☐ **09** 大願□□（　）

☐ **10** □□衝天（　）

| | |
|---|---|
| いい | かんこつ |
| きっきょう | こじょう |
| さんと | じょうじゅ |
| どはつ | ほうしょく |
| ぼうちゅう | ぼっかく |

11 大きな望みがかなえられること。

12 ぜいたくに生活すること。

13 何でも相手の言いなりになること。

14 詩文、書画にたけ、風雅、風流を求める人。

15 以前の勢いを失い、助けもなく心細いさま。

| 解答 | 解説 |
|---|---|
| 文人墨客(ぶんじんぼっかく) (14) | 詩文、書画にたけ、風雅、風流を求める人。 出例 「文人(ぶんじん)」も問われる |
| 忙中有閑(ぼうちゅうゆうかん) ( ) | 忙しい中にもわずかな暇はあるものだということ。 出例 「有閑(ゆうかん)」も問われる |
| 冷汗三斗(れいかんさんと) ( ) | ひどく怖い思いをしたり、人前で恥じ入ったりするさまの形容。冷や汗をたくさんかくこと。 出例 「冷汗(れいかん)」も問われる |
| 孤城落日(こじょうらくじつ) (15) | 以前の勢いを失い、助けもなく心細いさま。 出例 「落日(らくじつ)」も問われる |
| 暖衣飽食(だんいほうしょく) (12) | 衣食になんの不足もなく、ぜいたくに生活すること。 |
| 唯唯諾諾(いいだくだく) (13) | 事のよしあしにかかわらず、何でも相手の言いなりになること。 出例 「諾諾(だくだく)」も問われる |
| 換骨奪胎(かんこつだったい) ( ) | 外見はもとのままで中身を取りかえること。外見が同じであっても中身は異なること。 出例 「奪胎(だったい)」も問われる |
| 吉凶禍福(きっきょうかふく) ( ) | よいことと悪いこと。また、わざわいと幸い。 出例 「禍福(かふく)」も問われる |
| 大願成就(たいがんじょうじゅ) (11) | 大きな望みがかなえられること。 出例 「大願(たいがん)」も問われる |
| 怒髪衝天(どはつしょうてん) ( ) | 人が怒ったとき、髪の毛が逆立ち、天を突くくらいにピンと立つこと。大きな怒り。 出例 「衝天(しょうてん)」も問われる |

四字熟語完成で10点配点、意味で5点配点

頻出度 A

# 四字熟語⑥

次の**四字熟語**の□に入る適切な語を右上の□の中から選び、**漢字二字**で答えよ。また、**01～10**の**意味**にあてはまるものを11～15から**一つ**選び（　）に**数字**でいれよ（該当しないものは空欄のままでよい）。

☐ **01** 竜頭□□（　）

☐ **02** □□万里（　）

☐ **03** 勢力□□（　）

☐ **04** 粉骨□□（　）

☐ **05** □□自縛（　）

☐ **06** 初志□□（　）

☐ **07** □□亡羊（　）

☐ **08** □□協同（　）

☐ **09** 夏炉□□（　）

☐ **10** □□存亡（　）

うんでい　かんてつ
ききゅう　さいしん
じじょう　たき
だび　とうせん
はくちゅう　わちゅう

11 初めに決めたことを最後まで貫き通すこと。

12 生き残るかほろびるかのせとぎわのこと。

13 自分の言動が自分をしばり、自由に振る舞えず苦しむこと。

14 時節に合わず、役に立たないもの。

15 方針が多すぎて選択に困ること。

| 解答 | 解説 |
|---|---|
| 竜頭蛇尾（　） | はじめは威勢がよいが、終わりのほうになると振るわなくなること。出例「竜頭」も問われる　豆「竜頭」は「りゅうとう」とも読む |
| 雲泥万里（　） | 非常に大きい差異のこと。隔たりの甚だしいことのたとえ。出例「万里」も問われる |
| 勢力伯仲（　） | 互いの実力に差がないこと。 |
| 粉骨砕身（　） | 骨身を惜しまず働き、また努力すること。出例「粉骨」も問われる |
| 自縄自縛（13） | 自分の言動が自分を束縛し、自由に振る舞えず苦しむこと。出例「自縛」も問われる |
| 初志貫徹（11） | 初めに決めたことを最後まで貫き通すこと。 |
| 多岐亡羊（15） | 方針が多すぎて選択に困ること。出例「亡羊」も問われる |
| 和衷協同（　） | 心を同じくして力を合わせ、物事を行うこと。出例「協同」も問われる |
| 夏炉冬扇（14） | 夏の火ばちと冬の扇の意で、時節に合わず、役に立たないもの。出例「夏炉」も問われる |
| 危急存亡（12） | 危険が迫っていて、生き残るかほろびるかのせとぎわのこと。「危急存亡の秋（とき）」と用いる。出例「存亡」も問われる |

四字熟語完成で10点配点、意味で5点配点

頻出度 A

# 対義語・類義語①

次の01〜05の**対義語**、06〜10の**類義語**を右の□の中から選び、**漢字**で答えよ。□の中の語は一度だけ使うこと。

**対義語**

☐ 01 慶賀 ↔ □□

☐ 02 老巧 ↔ □□

☐ 03 多弁 ↔ □□

☐ 04 反逆 ↔ □□

☐ 05 隆起 ↔ □□

**類義語**

☐ 06 功名 ＝ □□

☐ 07 永眠 ＝ □□

☐ 08 残念 ＝ □□

☐ 09 面倒 ＝ □□

☐ 10 奮戦 ＝ □□

あいとう
いかん
かもく
かんとう
かんぼつ
きょうじゅん
しゅくん
せいきょ
ちせつ
やっかい

| 解答 | 解説 |
|---|---|
| 哀悼（あいとう） | 慶賀：めでたい事として祝うこと。<br>哀悼：人の死を悲しみ惜しむこと。「悼」は「死をいたむ」意。出例 祝賀↔哀悼 |
| 稚拙（ちせつ） | 老巧：経験を積んで巧みなこと。<br>稚拙：経験が少なく未完成なところが目に付くこと。 |
| 寡黙（かもく） | 多弁：口数が多いこと。<br>寡黙：口数が少ないこと。「寡」は「少ない」意。<br>出例 冗舌↔寡黙 |
| 恭順（きょうじゅん） | 反逆：国家や朝廷に背くこと。<br>恭順：つつしんで従うこと。「恭」は「うやうやしくかしこまる」意。出例 反抗↔恭順 |
| 陥没（かんぼつ） | 隆起：高く盛り上がること。<br>陥没：（地盤が）落ち込むこと。 |
| 殊勲（しゅくん） | 功名：手柄を立てて、名誉を手に入れること。<br>殊勲：すぐれた功績。<br>出例 手柄＝殊勲 |
| 逝去（せいきょ） | 永眠：人が死ぬこと。<br>逝去：なくなること。<br>出例 他界＝逝去 |
| 遺憾（いかん） | 残念：思い通りにいかず不満足な思い。<br>遺憾：思い通りにいかず心残りなこと。「憾」は「残念に思う」意。 |
| 厄介（やっかい） | 面倒：手がかかり煩わしいこと。<br>厄介：手がかかりそうで避けたく思うようなこと。<br>出例 煩雑＝厄介 |
| 敢闘（かんとう） | 奮戦：全力で戦うこと。<br>敢闘：勇ましく戦うこと。「敢」は「勇ましい、積極性がある」意。 |

頻出度
A

# 対義語・類義語②

次の01～05の**対義語**、06～10の**類義語**を右の□の中から選び、**漢字**で答えよ。□の中の語は一度だけ使うこと。

**対義語**

- ☑ 01 巧妙 ↔ □□
- ☑ 02 横柄 ↔ □□
- ☑ 03 進出 ↔ □□
- ☑ 04 下落 ↔ □□
- ☑ 05 粗雑 ↔ □□

**類義語**

- ☑ 06 混乱 ＝ □□
- ☑ 07 永遠 ＝ □□
- ☑ 08 脅迫 ＝ □□
- ☑ 09 無口 ＝ □□
- ☑ 10 互角 ＝ □□

| |
|---|
| いかく |
| かもく |
| けんきょ |
| せつれつ |
| ちみつ |
| てったい |
| とうき |
| はくちゅう |
| ふんきゅう |
| ゆうきゅう |

| 解答 | 解説 |
| --- | --- |
| 拙劣（せつれつ） | 巧妙（こうみょう）：やり方がうまく、すぐれていること。<br>拙劣（せつれつ）：やり方がへたで、劣っていること。「拙」は「つたない」意。 出例 老巧（ろうこう）↔拙劣（せつれつ） |
| 謙虚（けんきょ） | 横柄（おうへい）：偉そうにして無礼であること。<br>謙虚（けんきょ）：ひかえめで素直なこと。「謙」は「へりくだる」意。 出例 高慢（こうまん）↔謙虚（けんきょ） |
| 撤退（てったい） | 進出（しんしゅつ）：進み出ること。<br>撤退（てったい）：退去すること。「撤」は「引き上げる」意。<br>出例 侵攻（しんこう）↔撤退（てったい） |
| 騰貴（とうき） | 下落（げらく）：物価や株価が下がること。<br>騰貴（とうき）：物価や株価が上がること。「騰」は「あがる」、「貴」はこの場合「価が高い」意。 |
| 緻密（ちみつ） | 粗雑（そざつ）：あらっぽく、ざつなこと。<br>緻密（ちみつ）：細部まで注意が行き届いていること。布地などのきめが細かいこと。 |
| 紛糾（ふんきゅう） | 混乱（こんらん）：事態の展開がうまくいかず、もつれ乱れること。<br>紛糾（ふんきゅう）：事態の展開がうまくいかず、もつれ乱れること。 |
| 悠久（ゆうきゅう） | 永遠（えいえん）：終わりがなく、いつもまでも続くこと。<br>悠久（ゆうきゅう）：果てしなく続くこと。<br>出例 永世（えいせい）＝悠久（ゆうきゅう） |
| 威嚇（いかく） | 脅迫（きょうはく）：他者に対しあることを行うようにおどすこと。<br>威嚇（いかく）：態度や行動でおどすこと。 |
| 寡黙（かもく） | 無口（むくち）：口数が少ないこと。<br>寡黙（かもく）：口数が少ないこと。「寡」は「少ない」意。 |
| 伯仲（はくちゅう） | 互角（ごかく）：互いの力量に差がないこと。<br>伯仲（はくちゅう）：優劣の差をつけがたいこと。「伯」は「兄弟の一番上」、「仲」は「二番目」の意。 |

頻出度 A

# 対義語・類義語③

次の01～05の**対義語**、06～10の**類義語**を右の□の中から選び、**漢字**で答えよ。□の中の語は一度だけ使うこと。

**対義語**

- ☑ 01　絶賛 ↔ □□
- ☑ 02　厳格 ↔ □□
- ☑ 03　褒賞 ↔ □□
- ☑ 04　純白 ↔ □□
- ☑ 05　汚濁 ↔ □□

**類義語**

- ☑ 06　湯船 ＝ □□
- ☑ 07　堪忍 ＝ □□
- ☑ 08　調和 ＝ □□
- ☑ 09　阻害 ＝ □□
- ☑ 10　譲歩 ＝ □□

かんべん
かんよう
きんこう
こくひょう
しっこく
じゃま
せいちょう
だきょう
ちょうばつ
よくそう

| 解答 | 解説 |
|---|---|
| 酷評 | 絶賛：最大級にほめること。<br>酷評：欠点ばかり突く手厳しい批評のこと。<br>出例 激賞↔酷評 |
| 寛容 | 厳格：きびしくて誤りをゆるさないこと。<br>寛容：人を許し受け入れること。「寛」は「心が広いこと」。出例 狭量↔寛容 |
| 懲罰 | 褒賞：ほめたたえること。その証として贈られるほうび。<br>懲罰：罰を与えること。「懲」は「こらす・こりる」の意。 |
| 漆黒 | 純白：まっ白。<br>漆黒：まっ黒。うるしを塗ったように黒くつやがあること。 |
| 清澄 | 汚濁：よごれてにごっていること。<br>清澄：清らかに澄んでいること。 |
| 浴槽 | 湯船：入浴用の湯をためる、ふろおけのこと。<br>浴槽：入浴用の湯をためる、ふろおけのこと。 |
| 勘弁 | 堪忍：他人の過失などを我慢して許すこと。<br>勘弁：他人の過失などを許すこと。<br>出例 容赦＝勘弁 |
| 均衡 | 調和：物事の間につり合いがとれていること。<br>均衡：二つ以上の物事の間につり合いがとれていること。 |
| 邪魔 | 阻害：じゃますること。物事を妨げて進行させないこと。<br>邪魔：物事の進行を止めるようなもの。さまたげ、障害。<br>出例 妨害＝邪魔 |
| 妥協 | 譲歩：自らの意見を取り下げ、相手の意見と折り合いをつけること。<br>妥協：互いに折れ合うこと。 |

頻出度
A

# 対義語・類義語④

次の**01〜05**の**対義語**、**06〜10**の**類義語**を右の□の中から選び、**漢字**で答えよ。□の中の語は一度だけ使うこと。

対義語

☑ 01 獲得 ↔ □□

☑ 02 名誉 ↔ □□

☑ 03 潤沢 ↔ □□

☑ 04 偉大 ↔ □□

☑ 05 自生 ↔ □□

類義語

☑ 06 反逆 ＝ □□

☑ 07 祝福 ＝ □□

☑ 08 無欠 ＝ □□

☑ 09 歴然 ＝ □□

☑ 10 指揮 ＝ □□

かんぺき
けいが
けんちょ
こかつ
さいはい
さいばい
そうしつ
ちじょく
ぼんよう
むほん

| 解答 | 解説 |
|---|---|
| 喪失（そうしつ） | 獲得（かくとく）：手に入れること。<br>喪失（そうしつ）：失うこと。「喪」も「失う」意。 |
| 恥辱（ちじょく） | 名誉（めいよ）：よい評判を得ること。<br>恥辱（ちじょく）：体面を傷つけるようなはずかしめ。<br>出例 栄誉（えいよ）↔恥辱（ちじょく） |
| 枯渇（こかつ） | 潤沢（じゅんたく）：使ってもまだ余裕があるほど豊かなこと。<br>枯渇（こかつ）：物資、資金などが欠乏すること。 |
| 凡庸（ぼんよう） | 偉大（いだい）：すぐれていて立派なこと。<br>凡庸（ぼんよう）：すぐれたところがなく、平凡なこと。<br>出例 非凡（ひぼん）↔凡庸（ぼんよう） |
| 栽培（さいばい） | 自生（じせい）：自然に生えること。<br>栽培（さいばい）：植物を植えて育てること。 |
| 謀反（むほん） | 反逆（はんぎゃく）：国家や朝廷に背くこと。<br>謀反（むほん）：君主に背き兵を挙げること。 |
| 慶賀（けいが） | 祝福（しゅくふく）：幸福をめでたいこととして祝うこと。<br>慶賀（けいが）：めでたい事として祝うこと。 |
| 完璧（かんぺき） | 無欠（むけつ）：足りないところや欠点がないこと。<br>完璧（かんぺき）：欠点がひとつもないこと、そのさま。<br>出例 十全（じゅうぜん）＝完璧（かんぺき）　✕完壁 |
| 顕著（けんちょ） | 歴然（れきぜん）：間違いなくはっきりとしているさま。<br>顕著（けんちょ）：際立って目に付くこと。<br>出例 明白（めいはく）＝顕著（けんちょ） |
| 采配（さいはい） | 指揮（しき）：全体がまとまるように指図すること。<br>采配（さいはい）：戦いで指揮するためにうち振る道具。転じて、指揮。指図。 |

頻出度 **A**

# 対義語・類義語⑤

次の**01～05**の**対義語**、**06～10**の**類義語**を右の□の中から選び、**漢字**で答えよ。□の中の語は一度だけ使うこと。

**対義語**

☐ 01 軽侮 ↔ □□

☐ 02 粗略 ↔ □□

☐ 03 新奇 ↔ □□

☐ 04 国産 ↔ □□

☐ 05 任命 ↔ □□

**類義語**

☐ 06 抜粋 ＝ □□

☐ 07 来歴 ＝ □□

☐ 08 推移 ＝ □□

☐ 09 昼寝 ＝ □□

☐ 10 降格 ＝ □□

ごすい
させん
しょうろく
すうはい
ちんぷ
ていねい
はくらい
ひめん
へんせん
ゆいしょ

| 解答 | 解説 |
|---|---|
| すうはい<br>崇拝 | 軽侮（けいぶ）：軽んじてばかにすること。<br>崇拝（すうはい）：あがめうやまうこと。<br>出例 軽蔑（けいべつ）↔崇拝（すうはい） |
| ていねい<br>丁寧 | 粗略（そりゃく）：ぞんざいでいいかげんなこと。<br>丁寧（ていねい）：心がゆきとどく応対をする様子。「丁」に「手厚い」、「寧」に「ねんごろ」の意がある。 |
| ちんぷ<br>陳腐 | 新奇（しんき）：目新しく、他と違っていること。<br>陳腐（ちんぷ）：古くさく、ありふれていてつまらないこと。 出例 斬新（ざんしん）↔陳腐（ちんぷ） |
| はくらい<br>舶来 | 国産（こくさん）：自国で生産すること、そのもの。<br>舶来（はくらい）：外国から運ばれてくること、そのもの。 |
| ひめん<br>罷免 | 任命（にんめい）：その職務につくよう命じること。<br>罷免（ひめん）：職をやめさせること。「罷」は「やめる」意。 |
| しょうろく<br>抄録 | 抜粋（ばっすい）：抜き書きのこと。<br>抄録（しょうろく）：一部を抜いて書き留めること。抜き書き。 |
| ゆいしょ<br>由緒 | 来歴（らいれき）：物事がこれまでたどってきた道筋。<br>由緒（ゆいしょ）：物事の起源と歴史。 |
| へんせん<br>変遷 | 推移（すいい）：時間の流れとともに移り変わること。<br>変遷（へんせん）：時間の流れとともに移り変わること。<br>出例 沿革（えんかく）＝変遷（へんせん） |
| ごすい<br>午睡 | 昼寝（ひるね）：昼間に眠ること。<br>午睡（ごすい）：「ひるね」の意。 |
| させん<br>左遷 | 降格（こうかく）：低い官職・地位に落とすこと。<br>左遷（させん）：より低い役職に転任すること。「遷」は「移る」の意。 |

頻出度 **A**

# 同音・同訓異字①

次の＿＿線の**カタカナ**を**漢字**に直せ。

☑ **01** 杯のオウシュウを重ねる。

☑ **02** 武器のオウシュウを命ずる。

☑ **03** 品不足により物価がトウキした。

☑ **04** 母は趣味でトウキを集めている。

☑ **05** センパクな言動を反省する。

☑ **06** 外国航路のセンパクが停泊している。

☑ **07** フヨウ家族は妻と子どもだ。

☑ **08** 景気のフヨウ対策を講じる。

☑ **09** 革のブーツをハく。

☑ **10** 門前の落ち葉をハく。

| 解答 | 解説 |
|---|---|
| 応酬（おうしゅう） | 応酬：杯のやり取りをして酒を酌み交わすこと。<br>出例 欧州（おうしゅう） |
| 押収（おうしゅう） | 押収：証拠物件を差し押さえて取り上げること。 |
| 騰貴（とうき） | 騰貴：物価が上がること。<br>出例 投棄（とうき）／登記（とうき）／投機（とうき） |
| 陶器（とうき） | 陶器：土や粉末状の鉱物を練り、焼いて作ったもの。焼き物。 |
| 浅薄（せんぱく） | 浅薄：思慮が足らず浅はかなこと。 |
| 船舶（せんぱく） | 船舶：船のこと。 |
| 扶養（ふよう） | 扶養：世話をして養うこと。<br>出例 腐葉（ふよう） |
| 浮揚（ふよう） | 浮揚：浮かび上がること。 |
| 履（は）く | 履く：靴など足を保護するものをつけること。<br>出例 刃（は）／端（は）／吐（は）く |
| 掃（は）く | 掃く：ほうきなどでごみを除いてきれいにすること。 |

頻出度 A

# 同音・同訓異字②

次の＿＿線の**カタカナ**を**漢字**に直せ。

☐ 01 値段コウショウがまとまらない。

☐ 02 コウショウな趣味は性に合わない。

☐ 03 幼児ユウカイ犯が捕まった。

☐ 04 高温の炉で金属をユウカイする。

☐ 05 大企業のサンカに収まる。

☐ 06 戦争のサンカを忘れない。

☐ 07 大学でショウガイに渡る友人と出会った。

☐ 08 ショウガイ係に任命される。

☐ 09 親族が亡くなりモに服す。

☐ 10 川で採取したモを水槽に植える。

| 解答 | 解説 |
|---|---|
| 交渉（こうしょう） | 交渉（こうしょう）：何かを取り決めるための話し合い。<br>出例 考証（こうしょう）／口承（こうしょう）／公称（こうしょう）　類義語 談判（だんぱん） |
| 高尚（こうしょう） | 高尚（こうしょう）：学問や品性などの程度が高く上品なこと。 |
| 誘拐（ゆうかい） | 誘拐（ゆうかい）：だまして連れ去ること。 |
| 融解（ゆうかい） | 融解（ゆうかい）：固体が高熱でとけて液体になること。 |
| 傘下（さんか） | 傘下（さんか）：大きな勢力の支配、統率を受けること。<br>類義語 翼下（よくか） |
| 惨禍（さんか） | 惨禍（さんか）：天災や戦災によるいたましい被害。 |
| 生涯（しょうがい） | 生涯（しょうがい）：一生。人生。生きている期間。<br>出例 障害（しょうがい）／傷害（しょうがい） |
| 渉外（しょうがい） | 渉外（しょうがい）：外部と連絡をとり、交渉すること。 |
| 喪（も） | 喪（も）：人が亡くなったことを受けて、その関係者が一定期間、交際などをできるだけ慎むこと。<br>出例 盛（も）る／漏（も）る |
| 藻（も） | 藻（も）：水草、海藻の総称。 |

頻出度 A

# 同音・同訓異字③

次の＿＿線のカタカナを漢字に直せ。

☑ 01 工務店に住宅のフシンをお願いする。

☑ 02 フシンな通行人を連行する。

☑ 03 収支のキンコウを図る。

☑ 04 大都市キンコウの住宅地に住む。

☑ 05 信徒のジョウザイでお堂を建てる。

☑ 06 ジョウザイを毎食後服用する。

☑ 07 銀行からユウシしてもらう。

☑ 08 空地はユウシ鉄線で囲まれた。

☑ 09 強風でホ柱が折れた。

☑ 10 麦のホが風に揺れる。

| 解答 | 解説 |
|---|---|
| 普請 | 普請：家の建築や修理を行うこと。土木工事。<br>出例 不振／腐心 |
| 不審 | 不審：疑わしいこと。確かには分からないが、何か隠している感じがする様子。 |
| 均衡 | 均衡：二つ以上のものの間のつりあい。 |
| 近郊 | 近郊：都市にほど近い郊外。 |
| 浄財 | 浄財：営利以外の目的のために寄付するお金。 |
| 錠剤 | 錠剤：有効成分などを固めて粒状にした薬剤。<br>対義語 散剤／液剤 |
| 融資 | 融資：資金の調達・貸し出し。<br>出例 有志／有史 |
| 有刺 | 有刺：とげがあること。「有刺鉄線」はところどころに針金のとげをつけた鉄線。 |
| 帆 | 帆：風を受けて船を走らせるために張る丈夫な布。<br>出例 掘る／彫る |
| 穂 | 穂：長い茎の先に花や実が群がりついたもの。 |

頻出度 A

# 同音・同訓異字④

次の____線の**カタカナ**を**漢字**に直せ。

☐ **01** ケーブルカーでケイコクを下る。

☐ **02** 指示に従うようケイコクする。

☐ **03** カンテイの発表に注目が集まる。

☐ **04** 美術品をカンテイしてもらう。

☐ **05** 外務大臣がコウテツされる。

☐ **06** コウテツのようなたくましさだ。

☐ **07** 地場産業をショウレイする。

☐ **08** 心臓疾患のショウレイを示す。

☐ **09** このムネお伝えいただきたい。

☐ **10** 新居のムネ上げ式を行う。

| 解答 | 解説 |
| --- | --- |
| けいこく<br>渓谷 | 渓谷（けいこく）：谷間のこと。 |
| けいこく<br>警告 | 警告（けいこく）：前もって注意を与えること。 |
| かんてい<br>官邸 | 官邸（かんてい）：首相や高級官僚に対して国が用意する居住施設。<br>出例 艦艇（かんてい） |
| かんてい<br>鑑定 | 鑑定（かんてい）：物の価値などを判定すること。またその判断。 |
| こうてつ<br>更迭 | 更迭（こうてつ）：地位や職務が変わること。「迭」は「いれかわる」意。 |
| こうてつ<br>鋼鉄 | 鋼鉄（こうてつ）：鍛えて強化した鉄。 |
| しょうれい<br>奨励 | 奨励（しょうれい）：よいこととして、行うようはげましすすめること。 |
| しょうれい<br>症例 | 症例（しょうれい）：その病状を示す例。 |
| むね<br>旨 | 旨（むね）：考えや発言などの主な点。<br>出例 胸（むね） |
| むね<br>棟 | 棟（むね）：屋根の一番高い所。「棟上げ」は家の骨格ができて、その上に棟木を上げること。 |

頻出度 A

# 誤字訂正①

次の各文にまちがって使われている**同じ読みの漢字**が**一字**ある。**誤字**と**正しい漢字**を答えよ。

☐ **01** 堂窟の中は薄暗く足元が滑りやすい上に天井も低いため細心の注意を払って進んだ。

☐ **02** 最近発表された自己免疫疾患に関する薬剤の効果を比較したところ堅著な違いがみられた。

☐ **03** 大地震以後、小規模の地震が賓繁にあり、再び大災害が起こるのではないかと住民は眠れぬ夜を過ごしている。

☐ **04** 新しいオペレーティングシステムを登載したパソコンを、夏の賞与が出たら購入しようと目下計画中である。

☐ **05** 非常食や飲料水、懐中電灯、医薬品などを一箇所にまとめ、勤急事態発生時にすぐ持ち出せるようにしている。

☐ **06** 家庭菜園のために譲りうけた畑の土状の改善を目指し、書籍などで肥料のやり方などを学ぶ。

☐ **07** 近年重要性を増している換和ケアは、精神的苦痛に対処するものとして従来の治療と並行して行われる。

☐ **08** 二日前に入山した大学登山部の一行が予定日を過ぎても仮泊地に戻らないとの報告があり、急ぎ捜策隊が組織された。

☐ **09** 世界の山岳地帯を駆ける非常に過克なレースの参加者に対し金銭面での援助を申し出た。

☐ **10** 当時は人気がなく絶版となった漫画だが死後様々な媒体で評価が高まり、価格が高騰している。

| 解答 | 解説 |
|---|---|
| 堂➡洞 | 洞窟（どうくつ）：ほらあな。 |
| 堅➡顕 | 顕著（けんちょ）：きわ立って目につくさま。 |
| 賓➡頻 | 頻繁（ひんぱん）：ひっきりなしに。 |
| 登➡搭 | 搭載（とうさい）：部品ソフトを機器に装着すること。必要物資を積み込むこと。 |
| 勤➡緊 | 緊急（きんきゅう）：事が差し迫って、至急その対策を講じる必要がある様子。 |
| 状➡壌 | 土壌（どじょう）：土、特に作物などの植物が育つ土。 |
| 換➡緩 | 緩和（かんわ）：やわらげて楽な状態にすること。 |
| 策➡索 | 捜索（そうさく）：探し求めること。 |
| 克➡酷 | 過酷（かこく）：厳しすぎるさま。 |
| 謄➡騰 | 高騰（こうとう）：価格などが大きく上がること。 |

頻出度 A

# 誤字訂正②

次の各文にまちがって使われている**同じ読みの漢字**が**一字**ある。**誤字**と**正しい漢字**を答えよ。

☐ **01** 地球温暖化防止のため、産業・運輸分野のみならず家庭でも二酸化炭素廃出の抑制に真剣に取り組んでいる。

☐ **02** 近隣の自治体との合閉を目標とした準備委員会が立ち上げられ、実現に向けた第一歩を踏み出した。

☐ **03** 自己免益疾患に対する有用な理論が発表され、今後実際の治療に役立つ薬の開発が待たれている。

☐ **04** 市長が強引に推し進めようとしていた計画は市民の反対運動により徹回された。

☐ **05** 私の母校は地域社会に更献できる人材の育成を目指して、在学中からボランティア活動を奨励している。

☐ **06** 山菜やキノコを採りに山に入る際には熊が出没する可能性があるため、撃退用のスプレーの携行が彰励されている。

☐ **07** 砂漠の中から古代の寺院遺跡が発掘されたが、異教徒の手によるものらしい人為的破解のあとが見られた。

☐ **08** 毎朝五時に起きて愛犬と共に近所の川辺を散歩しているが、これが健康依持に大いに役立っている。

☐ **09** 犯人の物証や目撃者の証言などに乏しく、殺人事件の操査は行き詰まりを見せた。

☐ **10** 機材のトラブルにより搭乗予定の航空機が欠航となったため交通費の一部が補奨された。

| 解答 | 解説 |
|---|---|
| 廃➡排 | 排出（はいしゅつ）：たまっている不要物を外に出すこと。 |
| 閉➡併 | 合併（がっぺい）：複数のものが集まって一つにまとまる（まとめる）こと。 |
| 益➡疫 | 免疫（めんえき）：病原体などを不要成分であると識別して排除しようとする防御機構の一つ。 |
| 徹➡撤 | 撤回（てっかい）：一度表明した意見などを取り下げること。<br>豆「撤」と「徹」は形が似ているので注意 |
| 更➡貢 | 貢献（こうけん）：役立つことをすること。 |
| 彰➡奨 | 奨励（しょうれい）：良いと思うことを人に勧める。勧めて励ます。 |
| 解➡壊 | 破壊（はかい）：こわすこと。 |
| 依➡維 | 維持（いじ）：そのままの状態を保ち続けること。 |
| 操➡捜 | 捜査（そうさ）：探して調べること。 |
| 奨➡償 | 補償（ほしょう）：何らかの理由で起こった損失に対して金銭などで償うこと。 |

頻出度 **A**

# 漢字と送りがな①

次の＿＿線の**カタカナ**を**漢字一字**と**送りがな**（**ひらがな**）に直せ。　　質問にコタエル。 答える

☑ **01** ナツカシイ故郷に帰る。

☑ **02** 法律にはウトイため専門家に任せる。

☑ **03** 目を離したすきに目玉焼きをコガス。

☑ **04** それは誤解もハナハダシイ。

☑ **05** 今までの理論をクツガエス発見だ。

☑ **06** 立ち居振る舞いがウヤウヤシイ。

☑ **07** 長い裾をヒルガエス。

☑ **08** 人権侵害にイキドオル。

☑ **09** 強風が木々をユスル。

☑ **10** 夜空に星がマタタク。

| 解答 | 解説 |
| --- | --- |
| 懐（なつ）かしい | 懐（なつ）かしい：思い出されて、心が引かれる。離れがたい。<br>出例 懐（なつ）く　✕ 懐しい |
| 疎（うと）い | 疎（うと）い：かかわりが薄い。ある事柄について知識が浅く、理解が不十分である。<br>出例 疎（うと）ましい／疎（うと）む |
| 焦（こ）がす | 焦（こ）がす：火で焼いて黒くする。思い悩ます。<br>出例 焦（あせ）る |
| 甚（はなは）だしい | 甚（はなは）だしい：程度が普通ではない、通常の状態を超えている。<br>✕ 甚しい　音読 ジン㊫ |
| 覆（くつがえ）す | 覆（くつがえ）す：それまで正しいと思われてきたことを根本から変える。ひっくり返す。倒して滅ぼす。<br>出例 覆（おお）う |
| 恭（うやうや）しい | 恭（うやうや）しい：相手を敬って、礼儀正しく慎ましく行動するさま。 |
| 翻（ひるがえ）す | 翻（ひるがえ）す：なびかせる。裏返しにする。態度を変える。<br>出例 翻（ひるがえ）る　✕ 翻がえす |
| 憤（いきどお）る | 憤（いきどお）る：怒る。激しく腹を立てる。<br>豆「噴」と字形が似ているので注意<br>✕ 憤おる　音読 フン |
| 揺（ゆ）する | 揺（ゆ）する：ゆり動かす、ゆさぶる。ゆれ動く。<br>出例 揺（ゆ）らぐ　音読 ヨウ |
| 瞬（またた）く | 瞬（またた）く：光がちらちらと光る。まばたきをする。<br>✕ 瞬たく　音読 シュン |

読み　部首　熟語の構成　四字熟語　対義語・類義語　同音・同訓異字　誤字訂正　漢字と送りがな　書き取り

# 漢字と送りがな②

次の＿＿線のカタカナを**漢字一字**と**送りがな**（**ひらがな**）に直せ。　質問にコタエル。［答える］

☑ **01** 忍耐力をツチカウ。

☑ **02** 一日中、糸をツムイでいる。

☑ **03** 人混みにマギレテ迷子になってしまった。

☑ **04** これを手放すのはオシイ。

☑ **05** 親族をヨソオッテ近づく。

☑ **06** 高台から景色をナガメル。

☑ **07** 我と我が身をイヤシメル。

☑ **08** 伝統芸能がスタレル。

☑ **09** わずかな金額で食費をマカナウ。

☑ **10** 政敵をオトシイレル。

| 解答 | 解説 |
|---|---|
| 培(つちか)う | 培(つちか)う：大切に養い育てる。植物を育てる。<br>✖ 培かう　音読 バイ |
| 紡(つむ)い | 紡(つむ)ぐ：綿などから繊維を引き出して糸にする。<br>音読 ボウ |
| 紛(まぎ)れて | 紛(まぎ)れる：ほかのものに入り混じって区別がつかなくなること。<br>出例 紛(まぎ)らわしい／紛(まぎ)らわす |
| 惜(お)しい | 惜(お)しい：手放しにくい、もったいない。残念だ。いとしい、貴重である。<br>出例 惜(お)しむ |
| 装(よそお)って | 装(よそお)う：ふりをする、他のものや状態に見せかける。身なりを美しくととのえる。 |
| 眺(なが)める | 眺(なが)める：広く見渡す。じっと見る。ぼんやりと見る。<br>音読 チョウ |
| 卑(いや)しめる | 卑(いや)しめる：軽べつする、さげすむ。<br>出例 卑(いや)しい |
| 廃(すた)れる | 廃(すた)れる：かつては盛んだったものが衰える。使われなくなる。<br>音読 ハイ |
| 賄(まかな)う | 賄(まかな)う：切り盛りする。用意する。食事を用意して出す。<br>✖ 賄なう |
| 陥(おとしい)れる | 陥(おとしい)れる：攻撃して取る。だまして相手を困らせる。<br>出例 陥(おちい)る |

頻出度 A

# 漢字と送りがな③

次の＿＿線のカタカナを**漢字一字と送りがな**（**ひらがな**）に直せ。　質問にコタエル。答える

☑ **01** テロリストが平和をオビヤカス。

☑ **02** 兄は数学の才にヒイデル。

☑ **03** 家庭的な雰囲気をカモシ出す。

☑ **04** 新興国であってもアナドリ難い。

☑ **05** 前歴をイツワル。

☑ **06** 厚い雲が陽光をサエギル。

☑ **07** 一切の過去をホウムル。

☑ **08** サトサレて計画を中止する。

☑ **09** 細い海峡で陸地がヘダテられている。

☑ **10** ユルヤカな曲線を描く。

| 解答 | 解説 |
|---|---|
| 脅(おびや)かす | 脅(おびや)かす：危険な状態にする。恐れさせる。<br>出例 脅(おど)す　音読 キョウ |
| 秀(ひい)でる | 秀(ひい)でる：抜きん出ている。他よりも非常にすぐれている。 |
| 醸(かも)し | 醸(かも)す：ある雰囲気などを生み出す。酒や醤(しょう)油(ゆ)などを醸造する。音読 ジョウ㊥ |
| 侮(あなど)り | 侮(あなど)る：過小評価すること。相手を軽く見てばかにすること。音読 ブ㊥ |
| 偽(いつわ)る | 偽(いつわ)る：うそを言う、真実を曲げて言ったり、行動したりする。だます。<br>✕ 偽わる |
| 遮(さえぎ)る | 遮(さえぎ)る：見えなくする。邪魔をして妨げる、やめさせる。<br>✕ 遮ぎる　音読 シャ㊥ |
| 葬(ほうむ)る | 葬(ほうむ)る：存在を覆い隠す。死者をほうむる。<br>音読 ソウ |
| 諭(さと)され | 諭(さと)す：目下の人に物事の道理を教える。<br>音読 ユ |
| 隔(へだ)て | 隔(へだ)てる：年月がたつ。間に物を置く。物の間に距離を置く。<br>出例 隔(へだ)たる |
| 緩(ゆる)やか | 緩(ゆる)やか：ゆったりしたさま、激しくないさま。<br>出例 緩(ゆる)める　✕ 緩か |

頻出度 A

# 書き取り①

次の＿＿線の**カタカナ**を**漢字**に直せ。

☐ **01** つまらないことにコウデイする。

☐ **02** カッしても盗泉の水を飲まず。

☐ **03** 亀がコウラ干しをしている。

☐ **04** 眼精疲労で目がジュウケツする。

☐ **05** 八十歳を超えた今もソウケンだ。

☐ **06** 首相カンテイで記者会見を行う。

☐ **07** アセって手順を間違えた。

☐ **08** 弟はどうにもナマけ癖が治らない。

☐ **09** いたずらを叱られすっかりコりた。

☐ **10** タナからぼた餅。

解答 / 解説

| 解答 | 解説 |
| --- | --- |
| 拘泥（こうでい） | 拘泥：こだわること。「泥」にも「こだわる」の意がある。 出例 泥酔／雲泥／泥縄／泥沼 |
| 渇して（かっ） | 渇する：のどがかわくこと。「渇しても盗泉の水を飲まず」はどれだけ困っていようとも不正な手段はとらないということ。 出例 渇水／渇望／渇く |
| 甲羅（こうら） | 甲羅：亀やカニなどの背中を覆う硬い殻。 出例 羅列／網羅／修羅場 |
| 充血（じゅうけつ） | 充血：ある部位に通常よりも多くの血液が集まっている状態。 出例 充実／拡充 |
| 壮健（そうけん） | 壮健：元気で丈夫なこと。 出例 壮絶／壮大 |
| 官邸（かんてい） | 官邸：首相や高級官僚に対して国が用意する居住施設。 出例 豪邸／邸宅 |
| 焦って（あせ） | 焦る：気がせくこと。早くしなければならないといらだつこと。 出例 黒焦げ／焦がす／焦点 |
| 怠け（なま） | 怠ける：労力を惜しんですべきことを行わないこと。 出例 怠る |
| 懲りた（こ） | 懲りる：いやな目に合い、同じことを二度としない気持ちを持つ。 出例 懲らしめる／性懲り |
| 棚（たな） | 棚：物をのせるための板。「棚からぼたもち」は予期せぬ幸せが飛び込んでくることのたとえ。 出例 網棚／棚上げ |

頻出度 A

# 書き取り②

次の____線の**カタカナ**を**漢字**に直せ。

☑ **01** 肩のエンショウを冷やす。

☑ **02** キッサ店でひと休みする。

☑ **03** 合唱部で「ルロウの民」を歌う。

☑ **04** せっかくのよい機会をイッする。

☑ **05** 敵に奪われた陣地をダッカンする。

☑ **06** 保育士のショグウの改善を求める。

☑ **07** 新たな証拠により裁判の結果がクツガエった。

☑ **08** ニセサツを使用した犯人を捕まえた。

☑ **09** 風を防ぎながらマッチをスる。

☑ **10** 重い荷物をカツぐ。

| 解答 | 解説 |
| --- | --- |
| 炎症 | 炎症：身体の一部に熱や赤みを帯びる症状。<br>出例 症状／症例 |
| 喫茶 | 喫茶：茶を飲むこと。<br>出例 喫する／満喫 |
| 流浪 | 流浪：あてもなく各地をさまよい歩くこと。<br>出例 浪費／波浪 |
| 逸する | 逸する：のがす。ある範囲から外れる。<br>出例 逸話／散逸 |
| 奪還 | 奪還：取り戻すこと。<br>出例 返還／還元 |
| 処遇 | 処遇：人を評価し、それにふさわしい扱いをすること、その扱い。<br>出例 待遇／境遇 |
| 覆った | 覆る：一度決まったものがひっくり返ること。<br>出例 覆う／覆す／転覆／覆水 |
| 偽札 | 偽札：本物ではない紙幣。<br>出例 偽る／偽物／真偽／偽造 |
| 擦る | 擦る：強くこすること。<br>出例 擦れる |
| 担ぐ | 担ぐ：物を肩にのせて支える。人をある地位に押し立てる。縁起などにとらわれる。<br>出例 担う |

頻出度 A

# 書き取り③

次の＿＿線のカタカナを漢字に直せ。

☑ 01 恩師のクントウの賜物だ。

☑ 02 猫がコクウを見つめていた。

☑ 03 古いタオルでゾウキンを作る。

☑ 04 神社はサンケイ客でにぎわった。

☑ 05 多数の人をミワクする歌声だ。

☑ 06 イースト菌をハッコウさせる。

☑ 07 ヨコナグりの雨の中帰宅する。

☑ 08 再会をチギり合う。

☑ 09 思わぬごちそうにシタツヅミを打つ。

☑ 10 年のセの街はにぎやかだ。

| 解答 | 解説 |
| --- | --- |
| 薫陶（くんとう） | 薫陶（くんとう）：優れた徳の力や品格で人を感化し、教育すること。<br>出例 薫風（くんぷう）／余薫（よくん） |
| 虚空（こくう） | 虚空（こくう）：何も存在していない空間。大空。<br>出例 虚勢（きょせい） |
| 雑巾（ぞうきん） | 雑巾（ぞうきん）：汚れをふきとる布。<br>出例 布巾（ふきん） |
| 参詣（さんけい） | 参詣（さんけい）：神社や寺にお参りすること。<br>出例 造詣（ぞうけい）／詣（もう）でる |
| 魅惑（みわく） | 魅惑（みわく）：人の心をひきつけ、理性を失わせて迷わすこと。<br>出例 魅了（みりょう）／魅（み）せる |
| 発酵（はっこう） | 発酵（はっこう）：酵母の働きによりアルコール類・炭酸ガスなどが生じること。<br>出例 酵母（こうぼ）／酵素（こうそ） |
| 横殴（よこなぐ）り | 横殴（よこなぐ）り：風が非常に強く雨などが横方向から吹きつけているような状況のこと。<br>出例 殴（なぐ）る／殴打（おうだ） |
| 契（ちぎ）り | 契（ちぎ）る：約束すること。約束。<br>出例 契機（けいき）／契約（けいやく） |
| 舌鼓（したつづみ） | 舌鼓（したつづみ）：うまいものを食べたときに舌を鳴らす音。<br>出例 腹鼓（はらつづみ）／鼓（つづみ）／太鼓判（たいこばん）／太鼓（たいこ） |
| 瀬（せ） | 瀬（せ）：川の浅いところ。「年の瀬」は「年末」のこと。<br>出例 浅瀬（あさせ） |

頻出度 A

# 書き取り④

次の＿＿線の**カタカナ**を**漢字**に直せ。

☐ 01 会社が倒産して生活にキュウする。

☐ 02 セイシュクに、と議長に注意された。

☐ 03 先方からの依頼をカイダクする。

☐ 04 古い制度をテッパイする。

☐ 05 リンリ観が欠如している。

☐ 06 社員にイロウの言葉をかける。

☐ 07 無くてセクセ。

☐ 08 デパートに高級食材をオロす。

☐ 09 議員の言葉が物議をカモした。

☐ 10 顔にうっすらとウブゲが生える。

| 解答 | 解説 |
|---|---|
| 窮（きゅう）する | 窮（きゅう）する：金品が不足して困る。行き詰まる。<br>出例 窮地（きゅうち）／窮余（きゅうよ） |
| 静粛（せいしゅく） | 静粛（せいしゅく）：静かにすること。<br>出例 厳粛（げんしゅく） |
| 快諾（かいだく） | 快諾（かいだく）：こころよく承知すること。<br>出例 承諾（しょうだく）／受諾（じゅだく） |
| 撤廃（てっぱい） | 撤廃（てっぱい）：取りやめること。<br>出例 撤回（てっかい）　✕徹廃 |
| 倫理（りんり） | 倫理（りんり）：道徳的な行動の原則。善悪の基準。<br>出例 人倫（じんりん） |
| 慰労（いろう） | 慰労（いろう）：苦労をねぎらい、いたわること。<br>出例 慰問（いもん）／慰安（いあん）／慰（なぐさ）める |
| 癖（くせ） | 癖（くせ）：無意識に行うこと。「無くて七癖」は「無いように見えてもだれでもくせは持っている」という意味。出例 口癖（くちぐせ）／七癖（ななくせ）／難癖（なんくせ）／潔癖（けっぺき） |
| 卸（おろ）す | 卸（おろ）す：問屋が小売業者に商品を売り渡す。<br>出例 卸値（おろしね） |
| 醸（かも）した | 醸（かも）す：米や豆を発酵させ、酒やしょうゆなどをつくること。転じて問題文のようにある事態を生ずること。 |
| 産毛（うぶげ） | 産毛（うぶげ）：生まれたときから赤ん坊に生えている毛。また、ごくやわらかい、薄い毛。<br>出例 産声（うぶごえ）／産湯（うぶゆ） |

頻出度 A

# 書き取り⑤

次の＿＿線のカタカナを漢字に直せ。

☑ 01 タクエツした技術力が評価される。

☑ 02 政財界のジュウチンの話を聞く。

☑ 03 父はユウズウが利かないタイプだ。

☑ 04 証拠書類をオウシュウする。

☑ 05 ケイセツの功を積んで見事合格した。

☑ 06 各国間の勢力キンコウが崩れる。

☑ 07 ハダカ電球が寂しく灯っている。

☑ 08 機密事項がモれる。

☑ 09 理不尽な要求にイキドオる。

☑ 10 遊興してウさを晴らす。

| 解答 | 解説 |
|---|---|
| 卓越（たくえつ） | 卓越：他よりもはるかにすぐれていること。能力が抜きん出ていること。<br>出例 食卓（しょくたく）／卓抜（たくばつ） |
| 重鎮（じゅうちん） | 重鎮：ある社会などでおもきをなす人物。<br>出例 鎮火（ちんか）／鎮圧（ちんあつ） |
| 融通（ゆうずう） | 融通：その場で適切に対応できること。<br>出例 融解（ゆうかい）／融資（ゆうし） |
| 押収（おうしゅう） | 押収：差し押さえて取り上げること。<br>出例 押印（おういん）／押（お）す　✕ 応収 |
| 蛍雪（けいせつ） | 蛍雪：苦労して学問に励むこと。<br>出例 蛍光（けいこう）／蛍光灯（けいこうとう）／蛍（ほたる） |
| 均衡（きんこう） | 均衡：釣り合いが取れていること。<br>出例 平衡（へいこう） |
| 裸（はだか） | 裸：何も身に付けていないこと。「裸電球」は笠の付いていない電灯。<br>出例 丸裸（まるはだか）／裸馬（はだかうま）／赤裸裸（せきらら） |
| 漏（も）れる | 漏れる：秘密などが知られる。液体や光などが外へ出る。出例 雨漏（あまも）り／漏（も）る／漏電（ろうでん）／遺漏（いろう）<br>豆 同じ意味の「洩れる」は準1級用漢字 |
| 憤（いきどお）る | 憤る：激しい怒り。 |
| 憂（う）さ | 憂さ：思いどおりにならず辛いこと。<br>豆「憂さを晴らす」ことを「憂さ晴らし」と言う |

頻出度 A

# 書き取り⑥

次の＿＿線の**カタカナ**を**漢字**に直せ。

☑ **01** リョウユウ並び立たず。

☑ **02** 不意にキョウシュウの念を覚える。

☑ **03** モンピを固く閉ざす。

☑ **04** 指揮者の指示をガクフに書き込む。

☑ **05** 忠告を肝にメイじる。

☑ **06** 困難な作業をカンスイした。

☑ **07** 道をハサんだ向かいに薬局がある。

☑ **08** 山中の隠れ家にヒソむ。

☑ **09** 幼い子らと遊びタワムれる。

☑ **10** 教室のカタスミで友人と談笑する。

| 解答 | 解説 |
|---|---|
| 両雄（りょうゆう） | 両雄（りょうゆう）：二人の英雄。<br>出例 雄弁（ゆうべん） |
| 郷愁（きょうしゅう） | 郷愁（きょうしゅう）：故郷や古いものを懐かしむ気持ち。<br>出例 愁傷（しゅうしょう）／旅愁（りょしゅう） |
| 門扉（もんぴ） | 門扉（もんぴ）：門のとびら。<br>出例 鉄扉（てっぴ） |
| 楽譜（がくふ） | 楽譜（がくふ）：楽曲を記号を用いて、一定の規則に従って書き表したもの。<br>出例 譜面（ふめん）／暗譜（あんぷ） |
| 銘（めい）じる | 銘（めい）じる：「肝に銘じる」は心に深く刻み付けて忘れないようにすること。<br>出例 座右（ざゆう）の銘（めい） |
| 完遂（かんすい） | 完遂（かんすい）：物事を完全にやり遂げること。<br>出例 遂行（すいこう）／未遂（みすい）／遂（と）げる |
| 挟（はさ）んだ | 挟（はさ）む：何かを間において位置する。物を両側から押さえる。<br>出例 挟（はさ）まる |
| 潜（ひそ）む | 潜（ひそ）む：中に隠れて外に出ないこと。人に知られないようにすること。<br>出例 潜（ひそ）める／潜（もぐ）る／潜伏（せんぷく） |
| 戯（たわむ）れる | 戯（たわむ）れる：ふざけたりして楽しく遊ぶこと。 |
| 片隅（かたすみ） | 片隅（かたすみ）：中心から離れたところ。すみっこ。<br>出例 部屋（へや）の隅（すみ） |

頻出度 A

# 書き取り⑦

次の＿＿線の**カタカナ**を**漢字**に直せ。

☑ **01** チンプな言葉はもうたくさんだ。

☑ **02** 整理セイトンを心がける。

☑ **03** 生涯のハンリョを得る。

☑ **04** ゲンソウ的な風景画を描く。

☑ **05** フサイは数億円にのぼるそうだ。

☑ **06** ドタンバになって逃げ出した。

☑ **07** 子犬を我が子のようにイツクしむ。

☑ **08** 頭隠してシリ隠さず。

☑ **09** 正直に話すことを神にチカう。

☑ **10** 出場者を一般からツノる。

| 解答 | 解説 |
| --- | --- |
| 陳腐（ちんぷ） | 陳腐（ちんぷ）：使い古されていて、つまらないこと。<br>出例 陳列（ちんれつ）／陳謝（ちんしゃ） |
| 整頓（せいとん） | 整頓（せいとん）：きちんと片付けること。<br>出例 頓挫（とんざ） |
| 伴侶（はんりょ） | 伴侶（はんりょ）：配偶者。連れ。仲間。<br>出例 僧侶（そうりょ） |
| 幻想（げんそう） | 幻想（げんそう）：現実のことのように心に思い描くこと。<br>出例 幻滅（げんめつ）／幻覚（げんかく）／幻（まぼろし） |
| 負債（ふさい） | 負債（ふさい）：借りたままになっている金銭。<br>出例 債権（さいけん）／債務（さいむ） |
| 土壇場（どたんば） | 土壇場（どたんば）：絶体絶命の場面、物事が決しようとする最後の場面。元は刑場のこと。<br>出例 花壇（かだん）／画壇（がだん） |
| 慈しむ（いつくしむ） | 慈しむ（いつくしむ）：かわいがること、愛すること。<br>出例 慈悲（じひ）／慈善（じぜん） |
| 尻（しり） | 尻（しり）：「頭隠して尻隠さず」は、本人は欠点などを隠したつもりであっても、他人には気づかれてしまうこと。<br>出例 尻込み（しりごみ）／尻馬（しりうま） |
| 誓う（ちかう） | 誓う（ちかう）：神仏や他人、自分自身の心などに約束する。<br>出例 宣誓（せんせい） |
| 募る（つのる） | 募る（つのる）：集めること。マイナス心理が高まるときにも使う。<br>出例 募金（ぼきん） |

# 書き取り⑧

次の＿＿線のカタカナを漢字に直せ。

☑ 01　予算案をシンギする。

☑ 02　コウイン矢の如し。

☑ 03　全体をホウカツして述べる。

☑ 04　一部の人にだけベンギを図る。

☑ 05　場の空気は一気にキンパクした。

☑ 06　ケイコクに架かる吊り橋を写真に撮る。

☑ 07　森は深いヤミに包まれていた。

☑ 08　ヒトキワ高い木に鳥の巣がある。

☑ 09　ウデキきの刑事が取り調べに当たった。

☑ 10　これも運命とサトる。

| 解答 | 解説 |
| --- | --- |
| 審議(しんぎ) | 審議(しんぎ)：詳しく検討すること。<br>出例 審判(しんぱん)／審美(しんび) |
| 光陰(こういん) | 光陰(こういん)：「光」は日、「陰」は月で、「光陰矢の如し」は、歳月の流れが飛ぶ矢のようにはやいこと。 |
| 包括(ほうかつ) | 包括(ほうかつ)：一つにまとめること。「括」に「ひとまとめにする」意がある。<br>出例 一括(いっかつ)／括弧(かっこ) |
| 便宜(べんぎ) | 便宜(べんぎ)：ある目的のために好都合なこと。<br>出例 時宜(じぎ)／適宜(てきぎ) |
| 緊迫(きんぱく) | 緊迫(きんぱく)：状況などが非常に緊張していること。<br>出例 緊密(きんみつ)／緊張(きんちょう) |
| 渓谷(けいこく) | 渓谷(けいこく)：谷間のこと。<br>出例 渓流(けいりゅう) |
| 闇(やみ) | 闇(やみ)：光がなく真っ暗な状態のこと。<br>出例 宵闇(よいやみ)／闇夜(やみよ) |
| 一際(ひときわ) | 一際(ひときわ)：他と比べて抜きんでていること。<br>出例 水際(みずぎわ)／手際(てぎわ)／際限(さいげん) |
| 腕利き(うでき) | 腕利き(うでき)：技能が優れていること、その人。<br>出例 腕(うで) |
| 悟る(さと) | 悟る(さと)：迷いから覚め、真理を体得すること。 |

頻出度 A

# 書き取り⑨

次の____線の**カタカナ**を**漢字**に直せ。

☑ 01 経営方針をテンカンする。

☑ 02 蛍光灯がテンメツしている。

☑ 03 その発言はさすがにヨウゴできない。

☑ 04 キセイ概念にとらわれない意見を求める。

☑ 05 オリンピックをユウチする。

☑ 06 山間にある集落ではカソ化が進んでいる。

☑ 07 エリを正して話を聞く。

☑ 08 貧血でハグキが白っぽくなる。

☑ 09 勝ってかぶとのオを締めよ。

☑ 10 落石が行く手をハバむ。

合格点 8/10　1回目 月 日 /10　2回目 月 日 /10

| 解答 | 解説 |
| --- | --- |
| 転換（てんかん） | 転換（てんかん）：別の異なるものに変えること。<br>出例 換気（かんき）／変換（へんかん） |
| 点滅（てんめつ） | 点滅（てんめつ）：灯火がついたり消えたりすること。<br>出例 消滅（しょうめつ）／自滅（じめつ） |
| 擁護（ようご） | 擁護（ようご）：危害などを加えようとするものから、かばい守ること。<br>出例 抱擁（ほうよう）／擁（よう）する |
| 既成（きせい） | 既成（きせい）：すでにできあがって存在していること。<br>出例 皆既（かいき）／既婚（きこん）／既（すで）に |
| 誘致（ゆうち） | 誘致（ゆうち）：人や会社などを招き寄せること。<br>出例 誘発（ゆうはつ）／誘（さそ）う |
| 過疎（かそ） | 過疎（かそ）：ある地域の人口が極端に減少すること。<br>出例 疎通（そつう）／疎（うと）む／疎（うと）い |
| 襟（えり） | 襟（えり）：衣服の首の周りについている布。「襟を正す」は服装や姿勢を整えること。まじめな態度で臨むさま。出例 襟元（えりもと）／胸襟（きょうきん）／開襟（かいきん） |
| 歯茎（はぐき） | 歯茎（はぐき）：歯の根を包む粘膜層。<br>出例 茎（くき） |
| 緒（お） | 緒（お）：ひものこと。「勝ってかぶとの緒を締めよ」は、勝利したからといって油断してはならないということ。出例 鼻緒（はなお）／由緒（ゆいしょ）／情緒（じょうちょ） |
| 阻（はば）む | 阻（はば）む：進行を邪魔すること。 |

頻出度 A

# 書き取り⑩

次の＿＿線の**カタカナ**を**漢字**に直せ。

☑ **01** 駅のキヒン室を見学する。

☑ **02** カビンに花を挿して飾る。

☑ **03** ユウカンな行為を称賛する。

☑ **04** 各国のケイバツの種類を調べる。

☑ **05** そろそろネングの納め時だ。

☑ **06** ヨウツウで重い物が持てない。

☑ **07** ツり落とした魚は大きい。

☑ **08** サル回しの芸を見物する。

☑ **09** 友人の発した何気ない言葉が気にサワった。

☑ **10** 格下の相手だとアナドり試合に負けた。

| 解答 | 解説 |
| --- | --- |
| 貴賓（きひん） | 貴賓（きひん）：身分が高い客のこと。 出例 主賓（しゅひん）／国賓（こくひん） |
| 花瓶（かびん） | 花瓶（かびん）：花をいけるための容器。 出例 鉄瓶（てつびん） |
| 勇敢（ゆうかん） | 勇敢（ゆうかん）：いさましく困難に立ち向かっていくこと。 出例 果敢（かかん） |
| 刑罰（けいばつ） | 刑罰（けいばつ）：罪に対するとがめ・制裁。 出例 刑事（けいじ）／求刑（きゅうけい） |
| 年貢（ねんぐ） | 年貢（ねんぐ）：領主が農民に課した租税。「年貢の納め時」は長年悪事を働いていた者がついに捕まり罪をつぐなわなければならないこと。 出例 貢献（こうけん）／貢（みつ）ぐ |
| 腰痛（ようつう） | 腰痛（ようつう）：腰のいたみ。 出例 本腰（ほんごし） |
| 釣（つ）り | 釣（つ）る：魚などを道具を使ってとること。「手に入れ損なったものはことさらよいものに思われる」という意味のことわざ。 出例 釣果（ちょうか） |
| 猿（さる） | 猿（さる）：人間を除いた霊長目（サル目）の俗称。ヒトに似た動物。 出例 猿芝居（さるしばい） |
| 障（さわ）った | 障（さわ）る：不愉快な感じを起こさせること。 豆 よくない影響が出る場合にも使う |
| 侮（あなど）り | 侮（あなど）る：相手を軽く見てばかにすること。 |

頻出度 A

# 書き取り⑪

次の____線の**カタカナ**を**漢字**に直せ。

☐ 01 シンジュの指輪をはめる。

☐ 02 シャショウによる車内放送を聞く。

☐ 03 城のフシンが許可された。

☐ 04 異常気象の実態をニョジツに知る。

☐ 05 神社に絵馬をホウノウする。

☐ 06 トラブルをオンビンに済ませたい。

☐ 07 列車にユられると眠気を催す。

☐ 08 オオせの通りに致します。

☐ 09 体力のオトロえを実感した。

☐ 10 兄はコり性なので模型の細部までこだわる。

| 解答 | 解説 |
| --- | --- |
| 真珠（しんじゅ） | 真珠（しんじゅ）：アコヤガイなどの体内にできる丸い物質。<br>出例 珠玉（しゅぎょく） |
| 車掌（しゃしょう） | 車掌（しゃしょう）：電車などで車両の運転以外の業務を行う者のこと。「掌」に「仕事を受け持つ」の意がある。<br>出例 掌握（しょうあく） |
| 普請（ふしん） | 普請（ふしん）：建築、土木のこと。<br>出例 要請（ようせい）／申請（しんせい）／下請（したう）け／請（こ）う |
| 如実（にょじつ） | 如実（にょじつ）：実際のとおりに、そのままに。 |
| 奉納（ほうのう） | 奉納（ほうのう）：神仏を喜ばせるために、物品を供えたり、芸能や競技などを演じたりすること。<br>出例 奉仕（ほうし）／奉（たてまつ）る |
| 穏便（おんびん） | 穏便（おんびん）：物事をおだやかに処理すること。また、そのさま。<br>出例 不穏（ふおん）／穏当（おんとう） |
| 揺（ゆ）られる | 揺（ゆ）れる：上下や前後左右にゆらゆらと動くこと。<br>出例 揺（ゆ）らぐ／揺（ゆ）らす／動揺（どうよう） |
| 仰（おお）せ | 仰（おお）せ：ご命令。命令の尊敬語。お言葉。<br>出例 仰（あお）ぐ |
| 衰（おとろ）え | 衰（おとろ）える：弱くなること。 |
| 凝（こ）り | 凝（こ）る：趣味などにふけること。また、工夫をめぐらすこと。筋肉がこわばること。<br>出例 凝（こ）らす |

# 書き取り⑫

次の＿＿線の**カタカナ**を**漢字**に直せ。

☐ 01　ある<u>テツガク</u>書に感銘を受ける。

☐ 02　地場産業育成を<u>ショウレイ</u>する。

☐ 03　宴会で乾杯の<u>オンド</u>を取る。

☐ 04　<u>カンダイ</u>な処置をお願いする。

☐ 05　銀行で<u>ショウガイ</u>業務を担当する。

☐ 06　国は<u>ナイフン</u>状態に陥っている。

☐ 07　<u>カロ</u>うじて初戦を突破した。

☐ 08　友人との別れを<u>オ</u>しんだ。

☐ 09　計画をことごとく<u>サマタ</u>げる。

☐ 10　長女に<u>ムコ</u>を取ることにした。

| 解答 | 解説 |
|---|---|
| 哲学（てつがく） | 哲学（てつがく）：世界や人間、物事の根本原理を追求する学問。<br>出例 変哲（へんてつ） |
| 奨励（しょうれい） | 奨励（しょうれい）：それを行うようにと勧めること。<br>出例 勧奨（かんしょう）／推奨（すいしょう） |
| 音頭（おんど） | 音頭（おんど）：人の先に立って物事をすること。まず最初に歌い出して調子をとること。<br>出例 頭角（とうかく） |
| 寛大（かんだい） | 寛大（かんだい）：心が広く思いやりがあるさま。<br>出例 寛容（かんよう） |
| 渉外（しょうがい） | 渉外（しょうがい）：外部と連絡をとり、交渉すること。<br>出例 交渉（こうしょう） |
| 内紛（ないふん） | 内紛（ないふん）：内部のもめごと、争い。<br>出例 紛失（ふんしつ）／紛（まぎ）れる |
| 辛（かろ）うじて | 辛（かろ）うじて：どうにかこうにか。やっとのことで。「辛うじて」は「辛くして」の変化。<br>出例 辛（から）い／甘辛（あまから）い／香辛料（こうしんりょう）／辛口（からくち） |
| 惜（お）しんだ | 惜（お）しむ：心残りに思うこと。大切に思うこと。金品などを出ししぶること。<br>出例 惜（お）しい |
| 妨（さまた）げる | 妨（さまた）げる：邪魔をすること。 |
| 婿（むこ） | 婿（むこ）：娘の夫としてその家に入る男性のこと。婿養子。<br>出例 花婿（はなむこ）／娘婿（むすめむこ） |

頻出度 A

# 書き取り⑬

次の____線の**カタカナ**を**漢字**に直せ。

☑ 01　自由をキョウジュしている。

☑ 02　フウサイの上がらぬ人物と侮られる。

☑ 03　さまざまな思いがコウサクする。

☑ 04　ザンテイ自治政府を作る。

☑ 05　一般的に冬はシツドが低い。

☑ 06　ロウニャク男女問わず人気がある。

☑ 07　アルバイトで旅費をカセぐ。

☑ 08　息子にウワグツを持って帰るよう伝える。

☑ 09　弓のツルを引き絞る。

☑ 10　将来への夢がクダかれた。

| 解答 | 解説 |
|---|---|
| 享受（きょうじゅ） | 享受：物事を受け入れて自分のものとすること。楽しむこと。<br>出例 享有（きょうゆう）／享楽（きょうらく） |
| 風采（ふうさい） | 風采：人の見かけ上の姿のこと。<br>出例 采配（さいはい） |
| 交錯（こうさく） | 交錯：いくつかのものが入りまじること。 |
| 暫定（ざんてい） | 暫定：一時的に定めること。「暫」は「しばらく」の意。 |
| 湿度（しつど） | 湿度：空気中に含まれる水蒸気の割合のこと。<br>出例 陰湿（いんしつ）／湿原（しつげん）／湿（しめ）る |
| 老若（ろうにゃく） | 老若：「老若男女」は属性を問わず全ての人々のこと。<br>出例 若干（じゃっかん） |
| 稼（かせ）ぐ | 稼ぐ：精を出して働くこと。働いて収入や利益を得ること。 |
| 上靴（うわぐつ） | 上靴：学校などの構内で掃くための靴のこと。<br>出例 雨靴（あまぐつ）／靴擦（くつず）れ |
| 弦（つる） | 弦：弓に張り渡す糸。<br>出例 管弦（かんげん） |
| 砕（くだ）かれた | 砕く：勢いをそぐこと。固いものに力を加えてバラバラにすること。物事を簡単に説明すること。「心を砕く」「砕いて話す」という使い方もある。 出例 砕（くだ）ける／粉砕（ふんさい） |

頻出度 B

# 読み①

次の＿＿線の**漢字の読み**を**ひらがな**で答えよ。

☑ 01 頒価と送料を合わせて送金する。

☑ 02 器具を煮沸消毒してから使う。

☑ 03 大変な災厄に見舞われた。

☑ 04 警察官の説諭を受けた。

☑ 05 国王に非公式に拝謁を果たす。

☑ 06 心得違いを懇々と言い聞かせる。

☑ 07 外来生物が生態系を脅かす。

☑ 08 国王より勲章を賜る。

☑ 09 戦争に勝って他国の領土を併せる。

☑ 10 ウイルスに因る感染症だと診断された。

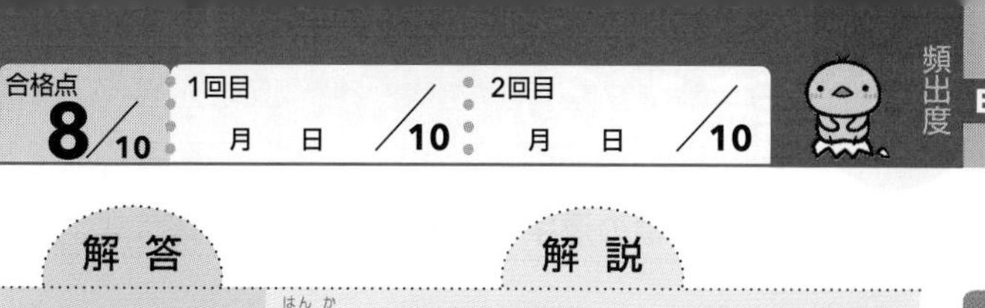


| 解答 | 解説 |
| --- | --- |
| はんか | 頒価（はんか）：頒布（物品を多くの人に分けること）するときの価格。<br>出例 頒布（はんぷ） |
| しゃふつ | 煮沸（しゃふつ）：煮え立たせること。<br>出例 沸々（ふつふつ）／沸（わ）く |
| さいやく | 災厄（さいやく）：災いのこと。災難。<br>出例 厄介（やっかい）／厄日（やくび） |
| せつゆ | 説諭（せつゆ）：悪い行いを改めるよう教えさとすこと。<br>出例 諭旨（ゆし）／教諭（きょうゆ）／諭（さと）す |
| はいえつ | 拝謁（はいえつ）：高貴の人にお目にかかること。<br>出例 謁見（えっけん） |
| こんこん | 懇々（こんこん）：親切に繰り返し言って聞かせること。<br>出例 懇願（こんがん）／懇意（こんい）／懇（ねんご）ろ |
| おびやかす | 脅（おびや）かす：危うくさせる。 |
| たまわる | 賜（たまわ）る：目上の立場の人からいただく。<br>出例 賜杯（しはい）／下賜（かし） |
| あわせる | 併（あわ）せる：二つ以上のものを一つにする。<br>出例 併用（へいよう） |
| よる | 因（よ）る：物事が起きる原因になる。<br>出例 因循（いんじゅん） |

頻出度 B

# 読み②

次の＿＿線の**漢字の読み**を**ひらがな**で答えよ。

☑ **01** 市井の生活をリポートする。

☑ **02** 長年の修業の末、武道の秘奥を極める。

☑ **03** 必要に応じて適宜更新する。

☑ **04** あの家は犯罪者の巣窟と見られている。

☑ **05** 本物と遜色ない食品サンプルだ。

☑ **06** 駄弁を弄して辟易させる。

☑ **07** 虐げられてきた人々を救う運動に参加する。

☑ **08** 川に挟まれた地域に住んでいる。

☑ **09** 肉汁滴るハンバーグを食べる。

☑ **10** 水仙の芳しい香りが漂う。

| 解答 | 解説 |
|---|---|
| しせい | 市井（しせい）：まちなか、庶民の社会。<br>出例 油井（ゆせい） |
| ひおう | 秘奥（ひおう）：物事の奥深い所。<br>出例 内奥（ないおう）／胸奥（きょうおう） ✕ひおく |
| てきぎ | 適宜（てきぎ）：その場合に最適であること。「宜」はよいこと。<br>出例 時宜（じぎ） |
| そうくつ | 巣窟（そうくつ）：悪人などが集まって隠れ住んでいる場所。住んでいる場所。<br>出例 洞窟（どうくつ） |
| そんしょく | 遜色（そんしょく）：劣っていること。「遜色ない」は見劣りしない、同程度である意味。<br>出例 謙遜（けんそん）／不遜（ふそん） |
| だべん | 駄弁（だべん）：くだらない、余計なおしゃべり。<br>出例 駄賃（だちん）／駄文（だぶん） |
| しいたげられ | 虐（しいた）げる：いじめる、残酷な扱いをする。 |
| はさまれた | 挟（はさ）まる：物と物の間に位置していること。<br>出例 板挟（いたばさ）み／挟撃（きょうげき） |
| したたる | 滴（したた）る：「下垂る」の意。しずくとなって落ちること。 |
| かんばしい | 芳（かんば）しい：香りがよいこと。<br>✕こうばしい |

頻出度 B

# 読み③

次の____線の**漢字の読み**を**ひらがな**で答えよ。

☑ **01** 食糧問題の解決が焦眉の課題だ。

☑ **02** 友達と鎌倉の名刹を巡る。

☑ **03** 犯人の容貌を警察に伝える。

☑ **04** 時代に翻弄された人物の伝記を読む。

☑ **05** 政府が直轄する機関だ。

☑ **06** 事故について直接担当者に詰問する。

☑ **07** 初心者が犯しやすい過ちだ。

☑ **08** 宵の明星は西に輝く。

☑ **09** 推測が誤っている可能性は否めない。

☑ **10** 麗しい五月が訪れる。

| 解答 | 解説 |
| --- | --- |
| しょうび | 焦眉（しょうび）：事態が差し迫った状態にあること。危険が迫っていること。<br>出例 白眉（はくび）／愁眉（しゅうび）／眉唾物（まゆつばもの） |
| めいさつ | 名刹（めいさつ）：名高く由緒ある寺。<br>出例 刹那（せつな） |
| ようぼう | 容貌（ようぼう）：顔かたち。<br>出例 全貌（ぜんぼう）／美貌（びぼう） |
| ほんろう | 翻弄（ほんろう）：もてあそぶこと。<br>出例 弄（ろう）する／愚弄（ぐろう）／弄（もてあそ）ぶ |
| ちょっかつ | 直轄（ちょっかつ）：直接に管轄すること。「轄」は「取り締まる、取りまとめる」の意。<br>出例 管轄（かんかつ）／総轄（そうかつ） |
| きつもん | 詰問（きつもん）：厳しく問いただすこと。<br>出例 難詰（なんきつ） |
| あやまち | 過（あやま）ち：間違い、過失。<br>出例 過剰（かじょう） |
| よい | 宵（よい）：日没後まだ時間のたってない頃。「宵の明星」は日没後、西の空に輝く金星のこと。出例 春宵（しゅんしょう）／徹宵（てっしょう） |
| いなめない | 否（いな）めない：否定することができないこと。 |
| うるわしい | 麗（うるわ）しい：姿形などが整っていて美しいこと。 |

読み　部首　熟語の構成　四字熟語　対義語・類義語　同音・同訓異字　誤字訂正　漢字と送りがな　書き取り

頻出度 B

# 読み④

次の＿＿線の**漢字の読み**を**ひらがな**で答えよ。

☑ 01 患者を助けられず自己嫌悪に襲われる。

☑ 02 碁盤を挟んで向かい合う。

☑ 03 友人の葬儀で弔辞を読んだ。

☑ 04 兄の横柄な態度が許せない。

☑ 05 親戚一同からなる旅行団を宰領する。

☑ 06 滋味あふれる話し方だった。

☑ 07 師匠に恭しい態度で挨拶する。

☑ 08 角を矯めて牛を殺す。

☑ 09 その道の大家に真摯に教えを乞う。

☑ 10 酸いも甘いもかみ分ける。

| 解答 | 解説 |
| --- | --- |
| けんお | 嫌悪（けんお）：ひどく嫌うこと。<br>出例 嫌疑（けんぎ）／機嫌（きげん）／嫌（きら）う／嫌（いや）がらせ |
| ごばん | 碁盤（ごばん）：碁を打つための四角形の盤。<br>出例 囲碁（いご）／碁会（ごかい） |
| ちょうじ | 弔辞（ちょうじ）：お悔やみの言葉。<br>出例 弔問（ちょうもん）／弔意（ちょうい）／弔（とむら）う |
| おうへい | 横柄（おうへい）：偉そうな、無礼な態度。 |
| さいりょう | 宰領（さいりょう）：監督したり世話したりすること。<br>出例 主宰（しゅさい）／宰相（さいしょう） |
| じみ | 滋味（じみ）：物事の深い味わい。食物の味わい。<br>出例 滋養（じよう） |
| うやうやしい | 恭（うやうや）しい：相手を敬って、礼儀正しく慎ましく行動するさま。<br>出例 恭順（きょうじゅん）／恭賀（きょうが） |
| ためて | 矯（た）める：曲がったものを真っすぐにする。改める。<br>出例 矯正（きょうせい）／奇矯（ききょう）　豆「角を矯めて牛を殺す」はちょっとした欠点を直そうとして、かえって全体をだめにすること |
| こう | 乞（こ）う：他人に物を与えてくれるよう、何かをしてくれるように求める。神仏に祈り求める。<br>出例 命乞（いのちご）い |
| すい | 酸（す）い：すっぱい、酸味がある。<br>出例 酢酸（さくさん） |

頻出度 B

# 読み⑤

次の＿＿線の**漢字の読み**を**ひらがな**で答えよ。

☑ 01 悠揚迫らぬ態度で事に当たる。

☑ 02 衣替えで開襟シャツを出す。

☑ 03 崇高な目的と使命を帯びる。

☑ 04 役所に生活扶助を申請する。

☑ 05 工場の機械は昼夜を問わず稼働している。

☑ 06 好事家向きの作品がそろった。

☑ 07 升目に沿って文字を記入する。

☑ 08 富士山の裾野には樹海が広がる。

☑ 09 宇宙旅行に行ける人が羨ましい。

☑ 10 姉の奏でるピアノの音色が好きだ。

| 解答 | 解説 |
| --- | --- |
| ゆうよう | 悠揚：ゆったりとして落ち着いている様子。<br>出例 悠久／悠然 |
| かいきん | 開襟：襟が開かれていること。<br>出例 胸襟／襟／襟元 |
| すうこう | 崇高：気高いこと。<br>出例 崇拝 |
| ふじょ | 扶助：経済的に助けること。生活扶助は生活保護のうちの一つ。 |
| かどう | 稼働：機械を動かすこと。かせぎ働くこと。稼動とも書く。<br>出例 稼動／稼ぐ |
| こうずか | 好事家：物好きな人、風流を好む人。<br>出例 好悪 |
| ますめ | 升目：格子状に区切られた枠、模様。<br>出例 升席／一升 |
| すその | 裾野：山の麓のゆるやかな傾斜地。<br>出例 裾 |
| うらやましい | 羨ましい：そうでありたいと願うこと。<br>出例 羨む／羨望 |
| かなでる | 奏でる：楽器などを演奏する。 |

頻出度 B

# 読み⑥

次の＿＿線の**漢字の読み**を**ひらがな**で答えよ。

☐ **01** 因循な考えはやめた方がいい。

☐ **02** 世界の安寧を願う。

☐ **03** 住職の言葉に感銘を受ける。

☐ **04** 怨霊を鎮めるために塚を立てる。

☐ **05** 法律はすっかり形骸化している。

☐ **06** 千鳥格子のスーツがよく似合う。

☐ **07** 戯れにギターを爪弾く。

☐ **08** 声にならない憤りを感じる。

☐ **09** 藍染めの風呂敷で荷物を包む。

☐ **10** 空腹のあまり貪るようにご飯を食べた。

| 解答 | 解説 |
|---|---|
| いんじゅん | 因循（いんじゅん）：古い習慣を守って改めようとしないこと。<br>出例 循環（じゅんかん） |
| あんねい | 安寧（あんねい）：世の中がおだやかで平和なこと。<br>出例 丁寧（ていねい） |
| かんめい | 感銘（かんめい）：忘れられないほど深く感動すること。<br>出例 銘記（めいき）／銘柄（めいがら） |
| おんりょう | 怨霊（おんりょう）：うらみをもってたたりを行う霊のこと。<br>出例 怨恨（えんこん）／怨念（おんねん） |
| けいがい | 形骸（けいがい）：実質的な意味のない、外形だけのもの。<br>出例 残骸（ざんがい）／死骸（しがい） |
| ごうし | 格子（こうし）：窓や出入り口に取り付ける建具。<br>豆「千鳥格子」は模様の名前 |
| つまびく | 爪弾く（つまびく）：弦楽器を指ではじいて鳴らす。<br>出例 爪（つめ）／爪痕（つめあと） |
| いきどおり | 憤る（いきどおる）：激しい怒り。激しく怒ること。<br>出例 憤り（いきどおり）／憤然（ふんぜん）／発憤（はっぷん） |
| あいぞめ | 藍染め（あいぞめ）：糸や布などを藍で染めること。<br>出例 藍（あい）／出藍（しゅつらん） |
| むさぼる | 貪る（むさぼる）：飽きることなく欲しがる。<br>出例 貪欲（どんよく） |

頻出度 **B**

# 読み⑦

次の____線の**漢字の読み**を**ひらがな**で答えよ。

☐ **01** 昔の城塞跡を見学する。

☐ **02** 三大疾病の年ごとの割合を調べる。

☐ **03** 会釈の仕方を教え込まれる。

☐ **04** 後輩に車を譲渡した。

☐ **05** 祖父の命は旦夕に迫っている。

☐ **06** 汎用性の高い機械を導入する。

☐ **07** 父から葛餅をお土産にもらう。

☐ **08** もうすっかり夜も更けた。

☐ **09** 叔父は殊に料理の話となるとうるさい。

☐ **10** 挑戦は惨めな失敗に終わった。

| 解答 | 解説 |
|---|---|
| じょうさい | 城塞（じょうさい）：お城やとりでのこと。<br>出例 閉塞（へいそく）／要塞（ようさい）／塞（ふさ）ぐ／塞（ふさ）がる |
| しっぺい | 疾病（しっぺい）：病気のこと。<br>豆「三大疾病」はがん・急性心筋梗塞・脳卒中 ✕ しつびょう |
| えしゃく | 会釈（えしゃく）：軽く頭を下げること。 |
| じょうと | 譲渡（じょうと）：財産や権利などを譲り渡すこと。<br>出例 委譲（いじょう）／移譲（いじょう） |
| たんせき | 旦夕（たんせき）：始終。朝と晩。<br>出例 旦那（だんな） 豆「旦夕に迫る」は事態が今夕か明朝に差し迫っているという意 |
| はんよう | 汎用（はんよう）：多方面に広く用いること。<br>出例 広汎（こうはん） |
| くずもち | 葛餅（くずもち）：葛粉を練って作った和菓子の一種。<br>出例 葛（くず）／葛藤（かっとう） |
| ふけた | 更（ふ）ける：真夜中に近くなる。<br>出例 夜更（よふ）かし／深更（しんこう）／更迭（こうてつ） |
| ことに | 殊（こと）に：とりわけ、格別に。<br>出例 殊勲（しゅくん） |
| みじめ | 惨（みじ）め：見ていられないほどかわいそうなさま。出例 無惨（むざん）／悲惨（ひさん）／凄惨（せいさん） |

頻出度 B

# 読み⑧

次の＿＿線の**漢字の読み**を**ひらがな**で答えよ。

☑ **01** 運用していた責任者を罷免させる。

☑ **02** 友人は質朴な人物との評判だ。

☑ **03** 富裕層の支持を得ている。

☑ **04** 報告書の内容を概括する。

☑ **05** 頑是ない子供のように泣く。

☑ **06** 教師から授業態度を叱責された。

☑ **07** 景気回復の兆しが見えた。

☑ **08** 気が利く女性と評判だ。

☑ **09** カボチャを軟らかくなるまで煮る。

☑ **10** 手綱を引いて馬を止める。

| 解答 | 解説 |
|---|---|
| ひめん | 罷免：公務員をやめさせること。<br>出例 罷業　豆「罷業」はストライキ |
| しつぼく | 質朴：かざりけがなく素直で、世間ずれしていないこと。<br>出例 純朴／素朴 |
| ふゆう | 富裕：多くの財産をもつこと。「裕」に「ゆたか」の意味がある。<br>出例 余裕／裕福 |
| がいかつ | 概括：内容や傾向などを大まかにまとめること。<br>出例 括弧／統括 |
| がんぜ | 頑是：「頑是ない」は幼くて聞き分けがないこと。<br>出例 頑健／頑固 |
| しっせき | 叱責：相手の非をしかり、非難すること。<br>出例 叱正／叱る |
| きざし | 兆す：物事が始まろうとしている気配がある。草木が芽生える。<br>出例 兆し |
| きく | 利く：機敏に働く。<br>出例 利益 |
| やわらかく | 軟らかい：力を加えると形が変化し、元には戻らない。表現などが堅苦しくないこと。<br>出例 軟禁／軟水 |
| たづな | 手綱：馬に乗って操るための綱。<br>出例 綱領 |

頻出度 **B**

# 読み⑨

次の＿＿線の**漢字の読み**を**ひらがな**で答えよ。

☑ **01** 人材が払底している。

☑ **02** 上司に仕事の進捗を報告する。

☑ **03** ゲームに惑溺し勉学がおろそかになる。

☑ **04** 粗暴な人物に軽侮の念を抱く。

☑ **05** 戦慄を覚える事件が発生した。

☑ **06** 辛辣な言葉で非難する。

☑ **07** 子猫を家族皆で慈しむ。

☑ **08** 実家の古い納屋を取り壊す。

☑ **09** 窯元で陶器が安く手に入った。

☑ **10** 恥ずかしさで顔が火照る。

| 解答 | 解説 |
| --- | --- |
| ふってい | 払底（ふってい）：必要なものが非常に乏しくなること。 |
| しんちょく | 進捗（しんちょく）：物事がはかどること。 |
| わくでき | 惑溺（わくでき）：ある事に夢中になり、正常な判断力を失うこと。<br>出例 溺愛（できあい）／溺れる（おぼれる） |
| けいぶ | 軽侮（けいぶ）：人を軽んじて、あなどること。<br>出例 侮辱（ぶじょく）／侮る（あなどる） |
| せんりつ | 戦慄（せんりつ）：恐怖により震えること。<br>出例 慄然（りつぜん） |
| しんらつ | 辛辣（しんらつ）：言葉や他への批評の表現が非常に手厳しいこと。<br>出例 辣腕（らつわん）／悪辣（あくらつ） |
| いつくしむ | 慈しむ（いつくしむ）：かわいがって大切にすること。<br>出例 慈雨（じう） |
| なや | 納屋（なや）：物置小屋のこと。<br>出例 納戸（なんど） |
| かまもと | 窯元（かまもと）：陶磁器の製造元。<br>出例 窯（かま）／窯跡（かまあと）／窯業（ようぎょう） |
| ほてる | 火照る（ほてる）：熱く感じること。 |

頻出度 **B**

# 読み⑩

次の____線の**漢字の読み**を**ひらがな**で答えよ。

☑ **01** 沖天の勢いで広まっていった。

☑ **02** 渓流でアユ釣りを楽しむ。

☑ **03** 一時的に平衡感覚を失う。

☑ **04** 子供と一緒に短冊に願いを書く。

☑ **05** 願いが成就するまであと少しだ。

☑ **06** 父は国家の枢要で働く。

☑ **07** くわで畑に畝を作る。

☑ **08** 友人に面白かった漫画を薦める。

☑ **09** 恩師を悼み、祈りをささげる。

☑ **10** 隠蔽されていた事件を暴く。

| 解答 | 解説 |
|---|---|
| ちゅうてん | 沖天（ちゅうてん）：高く空に昇ること。 |
| けいりゅう | 渓流（けいりゅう）：川の上流で山間を流れる部分。谷川。<br>出例 渓谷（けいこく）／雪渓（せっけい） |
| へいこう | 平衡（へいこう）：つりあいが取れること。「平衡感覚」はバランスを保つ感覚。<br>出例 均衡（きんこう） |
| たんざく | 短冊（たんざく）：和歌などを書く細長い紙。<br>豆「冊」は「一冊、二冊」のように「さつ」とも読む |
| じょうじゅ | 成就（じょうじゅ）：成し遂げること、実現すること。 |
| すうよう | 枢要（すうよう）：構成や組織の中の最も重要な部分や立場。<br>出例 枢軸（すうじく）／中枢（ちゅうすう） |
| うね | 畝（うね）：作物を作るために土を細長く盛り上げた所。 |
| すすめる | 薦（すす）める：適切なものとして伝え、行動・採用などを促す。 |
| いたみ | 悼（いた）む：人の死を悲しみ惜しむ。<br>出例 哀悼（あいとう） |
| あばく | 暴（あば）く：人が隠そうとする悪事や欠点を公表すること。 |

頻出度 B

# 読み⑪

次の____線の**漢字の読み**を**ひらがな**で答えよ。

☐ **01** 禅譲を受け新たな王朝を創始した。

☐ **02** 交渉は一年越しで妥結した。

☐ **03** 人間性が如実に表れる。

☐ **04** 頻出問題を重点的に学習する。

☐ **05** 明け方、下弦の月を見上げた。

☐ **06** 人倫にもとる行いだと非難決議を行う。

☐ **07** 日曜は野良仕事をしている。

☐ **08** 常識の枠にとらわれない発想だ。

☐ **09** 重要案件を専門委員会に諮る。

☐ **10** 夜更かしは仕事に障る。

| 解答 | 解説 |
|---|---|
| ぜんじょう | 禅譲：世襲によらず、徳のある人に地位を譲ること。<br>出例 座禅／参禅 |
| だけつ | 妥結：対立している両者が歩み寄って交渉をまとめること。<br>出例 妥協／妥当 |
| にょじつ | 如実：事実の通りであること。<br>✖ じょじつ（突如／欠如などの場合は「じょ」） |
| ひんしゅつ | 頻出：同じ種類の物がしばしば現れること。<br>出例 頻度／頻繁 |
| かげん | 下弦：満月から次の新月に至る中間の、月の入り時に弦が下方に見える半月。<br>出例 弦楽／上弦 |
| じんりん | 人倫：人と人との間の道徳的な秩序。人として守るべき道。「人倫にもとる」は人とは思えないほど背徳的であるさま。出例 倫理 |
| のら | 野良：田畑。野原。「野良仕事」は田畑を耕すなどの農業に関わる仕事。 |
| わく | 枠：ある決まった形。まわりを囲っているもの。<br>出例 別枠／枠内 |
| はかる | 諮る：相談する、意見を聞いてみる。 |
| さわる | 障る：妨げとなること。 |

頻出度 B

# 読み⑫

次の____線の**漢字の読み**を**ひらがな**で答えよ。

☐ **01** 墨汁が服に飛び散ってしまった。

☐ **02** 殉職者に黙とうをささげる。

☐ **03** 街道の並木として植栽する。

☐ **04** 仙境もかくやという絶景だ。

☐ **05** 弟は繊細な絵を描く。

☐ **06** 兄は事業の失敗により喪心してしまった。

☐ **07** 知人が逃げた理由など知る由もない。

☐ **08** 会合の参加費を出し渋る。

☐ **09** 但し書きを記載すべきだ。

☐ **10** 春の息吹を全身で感じる。

| 解答 | 解説 |
|---|---|
| ぼくじゅう | 墨汁：墨を擦って出来たしるのこと。また、液体の墨のこと。<br>出例 果汁／汁 |
| じゅんしょく | 殉職：職務中の事故などにより死亡すること。<br>出例 殉教／殉死 |
| しょくさい | 植栽：草木を植えること、栽培すること。<br>出例 盆栽 |
| せんきょう | 仙境：仙人が住むところ。俗界を離れた静かで清らかな土地。<br>出例 水仙／仙薬 |
| せんさい | 繊細：感情が細やかで優美なこと。「繊」は細い糸。<br>出例 繊毛 |
| そうしん | 喪心：放心すること。<br>出例 喪失／喪に服す |
| よし | 由：物事がそのようになった理由。手段、方法。出例 由緒 |
| しぶる | 渋る：なかなか行動に移そうとしない様。<br>出例 茶渋／渋い／難渋 |
| ただし | 但し：「但し書き」は但しで始まる追加の文。条件や例外を記す。 |
| いぶき | 息吹：息のこと。「春の息吹」は春が来る、春になった気配。 |

頻出度 B

# 部首①

次の漢字の**部首**を答えよ。

- ☑ 01 磨
- ☑ 02 蛍
- ☑ 03 殉
- ☑ 04 殻
- ☑ 05 彰
- ☑ 06 昆
- ☑ 07 款
- ☑ 08 瓶
- ☑ 09 真
- ☑ 10 悠
- ☑ 11 羅
- ☑ 12 韻
- ☑ 13 泰
- ☑ 14 辣
- ☑ 15 我

| 解答 | 解説 |
|---|---|
| 石 | いし<br>出例 碁もよく出題される |
| 虫 | むし<br>出例 蛮／蚕／融もよく出題される |
| 歹 | かばねへん　いちたへん　がつへん<br>出例 死／殊もよく出題される |
| 殳 | るまた　ほこづくり<br>出例 毀／殿もよく出題される |
| 彡 | さんづくり<br>出例 彩／影／彫もよく出題される |
| 日 | ひ<br>出例 旦／暮／暫／旬もよく出題される |
| 欠 | あくび　かける<br>出例 欧／欺もよく出題される |
| 瓦 | かわら |
| 目 | め<br>出例 督／眉／盾／直もよく出題される |
| 心 | こころ<br>出例 患／懲／懸／慶もよく出題される |
| 罒 | あみがしら　あみめ　よこめ<br>出例 罷もよく出題される |
| 音 | おと<br>出例 音もよく出題される |
| 氺 | したみず |
| 辛 | からい<br>出例 辞／辛もよく出題される |
| 戈 | ほこづくり　ほこがまえ<br>出例 戒／戯もよく出題される |

頻出度 B

# 部首②

次の漢字の**部首**を答えよ。

☐ 01 弔

☐ 02 癒

☐ 03 缶

☐ 04 臭

☐ 05 軟

☐ 06 麻

☐ 07 斉

☐ 08 竜

☐ 09 尉

☐ 10 恭

☐ 11 耗

☐ 12 翁

☐ 13 剖

☐ 14 刃

☐ 15 煩

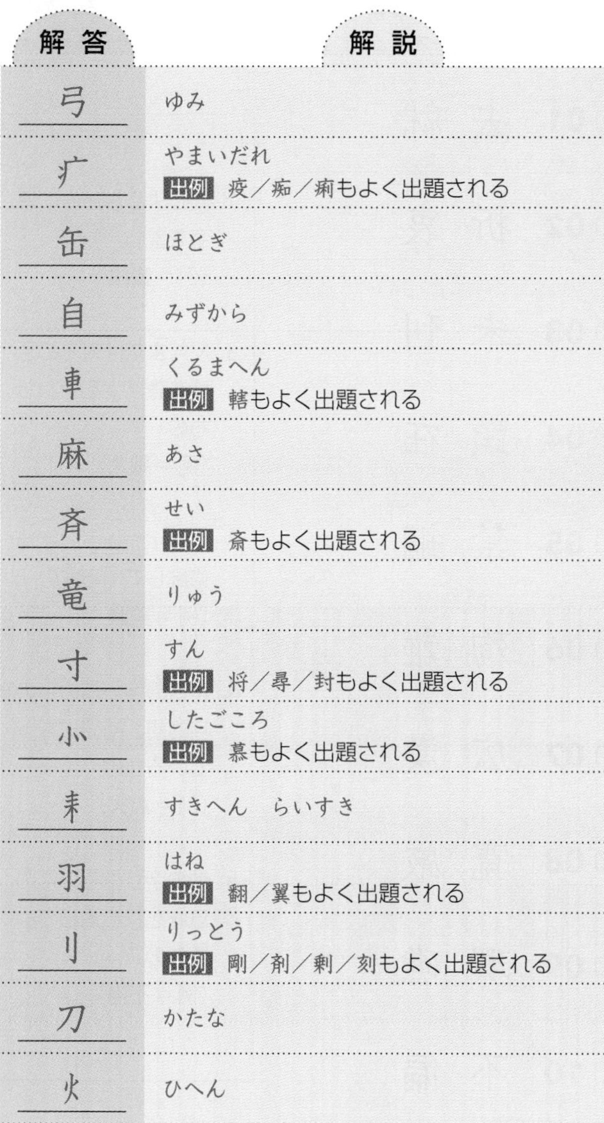

| 解答 | 解説 |
|---|---|
| 弓 | ゆみ |
| 疒 | やまいだれ<br>出例 疫／痴／痢もよく出題される |
| 缶 | ほとぎ |
| 自 | みずから |
| 車 | くるまへん<br>出例 轄もよく出題される |
| 麻 | あさ |
| 斉 | せい<br>出例 斎もよく出題される |
| 竜 | りゅう |
| 寸 | すん<br>出例 将／尋／封もよく出題される |
| 小 | したごころ<br>出例 慕もよく出題される |
| 耒 | すきへん　らいすき |
| 羽 | はね<br>出例 翻／翼もよく出題される |
| 刂 | りっとう<br>出例 剛／剤／剰／刻もよく出題される |
| 刀 | かたな |
| 火 | ひへん |

頻出度 B

# 熟語の構成①

**熟語の構成**のしかたには右の□のようなものがある。次の熟語は□の**ア〜オ**のどれに当たるか、**一つ**選び**記号**を答えよ。

☐ **01** 去就

☐ **02** 折衷

☐ **03** 未刊

☐ **04** 顕在

☐ **05** 禁錮

☐ **06** 殉難

☐ **07** 広漠

☐ **08** 寛厳

☐ **09** 環礁

☐ **10** 不偏

ア 同じような意味の漢字を重ねたもの
（例＝**善良**）

イ 反対または対応の意味を表す字を重ねたもの
（例＝**細大**）

ウ 前の字が後ろの字を修飾しているもの
（例＝**美談**）

エ 後ろの字が前の字の目的語・補語になっているもの
（例＝**点火**）

オ 前の字が後ろの字の意味を打ち消しているもの
（例＝**不当**）

| 解答 | | 解説 |
|---|---|---|
| イ（反対） | 去就（きょしゅう） | 去（る）←反→就（つきしたがう） |
| エ（目・補） | 折衷（せっちゅう） | 折（わける）←目・補 衷（真ん中を） |
| オ（打消） | 未刊（みかん） | 未（否定）×←打消 刊（行） |
| ウ（修飾） | 顕在（けんざい） | 顕（あきらかに） 修→在（存在する） |
| ア（同じ） | 禁錮（きんこ） | 禁 ＝同＝ 錮<br>どちらも「とじこめる」の意。 |
| エ（目・補） | 殉難（じゅんなん） | 殉（ずる）←目・補 難（困難に） |
| ア（同じ） | 広漠（こうばく） | 広 ＝同＝ 漠<br>どちらも「ひろい」の意。 |
| イ（反対） | 寛厳（かんげん） | 寛（ゆるやか）←反→厳（しい） |
| ウ（修飾） | 環礁（かんしょう） | 環（輪になった） 修→礁（かくれいわ） |
| オ（打消） | 不偏（ふへん） | 不（否定）×←打消 偏（り） |

頻出度 B

# 熟語の構成②

**熟語の構成**のしかたには右の□のようなものがある。次の熟語は□の**ア～オ**のどれに当たるか、**一つ**選び**記号**を答えよ。

☑01 巧拙

☑02 親疎

☑03 懇請

☑04 上棟

☑05 収賄

☑06 無尽

☑07 擬似

☑08 未聞

☑09 危惧

☑10 旋風

ア 同じような意味の漢字を重ねたもの（例＝**善良**）

イ 反対または対応の意味を表す字を重ねたもの（例＝**細大**）

ウ 前の字が後ろの字を修飾しているもの（例＝**美談**）

エ 後ろの字が前の字の目的語・補語になっているもの（例＝**点火**）

オ 前の字が後ろの字の意味を打ち消しているもの（例＝**不当**）

| 解答 | | 解説 |
|---|---|---|
| イ（反対） | 巧拙（こうせつ） | 巧（うまい）←反→拙（い） |
| イ（反対） | 親疎（しんそ） | 親（しい）←反→疎（親しくない） |
| ウ（修飾） | 懇請（こんせい） | 懇（まごころを尽くして）修→請（たのむ） |
| エ（目・補） | 上棟（じょうとう） | 上（げる）←目・補 棟（を） |
| エ（目・補） | 収賄（しゅうわい） | 収（める）←目・補 賄（わいろを） |
| オ（打消） | 無尽（むじん） | 無（否定）×←打消 尽（きる） |
| ア（同じ） | 擬似（ぎじ） | 擬 ＝同＝ 似 どちらも「にせる」の意。 |
| オ（打消） | 未聞（みもん） | 未（否定）×←打消 聞（く） |
| ア（同じ） | 危惧（きぐ） | 危 ＝同＝ 惧 どちらも「あぶない」の意。 |
| ウ（修飾） | 旋風（せんぷう） | 旋（回転する）修→風 |

頻出度 B

# 熟語の構成③

**熟語の構成**のしかたには右の□のようなものがある。次の熟語は□の**ア〜オ**のどれに当たるか、**一つ**選び**記号**を答えよ。

☐ **01** 玩具

☐ **02** 核心

☐ **03** 禍福

☐ **04** 隠顕

☐ **05** 疾患

☐ **06** 叙景

☐ **07** 無為

☐ **08** 河畔

☐ **09** 未到

☐ **10** 懐古

ア 同じような意味の漢字を重ねたもの（例＝**善良**）

イ 反対または対応の意味を表す字を重ねたもの（例＝**細大**）

ウ 前の字が後ろの字を修飾しているもの（例＝**美談**）

エ 後ろの字が前の字の目的語・補語になっているもの（例＝**点火**）

オ 前の字が後ろの字の意味を打ち消しているもの（例＝**不当**）

| 解答 | 解説 |
|---|---|
| ウ（修飾） | 玩具（がんぐ）　玩（遊ぶための）修→具（道具） |
| ア（同じ） | 核心（かくしん）　核 ＝同＝ 心　どちらも「中心」の意。 |
| イ（反対） | 禍福（かふく）　禍（わざわい）←反→福（さいわい） |
| イ（反対） | 隠顕（いんけん）　隠（す）←反→顕（あきらかにする） |
| ア（同じ） | 疾患（しっかん）　疾 ＝同＝ 患　どちらも「びょうき」の意。 |
| エ（目・補） | 叙景（じょけい）　叙（のべる）←目・補　景（色を） |
| オ（打消） | 無為（むい）　無（否定）×←打消　為（行う） |
| ウ（修飾） | 河畔（かはん）　河（の）修→畔（ほとり） |
| オ（打消） | 未到（みとう）　未（否定）×←打消　到（達する） |
| エ（目・補） | 懐古（かいこ）　懐（かしむ）←目・補　古（昔を） |

頻出度 B

# 熟語の構成④

**熟語の構成**のしかたには右の□のようなものがある。次の熟語は□の**ア〜オ**のどれに当たるか、**一つ**選び**記号**を答えよ。

☐01 不屈

☐02 殉教

☐03 毀誉

☐04 寡少

☐05 旅愁

☐06 赴任

☐07 無謀

☐08 任免

☐09 抹茶

☐10 報酬

ア 同じような意味の漢字を重ねたもの（例＝**善良**）

イ 反対または対応の意味を表す字を重ねたもの（例＝**細大**）

ウ 前の字が後ろの字を修飾しているもの（例＝**美談**）

エ 後ろの字が前の字の目的語・補語になっているもの（例＝**点火**）

オ 前の字が後ろの字の意味を打ち消しているもの（例＝**不当**）

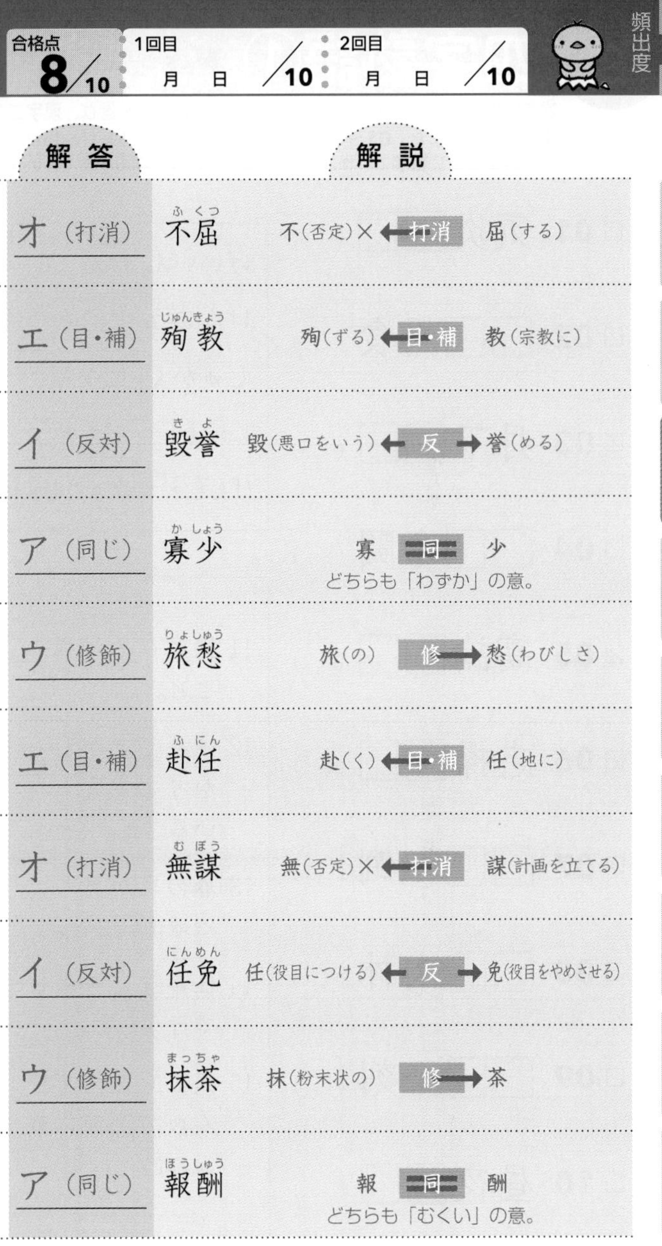

| 解答 | | 解説 |
|---|---|---|
| オ（打消） | 不屈（ふくつ） | 不（否定）×←打消 屈（する） |
| エ（目・補） | 殉教（じゅんきょう） | 殉（ずる）←目・補 教（宗教に） |
| イ（反対） | 毀誉（きよ） | 毀（悪口をいう）←反→誉（める） |
| ア（同じ） | 寡少（かしょう） | 寡 ＝同＝ 少<br>どちらも「わずか」の意。 |
| ウ（修飾） | 旅愁（りょしゅう） | 旅（の） 修→愁（わびしさ） |
| エ（目・補） | 赴任（ふにん） | 赴（く）←目・補 任（地に） |
| オ（打消） | 無謀（むぼう） | 無（否定）×←打消 謀（計画を立てる） |
| イ（反対） | 任免（にんめん） | 任（役目につける）←反→免（役目をやめさせる） |
| ウ（修飾） | 抹茶（まっちゃ） | 抹（粉末状の） 修→茶 |
| ア（同じ） | 報酬（ほうしゅう） | 報 ＝同＝ 酬<br>どちらも「むくい」の意。 |

頻出度 B

# 四字熟語①

次の**四字熟語**の□に入る適切な語を右上の□の中から選び、**漢字二字**で答えよ。また、**01～10の意味**にあてはまるものを11～15から**一つ**選び（　）に**数字**でいれよ（該当しないものは空欄のままでよい）。

☐ **01** 気炎□□（　）

☐ **02** □□馬食（　）

☐ **03** 月下□□（　）

☐ **04** □□奮闘（　）

☐ **05** 高論□□（　）

☐ **06** 志操□□（　）

☐ **07** □□転倒（　）

☐ **08** □□肉林（　）

☐ **09** □□一刻（　）

☐ **10** 昼夜□□（　）

げいいん　けんご
けんこう　こぐん
しゅかく　しゅち
しゅんしょう　たくせつ
ばんじょう　ひょうじん

11 縁結びの神様のこと。

12 主義や志がしっかりと定まっていること。

13 春の夜が美しく心地よいこと。

14 仕事などを続けて行うこと。

15 孤立した中で少人数で必死に戦うこと。

| 解答 | 解説 |
|---|---|
| 気炎万丈（きえんばんじょう）（　） | 意気込みが他を圧倒するほど盛んであるさま。 |
| 鯨飲馬食（げいいんばしょく）（　） | むやみにたくさん飲み食いすること。 |
| 月下氷人（げっかひょうじん）(11) | 縁結びの神様のこと。転じて、仲人のこともいう。 |
| 孤軍奮闘（こぐんふんとう）(15) | 孤立した中で少人数で必死に戦うこと。<br>出例 「奮闘（ふんとう）」も問われる |
| 高論卓説（こうろんたくせつ）（　） | すぐれた意見、論説のこと。「卓」は抜きんでている意。 |
| 志操堅固（しそうけんご）(12) | 正しいと信じる主義や志がしっかりと定まっていて、容易にはくずれないこと。<br>出例 「志操（しそう）」も問われる |
| 主客転倒（しゅかくてんとう）（　） | 主人と客が入れ替わることで、重要な事柄と取るに足りない事柄、また人や物事の軽重などが逆になること。<br>出例 「転倒（てんとう）」も問われる |
| 酒池肉林（しゅちにくりん）（　） | きわめてぜいたくな酒宴の意。豪遊の限りを尽くすこと。 |
| 春宵一刻（しゅんしょういっこく）(13) | 「春宵一刻値千金」の略。春の夜が美しく心地よいことをいう。<br>出例 「一刻（いっこく）」も問われる |
| 昼夜兼行（ちゅうやけんこう）(14) | 昼も夜も休まず進むこと。転じて、仕事などを続けて行うこと。 |

頻出度 B

# 四字熟語②

次の**四字熟語**の□に入る適切な語を右上の□の中から選び、**漢字二字**で答えよ。また、**01～10**の**意味**にあてはまるものを11～15から**一つ**選び（　）に**数字**でいれよ（該当しないものは空欄のままでよい）。

☑ **01** 天衣□□（　）

☑ **02** 破綻□□（　）

☑ **03** □□蓋世（　）

☑ **04** □□連理（　）

☑ **05** □□無人（　）

☑ **06** □□勃勃（　）

☑ **07** 抑揚□□（　）

☑ **08** 粒粒□□（　）

☑ **09** 玩物□□（　）

☑ **10** 質実□□（　）

ごうけん　しんく
そうし　とんざ
ばつざん　ひゃくしゅつ
ひよく　ぼうじゃく
むほう　ゆうしん

11 非常に勇気が湧いてくるようす。
12 技巧などがなく自然なさま。
13 無用なものに心を奪われてしまうこと。
14 声の調子を上げたり下げたりすること。
15 たいへんな苦労をすること。

| 解答 | 解説 |
|---|---|
| 天衣無縫（てんいむほう）(12) | 天人の衣は縫い目がないことから、技巧などがなく自然なさま。また、人柄に飾り気がなく純真で無邪気なさま。出例 「天衣（てんい）」も問われる |
| 破綻百出（はたんひゃくしゅつ）( ) | 言動がいいかげんで、次々とほころびが出てくること。出例 「破綻（はたん）」も問われる |
| 抜山蓋世（ばつざんがいせい）( ) | 気力が充実していて勢いが非常に強いこと。 |
| 比翼連理（ひよくれんり）( ) | いつも翼を並べて飛ぶ鳥と、二本の木の枝がくっついて木目が一つにつながった枝。転じて、夫婦の愛情の深いこと。出例 「連理（れんり）」も問われる |
| 傍若無人（ぼうじゃくぶじん）( ) | 他人を無視して勝手にふるまうこと。出例 「無人（むじん）」も問われる |
| 雄心勃勃（ゆうしんぼつぼつ）(11) | 非常に勇気が湧いてくるようす。出例 「勃勃（ぼつぼつ）」も問われる |
| 抑揚頓挫（よくようとんざ）(14) | 声の調子を上げたり下げたり、またリズムを急に変化させたりすること。出例 「抑揚（よくよう）」も問われる |
| 粒粒辛苦（りゅうりゅうしんく）(15) | 細かな努力を重ねて、たいへんな苦労をすること。 |
| 玩物喪志（がんぶつそうし）(13) | 無用なものに心を奪われて、本来の志を見失ってしまうこと。 |
| 質実剛健（しつじつごうけん）( ) | 飾り気がなく誠実で、強くたくましいこと。 |

頻出度 **B**

# 四字熟語③

次の**四字熟語**の□に入る適切な語を右上の□の中から選び、**漢字二字**で答えよ。また、**01～10の意味**にあてはまるものを11～15から**一つ**選び（　）に**数字**でいれよ（該当しないものは空欄のままでよい）。

- ☑ **01** □□瓦鶏（　）
- ☑ **02** 片言□□（　）
- ☑ **03** □□休題（　）
- ☑ **04** 気宇□□（　）
- ☑ **05** □□無援（　）
- ☑ **06** 深山□□（　）
- ☑ **07** □□潔白（　）
- ☑ **08** 意気□□（　）
- ☑ **09** □□妄想（　）
- ☑ **10** □□無恥（　）

| | |
|---|---|
| かんわ | こうがん |
| こだい | こりつ |
| しょうてん | せいれん |
| せきご | そうだい |
| とうけん | ゆうこく |

11 あつかましくてずうずうしいさま。

12 意気込みがたいへん盛んなこと。

13 形ばかりりっぱで、役に立たないこと。

14 心の持ち方や度量が大きくりっぱなさま。

15 心が清らかで、やましいところがないこと。

| 解答 | 解説 |
|---|---|
| 陶犬瓦鶏（とうけんがけい）(13) | 形ばかりりっぱで、役に立たないもののたとえ。<br>出例「瓦鶏（がけい）」も問われる |
| 片言隻語（へんげんせきご）(　) | ほんのちょっとした言葉。「片言隻句」とも言う。<br>出例「片言（へんげん）」も問われる |
| 閑話休題（かんわきゅうだい）(　) | 話が横道にそれたのを本題に戻すときに言う語。<br>出例「休題（きゅうだい）」も問われる |
| 気宇壮大（きうそうだい）(14) | 心の持ち方や度量が大きくりっぱなさま。 |
| 孤立無援（こりつむえん）(　) | たった一人で助けがないこと。<br>出例「無援（むえん）」も問われる |
| 深山幽谷（しんざんゆうこく）(　) | 人が足を踏み入れていない奥深い山と静かな谷のこと。 |
| 清廉潔白（せいれんけっぱく）(15) | 心が清くて私欲がなく、やましいところがないこと。<br>出例「潔白（けっぱく）」も問われる |
| 意気衝天（いきしょうてん）(12) | 意気込みがたいへん盛んなこと。 |
| 誇大妄想（こだいもうそう）(　) | 自分の現状を実際以上に想像して事実のように思い込むこと。<br>出例「妄想（もうそう）」も問われる |
| 厚顔無恥（こうがんむち）(11) | あつかましくて恥知らずなさま。<br>出例「無恥（むち）」も問われる |

頻出度 B

# 四字熟語④

次の**四字熟語**の□に入る適切な語を右上の□の中から選び、**漢字二字**で答えよ。また、**01～10の意味**にあてはまるものを11～15から**一つ**選び（　）に**数字**でいれよ（該当しないものは空欄のままでよい）。

☑ **01** □□夢死（　）

☑ **02** 盛者□□（　）

☑ **03** 雲水□□（　）

☑ **04** 外柔□□（　）

☑ **05** 勧善□□（　）

☑ **06** □□令色（　）

☑ **07** □□大悲（　）

☑ **08** □□絶佳（　）

☑ **09** □□努力（　）

☑ **10** □□奇策（　）

あんぎゃ　こうげん
すいせい　だいじ
ちょうあく　ちょうぼう
ないごう　ひっすい
ふんれい　みょうけい

11 うわべだけ取りつくろってへつらうこと。

12 人の意表をつく、奇抜ですぐれたはかりごと。

13 物柔らかに見えるが、実際はしっかりしていること。

14 善行を奨励し、悪い行いを罰すること。

15 見晴らしが非常によいこと。

| 解答 | 解説 |
|---|---|
| 酔生夢死（すいせいむし）（　） | 酒に酔い、夢心地で自覚もなく一生を過ごす意。何もせずにぼんやりとむだに一生を送ること。<br>出例「夢死（むし）」も問われる |
| 盛者必衰（じょうしゃひっすい）（　） | この世は無常であり、栄えている者もついには滅びるということ。<br>出例「盛者（じょうしゃ）」も問われる |
| 雲水行脚（うんすいあんぎゃ）（　） | 修行僧がいろいろな土地をめぐり、修行をすること。<br>出例「雲水（うんすい）」も問われる |
| 外柔内剛（がいじゅうないごう）(13) | 外見は物柔らかに見えるが、実際はしんが強くしっかりしていること。<br>出例「外柔（がいじゅう）」も問われる |
| 勧善懲悪（かんぜんちょうあく）(14) | 善行を奨励し、悪い行いを懲らしめること。<br>出例「勧善（かんぜん）」も問われる |
| 巧言令色（こうげんれいしょく）(11) | 口先だけでうまいことを言ったり、うわべだけ愛想よく取りつくろったりして人にへつらうこと。<br>出例「令色（れいしょく）」も問われる |
| 大慈大悲（だいじだいひ）（　） | 限りなく大きい仏の慈悲。 |
| 眺望絶佳（ちょうぼうぜっか）(15) | 見晴らしが非常にすばらしいこと。 |
| 奮励努力（ふんれいどりょく）（　） | 気力をふるい起こして努力すること。 |
| 妙計奇策（みょうけいきさく）(12) | 人の意表をつく、奇抜ですぐれたはかりごと。 |

四字熟語完成で10点配点、意味で5点配点

頻出度 **B**

# 四字熟語⑤

次の**四字熟語**の□に入る適切な語を右上の□の中から選び、**漢字二字**で答えよ。また、**01〜10**の**意味**にあてはまるものを11〜15から**一つ**選び（　）に**数字**でいれよ（該当しないものは空欄のままでよい）。

- ☑ **01** □□転変（　）
- ☑ **02** □□孤独（　）
- ☑ **03** 心頭□□（　）
- ☑ **04** □□一紅（　）
- ☑ **05** □□同舟（　）
- ☑ **06** □□得喪（　）
- ☑ **07** 支離□□（　）
- ☑ **08** 生生□□（　）
- ☑ **09** □□後楽（　）
- ☑ **10** 明鏡□□（　）

| | |
|---|---|
| うい | かふく |
| ごえつ | しすい |
| せんゆう | てんがい |
| ばんりょく | めっきゃく |
| めつれつ | るてん |

11 邪念がなく、落ち着いて澄み切った心のこと。

12 ばらばらで筋道が通っていないこと。

13 わざわいにあたり、幸福にあったりすること。

14 心に浮かぶ雑念をなくすこと。

15 身寄りがなく一人ぼっちであること。

| 解答 | 解説 |
|---|---|
| 有為転変（ういてんぺん） ( ) | この世の中のすべての事象は常に移り変わっていく、はかないものであるということ。 |
| 天涯孤独（てんがいこどく） (15) | 身寄りがなく一人ぼっちであること。 |
| 心頭滅却（しんとうめっきゃく） (14) | 心に浮かぶ雑念をなくすこと。 |
| 万緑一紅（ばんりょくいっこう） ( ) | 数多いものの中に、すぐれたものが一つだけ存在すること。<br>出例 「一紅（いっこう）」も問われる |
| 呉越同舟（ごえつどうしゅう） ( ) | 仲の悪い者同士が同じ場所、同じ境遇にいること。 |
| 禍福得喪（かふくとくそう） (13) | わざわいにあったり、幸福にあったりすること。出世したり、地位を失ったりすること。 |
| 支離滅裂（しりめつれつ） (12) | ばらばらで筋道が通っていないこと。<br>出例 「支離（しり）」も問われる |
| 生生流転（せいせいるてん） ( ) | 万物は絶えず生まれては変化し、移り変わっていくこと。豆「生生」は「しょうじょう」とも読む |
| 先憂後楽（せんゆうこうらく） ( ) | 世の人々が心配しだすより先に世のことを憂え、安楽に暮らせるようになった後に、自らもその恩恵に浴して楽しむこと。出例 「後楽（こうらく）」も問われる |
| 明鏡止水（めいきょうしすい） (11) | 邪念がなく、落ち着いて澄み切った心のこと。<br>出例 「明鏡（めいきょう）」も問われる |

読み | 部首 | 熟語の構成 | 四字熟語 | 対義語・類義語 | 同音・同訓異字 | 誤字訂正 | 漢字と送りがな | 書き取り

頻出度 B

# 四字熟語⑥

次の**四字熟語**の□に入る適切な語を右上の□の中から選び、**漢字二字**で答えよ。また、**01～10**の**意味**にあてはまるものを11～15から**一つ**選び（　）に**数字**でいれよ（該当しないものは空欄のままでよい）。

- ☐ **01** 勇猛□□（　）
- ☐ **02** 四分□□（　）
- ☐ **03** 時期□□（　）
- ☐ **04** 当意□□（　）
- ☐ **05** □□強記（　）
- ☐ **06** □□整然（　）
- ☐ **07** □□漢才（　）
- ☐ **08** 延命□□（　）
- ☐ **09** 自由□□（　）
- ☐ **10** 西方□□（　）

かかん　ごれつ
しょうそう　じょうど
そくさい　そくみょう
はくらん　ほんぽう
りろ　わこん

11 すぐにその場に応じた機転をきかせること。
12 行動を起こす時期としては、まだ早すぎること。
13 話の内容や考え方の筋道がしっかり通っていること。
14 周囲を気にせず、思うままにふるまうこと。
15 何事もなく長生きすること。

| 解答 | 解説 |
|---|---|
| 勇猛果敢（ゆうもうかかん）( ) | 勇ましく力強く、決断力のあるさま。<br>出例「勇猛（ゆうもう）」も問われる |
| 四分五裂（しぶんごれつ）( ) | ばらばらになって秩序を失い、乱れること。<br>豆「四分」は「しぶ」とも読む |
| 時期尚早（じきしょうそう）(12) | 行動を起こす時期としては、まだ早すぎること。ある物事をするのに、まだ状況が適していないこと。 |
| 当意即妙（とういそくみょう）(11) | すぐにその場に応じた機転をきかせること。 |
| 博覧強記（はくらんきょうき）( ) | 多くの書物を読んで見聞が広く、よく覚えていること。 |
| 理路整然（りろせいぜん）(13) | 話の内容や考え方の筋道がしっかり通っていること。<br>出例「整然（せいぜん）」も問われる |
| 和魂漢才（わこんかんさい）( ) | 日本固有の精神を失わず、中国の学問・知識をそなえ持つこと。<br>出例「漢才（かんさい）」も問われる |
| 延命息災（えんめいそくさい）(15) | 命をのばして災いを取り去る。「息災」は災いをとめる。「息」はやむ、終わらせるの意。出例「延命（えんめい）」も問われる 豆「延命」は「えんみょう」とも読む |
| 自由奔放（じゆうほんぽう）(14) | 周囲を気にせず、思うままにふるまうこと。 |
| 西方浄土（さいほうじょうど）( ) | 阿弥陀仏のいる苦しみのない安楽の世界。西方十万億土の彼方にあるとされる。 |

四字熟語完成で10点配点、意味で5点配点

頻出度 B

# 対義語・類義語①

次の**01〜05**の**対義語**、**06〜10**の**類義語**を右の□の中から選び、**漢字**で答えよ。□の中の語は一度だけ使うこと。

**対義語**

☐ **01** 個別 ↔ □□

☐ **02** 愛護 ↔ □□

☐ **03** 尊敬 ↔ □□

☐ **04** 率先 ↔ □□

☐ **05** 富裕 ↔ □□

**類義語**

☐ **06** 公表 ＝ □□

☐ **07** 辛抱 ＝ □□

☐ **08** 折衝 ＝ □□

☐ **09** 快復 ＝ □□

☐ **10** 熟知 ＝ □□

| |
|---|
| いっせい |
| ぎゃくたい |
| けいぶ |
| こうしょう |
| ちゆ |
| ついずい |
| つうぎょう |
| にんたい |
| ひろう |
| ひんきゅう |

| 解答 | 解説 |
|---|---|
| 一斉 | 個別：ひとつひとつ別々。<br>一斉：一緒に同じ行動をとること。「斉」はそろう、ひとしい。 |
| 虐待 | 愛護：かわいがり保護すること。<br>虐待：むごい扱いをすること。「虐」はしいたげる。 |
| 軽侮 | 尊敬：あがめうやまうこと。<br>軽侮：軽んじてばかにすること。<br>出例 崇拝 ↔ 軽侮 |
| 追随 | 率先：先頭に立ってものごとを行うこと。<br>追随：人の後についていくこと。人のまねをすること。 |
| 貧窮 | 富裕：金持ちで生活に余裕があること。<br>貧窮：貧乏で生活に困ること。 |
| 披露 | 公表：公に発表すること。<br>披露：公に告げ知らせること。「披」はひらく、「露」は「あらわす」意。 |
| 忍耐 | 辛抱：つらいことなどをがまんすること。<br>忍耐：じっとたえしのぶこと。<br>出例 我慢 = 忍耐 |
| 交渉 | 折衝：外交の場などにおけるかけひき。<br>交渉：要望などを実現するためにかけ合うこと。<br>出例 談判 = 交渉 |
| 治癒 | 快復：病気がなおること。<br>治癒：病気やけががなおること。 |
| 通暁 | 熟知：たいへんよく知っていること。<br>通暁：余すことなく知っていること。「暁」は「よくわかる」意。 |

頻出度
**B**

# 対義語・類義語②

次の01〜05の**対義語**、06〜10の**類義語**を右の□の中から選び、**漢字**で答えよ。□の中の語は一度だけ使うこと。

**対義語**

☑ 01 明瞭 ↔ □□

☑ 02 禁欲 ↔ □□

☑ 03 極端 ↔ □□

☑ 04 高遠 ↔ □□

☑ 05 威圧 ↔ □□

**類義語**

☑ 06 根絶 ＝ □□

☑ 07 対価 ＝ □□

☑ 08 平穏 ＝ □□

☑ 09 難点 ＝ □□

☑ 10 荘重 ＝ □□

あいまい
あんねい
かいじゅう
きょうらく
けっかん
げんしゅく
ちゅうよう
ひきん
ほうしゅう
ぼくめつ

| 解答 | 解説 |
|---|---|
| あいまい<br>曖昧 | 明瞭：はっきりしていて、わかりやすいこと。<br>曖昧：はっきりしないこと。疑わしいこと。 |
| きょうらく<br>享楽 | 禁欲：欲望をおさえること。<br>享楽：快楽にふけり楽しむこと。「享」は「受ける」意。 |
| ちゅうよう<br>中庸 | 極端：はなはだしく偏っていること。<br>中庸：偏らず中正であること。「庸」は「かたよらない」意。 |
| ひきん<br>卑近 | 高遠：高く遠いこと。考えなどが広く深く、高尚なこと。<br>卑近：ありふれていること、俗っぽいこと。 |
| かいじゅう<br>懐柔 | 威圧：威力や権力により相手を押さえること。<br>懐柔：相手を上手に手なずけること。 |
| ぼくめつ<br>撲滅 | 根絶：根本まで完全になくすこと。<br>撲滅：すっかりなくしてしまうこと。 |
| ほうしゅう<br>報酬 | 対価：労働などの報酬として給付される金品。<br>報酬：労働などの対価として給付される金品。「報」も「酬」も「むくいる」の意。 出例 手当＝報酬 |
| あんねい<br>安寧 | 平穏：何事もなく、おだやかなこと。<br>安寧：世の中がおだやかで平和なこと。<br>出例 泰平＝安寧 |
| けっかん<br>欠陥 | 難点：非難すべきである点。<br>欠陥：欠けて足りないもの。 |
| げんしゅく<br>厳粛 | 荘重：おごそかで重々しいこと。<br>厳粛：おごそかで、気持ちが引き締まるさま。 |

頻出度 B

# 対義語・類義語③

次の01～05の**対義語**、06～10の**類義語**を右の□の中から選び、**漢字**で答えよ。□の中の語は一度だけ使うこと。

**対義語**

☑ 01 栄転 ↔ □□

☑ 02 固辞 ↔ □□

☑ 03 決裂 ↔ □□

☑ 04 設置 ↔ □□

☑ 05 暴露 ↔ □□

**類義語**

☑ 06 縁者 ＝ □□

☑ 07 卓抜 ＝ □□

☑ 08 気分 ＝ □□

☑ 09 心配 ＝ □□

☑ 10 工面 ＝ □□

| |
|---|
| かいだく |
| きげん |
| けっしゅつ |
| けねん |
| させん |
| しんせき |
| だけつ |
| てっきょ |
| ねんしゅつ |
| ひとく |

| 解答 | 解説 |
|---|---|
| 左遷（させん） | 栄転（えいてん）：今までより良い役職に転任すること。<br>左遷（させん）：より低い役職に転任すること。「遷」は「移る」の意。 |
| 快諾（かいだく） | 固辞（こじ）：固く辞退すること。<br>快諾（かいだく）：快く承知すること。 |
| 妥結（だけつ） | 決裂（けつれつ）：会談や交渉が物別れになること。<br>妥結（だけつ）：双方が折れ合って交渉がまとまること。 |
| 撤去（てっきょ） | 設置（せっち）：備え付けること。<br>撤去（てっきょ）：取り除くこと。「撤」に「除く」の意がある。 |
| 秘匿（ひとく） | 暴露（ばくろ）：秘密や悪事などをさらけ出すこと。<br>秘匿（ひとく）：人に知られないようにかくすこと。「匿」はかくす、かくまうの意。**出例** 公開（こうかい）↔秘匿（ひとく） |
| 親戚（しんせき） | 縁者（えんじゃ）：縁続きの人。<br>親戚（しんせき）：家族以外で、血縁や婚姻によってつながっている人々。 |
| 傑出（けっしゅつ） | 卓抜（たくばつ）：他よりはるかに抜きん出ていること。<br>傑出（けっしゅつ）：ほかより飛び抜けて優れていること。<br>**出例** 卓越（たくえつ）＝傑出（けっしゅつ） |
| 機嫌（きげん） | 気分（きぶん）：その時々のぼんやりとした心持ちの状態。<br>機嫌（きげん）：表情や態度に表れる心持ちの状態。<br>**出例** 気色（きしょく）＝機嫌（きげん） |
| 懸念（けねん） | 心配（しんぱい）：何か起こらないかと気にかけること。<br>懸念（けねん）：気にかかって不安に思うこと。「念」は「心にかける、常に思う」意。 |
| 捻出（ねんしゅつ） | 工面（くめん）：金品などをやりくりして揃えること。ふところぐあい。<br>捻出（ねんしゅつ）：苦心して考えだすこと。あれこれ工夫して時間や費用などをつくり出すこと。**出例** 融通（ゆうずう）＝捻出（ねんしゅつ） |

頻出度 B

# 対義語・類義語④

次の01〜05の**対義語**、06〜10の**類義語**を右の□の中から選び、**漢字**で答えよ。□の中の語は一度だけ使うこと。

対義語

- ☑ 01 凡才 ↔ □□
- ☑ 02 暫時 ↔ □□
- ☑ 03 炎暑 ↔ □□
- ☑ 04 貫徹 ↔ □□
- ☑ 05 激賞 ↔ □□

類義語

- ☑ 06 解雇 ＝ □□
- ☑ 07 貧苦 ＝ □□
- ☑ 08 激怒 ＝ □□
- ☑ 09 豊富 ＝ □□
- ☑ 10 歳月 ＝ □□

いつざい
こうきゅう
こっかん
こんきゅう
ざせつ
じゅんたく
せいそう
ばとう
ひめん
ふんがい

| 解答 | 解説 |
|---|---|
| 逸材（いつざい） | 凡才（ぼんさい）：平凡な才能しか持ち合わせていない人。<br>逸材（いつざい）：すぐれた才能を持っている人。 |
| 恒久（こうきゅう） | 暫時（ざんじ）：少しの間。しばらくの間。<br>恒久（こうきゅう）：長く久しいこと。 |
| 酷寒（こっかん） | 炎暑（えんしょ）：非常に厳しい暑さのこと。<br>酷寒（こっかん）：厳しいさむさ。 |
| 挫折（ざせつ） | 貫徹（かんてつ）：貫き通すこと。最後までやり通すこと。<br>挫折（ざせつ）：仕事や事業、計画などが途中でだめになること。 |
| 罵倒（ばとう） | 激賞（げきしょう）：大いに褒めたたえること。<br>罵倒（ばとう）：激しくののしること。<br>出例 絶賛（ぜっさん）↔罵倒（ばとう） |
| 罷免（ひめん） | 解雇（かいこ）：職をやめさせること。<br>罷免（ひめん）：職をやめさせること。「罷」は「やめる」意。 |
| 困窮（こんきゅう） | 貧苦（ひんく）：貧しさで苦しむこと。<br>困窮（こんきゅう）：困り果てること。貧しさで生活に苦しむこと。出例 貧乏（びんぼう）＝困窮（こんきゅう） |
| 憤慨（ふんがい） | 激怒（げきど）：大いに怒るさま。<br>憤慨（ふんがい）：大いに腹を立てること。 |
| 潤沢（じゅんたく） | 豊富（ほうふ）：たくさんあること。<br>潤沢（じゅんたく）：使ってもまだ余裕があるほど豊かなこと。 |
| 星霜（せいそう） | 歳月（さいげつ）：年月のこと。<br>星霜（せいそう）：年月のこと。歳星（木星）は十二年で天を一周し、霜は毎年同じような季節に降りることから。出例 光陰（こういん）＝星霜（せいそう） |

頻出度 B

# 対義語・類義語⑤

次の**01～05**の**対義語**、**06～10**の**類義語**を右の□の中から選び、**漢字**で答えよ。□の中の語は一度だけ使うこと。

**対義語**

- ☐ **01** 欠乏 ↔ □□
- ☐ **02** 分割 ↔ □□
- ☐ **03** 哀悼 ↔ □□
- ☐ **04** 更生 ↔ □□
- ☐ **05** 混乱 ↔ □□

**類義語**

- ☐ **06** 頑迷 ＝ □□
- ☐ **07** 順次 ＝ □□
- ☐ **08** 卓抜 ＝ □□
- ☐ **09** 屋敷 ＝ □□
- ☐ **10** 不意 ＝ □□

いっかつ
けいが
しゅういつ
じゅうそく
だらく
ちくじ
ちつじょ
ていたく
とうとつ
へんくつ

| 解答 | 解説 |
|---|---|
| 充足（じゅうそく） | 欠乏（けつぼう）：物がとぼしいこと。不足していること。<br>充足（じゅうそく）：十分に補い、満たすこと。 |
| 一括（いっかつ） | 分割（ぶんかつ）：いくつかに分けること。<br>一括（いっかつ）：ひとまとめにすること。 |
| 慶賀（けいが） | 哀悼（あいとう）：人の死を悲しみ惜しむこと。「悼」は「死をいたむ」意。祝賀↔哀悼<br>慶賀（けいが）：めでたい事として祝うこと。 |
| 堕落（だらく） | 更生（こうせい）：良くない状態から立ち直ること。<br>堕落（だらく）：健全性を失い、身をもちくずすこと。 |
| 秩序（ちつじょ） | 混乱（こんらん）：事態の展開がうまくいかず、もつれ乱れること。<br>秩序（ちつじょ）：物事の正しい順序。 |
| 偏屈（へんくつ） | 頑迷（がんめい）：かたくなで柔軟性がなく、道理がわからないこと。<br>偏屈（へんくつ）：性質がかたくなで人と同調しないこと。「偏」は「かたよる」。出例 頑固（がんこ）＝偏屈（へんくつ） |
| 逐次（ちくじ） | 順次（じゅんじ）：順序に従って行うこと。<br>逐次（ちくじ）：順を追って。ひとつひとつ。順次。 |
| 秀逸（しゅういつ） | 卓抜（たくばつ）：他よりはるかに抜きん出ていること。<br>秀逸（しゅういつ）：抜きん出てすぐれている様子。<br>出例 傑出（けっしゅつ）＝秀逸（しゅういつ） |
| 邸宅（ていたく） | 屋敷（やしき）：土地が広く、構えも立派な家。家のある一区画の土地。<br>邸宅（ていたく）：大きくて立派な家。 |
| 唐突（とうとつ） | 不意（ふい）：予想外のこと。だしぬけ、いきなり。<br>唐突（とうとつ）：だしぬけ、いきなり。「唐」に「にわか」の意がある。 |

頻出度 B

# 同音・同訓異字①

次の＿＿線の**カタカナ**を**漢字**に直せ。

☑ **01** なごやかな結婚ヒロウ宴だった。

☑ **02** 残業続きでヒロウがたまる。

☑ **03** 自由ホンポウにふるまう。

☑ **04** ホンポウと海外の事例を比較する。

☑ **05** ガラスのカビンに花を生ける。

☑ **06** 神経カビンになって眠れない。

☑ **07** 選挙のコクジが行われた。

☑ **08** 余りにもコクジしている作品だ。

☑ **09** 庭の芝生をカるよう言われた。

☑ **10** 矢も盾もたまらずカけ出した。

| 解答 | 解説 |
|---|---|
| 披露（ひろう） | 披露（ひろう）：広く告げ知らせること。 |
| 疲労（ひろう） | 疲労（ひろう）：つかれること。 |
| 奔放（ほんぽう） | 奔放（ほんぽう）：規則などに縛られず思うとおりに行動すること。<br>出例 本俸（ほんぽう） |
| 本邦（ほんぽう） | 本邦（ほんぽう）：この国。我が国。 |
| 花瓶（かびん） | 花瓶（かびん）：花を生けるための容器。 |
| 過敏（かびん） | 過敏（かびん）：普通よりも強く感じすぎること。 |
| 告示（こくじ） | 告示（こくじ）：公的機関が、ある事項を広く一般に知らせること。 |
| 酷似（こくじ） | 酷似（こくじ）：きわめてよくにていること。 |
| 刈る（か） | 刈（か）る：草や頭髪など、伸びて茂っている物を、根本を残して切り取る。<br>出例 蚊（か）／香（か）／欠（か）ける |
| 駆け（か） | 駆（か）ける：速く走る。馬に乗り走る。 |

頻出度 B

# 同音・同訓異字②

次の＿＿線のカタカナを漢字に直せ。

☑ 01 ハケン争いに勝利する。

☑ 02 外国に軍隊をハケンする。

☑ 03 ユウキュウの歴史に思いをはせる。

☑ 04 ユウキュウ休暇を申請する。

☑ 05 意見はコウテイ的に受け止められた。

☑ 06 首相コウテイで賓客をもてなす。

☑ 07 株価のボウトウにより大幅な利益を得た。

☑ 08 ボウトウに感謝の辞を掲げる。

☑ 09 工夫をコらした作品を発表する。

☑ 10 いたずらをした子供をコらしめる。

| 解答 | 解説 |
|---|---|
| 覇権(はけん) | 覇権(はけん)：競争者を圧倒して得た権力。 |
| 派遣(はけん) | 派遣(はけん)：ある役目のために人を行かせること。 |
| 悠久(ゆうきゅう) | 悠久(ゆうきゅう)：長く続くこと。<br>出例 遊休(ゆうきゅう) |
| 有給(ゆうきゅう) | 有給(ゆうきゅう)：規定通りの賃金が支払われること。 |
| 肯定(こうてい) | 肯定(こうてい)：事柄や意見などがそのとおりであると認めること。<br>出例 皇帝(こうてい)／工程(こうてい) |
| 公邸(こうてい) | 公邸(こうてい)：高級公務員のために設けた公務用の邸宅。<br>豆 政務を行うのは「首相官邸」 |
| 暴騰(ぼうとう) | 暴騰(ぼうとう)：物価や株価が急激に且つ大幅に上がること。 |
| 冒頭(ぼうとう) | 冒頭(ぼうとう)：文章や談話の初めの部分。 |
| 凝(こ)らし | 凝(こ)らす：意識を一つのところや物に集中させる。こり固まるようにする。<br>出例 越(こ)える／請(こ)う／肥(こ)える |
| 懲(こ)らしめ | 懲(こ)らしめる：いたずらなどに対して怒ってさせないようにすること。 |

頻出度 **B**

# 同音・同訓異字③

次の＿＿線の**カタカナ**を**漢字**に直せ。

☐ **01** スイソウ楽団でフルートを受け持つ。

☐ **02** スイソウで熱帯魚を飼う。

☐ **03** 食品テンカ物に注意する。

☐ **04** 責任テンカは許さない。

☐ **05** 人を許してカンヨウさを示す。

☐ **06** 本質を理解することがカンヨウだ。

☐ **07** キョヒを投じて道路整備を行う。

☐ **08** 知人からのお願いをキョヒする。

☐ **09** 時間をサいて会ってくれた。

☐ **10** 絹をサくような悲鳴が聞こえた。

| 解答 | 解説 |
|---|---|
| 吹奏（すいそう） | 吹奏（すいそう）：トランペットやフルートなど管楽器を主体とした演奏。 |
| 水槽（すいそう） | 水槽（すいそう）：水を貯えておくための容器。 |
| 添加（てんか） | 添加（てんか）：そえくわえること。 |
| 転嫁（てんか） | 転嫁（てんか）：罪や責任を人に押し付けること。 |
| 寛容（かんよう） | 寛容（かんよう）：寛大に人の過ちを許し、受け入れること。<br>出例 慣用（かんよう）／観葉（かんよう） |
| 肝要（かんよう） | 肝要（かんよう）：非常に大切なこと。 |
| 巨費（きょひ） | 巨費（きょひ）：巨額の費用。 |
| 拒否（きょひ） | 拒否（きょひ）：自分に対しての要求や提案などをこばみ、断ること。 |
| 割（さ）いて | 割（さ）く：一部を分けて他に与えること。<br>出例 咲（さ）く／刺（さ）す／差（さ）す |
| 裂（さ）く | 裂（さ）く：引き破ること、切り離すこと。 |

頻出度 B

# 同音・同訓異字④

次の＿＿線のカタカナを漢字に直せ。

☑ 01 国語教育のありかたをシンギする。

☑ 02 事のシンギは定かではない。

☑ 03 酸化とカンゲン反応について調べる。

☑ 04 カンゲン楽団の演奏を聴きに行った。

☑ 05 連休中の高速道路がジュウタイする。

☑ 06 一列ジュウタイで行進する。

☑ 07 開会式で選手センセイを行う。

☑ 08 センセイ攻撃で勝機をつかむ。

☑ 09 居酒屋でスの物を注文する。

☑ 10 鳥のスが庭に出来ていた。

| 解答 | 解説 |
|---|---|
| 審議（しんぎ） | 審議（しんぎ）：詳しく調べ議論すること。<br>出例 信義（しんぎ） |
| 真偽（しんぎ） | 真偽（しんぎ）：正しいか間違いか。本物かにせ物か。 |
| 還元（かんげん） | 還元（かんげん）：酸化物から酸素を奪うこと。元の状態に戻すこと。<br>出例 甘言（かんげん）／寛厳（かんげん） |
| 管弦（かんげん） | 管弦（かんげん）：管楽器と弦楽器のこと。「管弦楽団」はオーケストラのこと。 |
| 渋滞（じゅうたい） | 渋滞（じゅうたい）：流れがつかえること。 |
| 縦隊（じゅうたい） | 縦隊（じゅうたい）：たてに並んだ隊列。<br>対義語 横隊（おうたい） |
| 宣誓（せんせい） | 宣誓（せんせい）：多くの人の前で誓いの言葉を述べること、またはその言葉。公職者がその任務を遂行するときに誓うこと。出例 専制（せんせい）／占星（せんせい） |
| 先制（せんせい） | 先制（せんせい）：先に相手をおさえつけ、その後の展開を有利にすること。 |
| 酢（す） | 酢（す）：すっぱい味をつける調味料。<br>出例 刷（す）る／擦（す）る |
| 巣（す） | 巣（す）：鳥などの動物たちが子育てする場所のこと。 |

頻出度 B

# 誤字訂正①

次の各文にまちがって使われている**同じ読みの漢字**が**一字**ある。**誤字**と**正しい漢字**を答えよ。

☑ **01** 歌舞伎界に大きな足跡を残した先代の名を継ぐ襲名秘露公演が幕を開け、大勢のファンが温かい拍手を送った。

☑ **02** 外部の影響を斜断した社会実験の結果は研究者達の推測とは大幅に異なる結果が得られた。

☑ **03** 長年物理学の研究や発展に貢賢したことを称えられ、国より勲章を授与された。

☑ **04** 友人が他者に対して横柄な態度で接することに対し苦言を提したが、まったく聞く耳を持たない。

☑ **05** 新聞紙や雑誌、牛乳の紙パックなどは排棄せず、資源として再利用するために指定の集積場所に持ち込んでいる。

☑ **06** 幼少時は神童とうたわれたが、既にその才能は枯滑してしまったかのように今は平凡な一市民として生活している。

☑ **07** 誤って自動車の後輪を側溝に落としてしまいロードサービス会社に電話したところ、甚速に対応してくれて助かった。

☑ **08** 父が亡くなったため金裕機関に死亡届を提出すると、一時的に口座の凍結が行われた。

☑ **09** 南極大陸の皇帝ペンギンは冬季に繁嘱期を迎え、零下数十度の中を海岸から遠く離れた営巣地へと行進していく。

☑ **10** 特別な給付金が支給されるとのことで申制書に必要事項を記入し、身分証明書の写しを添えて提出した。

| 解答 | 解説 |
|---|---|
| 秘→披 | 披露（ひろう）：公に発表すること。 |
| 斜→遮 | 遮断（しゃだん）：流れの途中をさえぎって止めること。 |
| 賢→献 | 貢献（こうけん）：役立つことをすること。 |
| 提→呈 | 呈（てい）する：差し出す。ある状態を示す。 |
| 排→廃 | 廃棄（はいき）：不用として捨てること。 |
| 滑→渇 | 枯渇（こかつ）：かわいて水分がなくなること、欠乏すること。 |
| 甚→迅 | 迅速（じんそく）：非常にはやいこと。「迅」も「はやい」意。 |
| 裕→融 | 金融（きんゆう）：借り手と貸し手の間で金銭を融通すること。 |
| 嘱→殖 | 繁殖（はんしょく）：動植物が個体数を増すこと。 |
| 制→請 | 申請（しんせい）：国や公共機関などに許可・認可を願い出ること。 |

頻出度 **B**

# 誤字訂正②

次の各文にまちがって使われている**同じ読みの漢字**が**一字**ある。**誤字**と**正しい漢字**を答えよ。

☐ **01** 忍びやかな笛の音色のように流れ出した線細な歌声は集まった聴衆に感動を与え、中には涙を流す人もいた。

☐ **02** 急速に広がった景気悪化の中でどの工場も人員を搾減せざるを得ず、失業者数は一挙に増加した。

☐ **03** 紙幣の製造は全国数か所にある国立印刷局で行われており、工場の見学に参加すると製造過程を知ることができる。

☐ **04** いま我が社が求めているのは、既成該念にとらわれることなく自由な発想でアイディアを商品化できる人材だ。

☐ **05** 何度読み返してみても要領を得ない回答書だが、これは担当者が問題点を正確に派握していないためである。

☐ **06** 試合を自ら放軌することで不可解な判定に対し抗議する態度を示そうとした。

☐ **07** 景気の悪化により売上が一時的に停息していたが、減税や補助金の交付により再び上昇している。

☐ **08** 兄は中学生時代から得意だった英語に加え、更に数ヶ国語を苦使する国際ジャーナリストとして第一線で活躍している。

☐ **09** 銀行が破担したことにより連鎖的に地域の企業にも倒産が相次いだ。

☐ **10** 解雇となった従業員が逆恨みで会社の設備に被害を与えたために損害培償を請求した。

解答　解説

| 解答 | 解説 |
| --- | --- |
| 線➡繊 | 繊細（せんさい）：かぼそく優美なこと。デリケート。 |
| 搾➡削 | 削減（さくげん）：数量をけずり減らすこと。 |
| 弊➡幣 | 紙幣（しへい）：紙で作った貨幣。 |
| 該➡概 | 概念（がいねん）：事物の本質をとらえる考え方。 |
| 派➡把 | 把握（はあく）：内容をしっかりつかむこと、正確に理解すること。 |
| 軌➡棄 | 放棄（ほうき）：自らのもつ権利や利益を手放すこと。投げ捨てること。 |
| 怠➡滞 | 停滞（ていたい）：物事がはかどらず、うまく進まないこと。 |
| 苦➡駆 | 駆使（くし）：使いこなすこと。 |
| 担➡綻 | 破綻（はたん）：物事の状態が、修復不可能なほどに悪くなること。 |
| 培➡賠 | 賠償（ばいしょう）：損害を償うこと。 |

頻出度 B

# 漢字と送りがな①

次の＿＿線の**カタカナ**を**漢字一字**と**送りがな**（**ひらがな**）に直せ。　　質問にコタエル。 答える

☑ **01** 犯人は懐に銃をシノバセていた。

☑ **02** 松の枝をタメル。

☑ **03** 大会で負けてイサギヨク引退する。

☑ **04** アワテルと失敗が多くなる。

☑ **05** ソソノカサレて悪事に加わる。

☑ **06** 居間にストーブをスエル。

☑ **07** コリルまで同じことを繰り返す。

☑ **08** 毎年、白菜をツケル。

☑ **09** 波の間に間にタダヨウ。

☑ **10** 伏して願いタテマツル。

| 解答 | 解説 |
|---|---|
| 忍(しの)ばせ | 忍(しの)ばせる：隠して持つ。目立たないように行う。<br>出例 忍(しの)ぶ |
| 矯(た)める | 矯(た)める：曲がったものを真っすぐにしたり、伸びすぎたものを曲げたりする。改める。<br>音読 キョウ㊥ |
| 潔(いさぎよ)く | 潔(いさぎよ)い：思い切りがよい、清らか。<br>✖ 潔よく |
| 慌(あわ)てる | 慌(あわ)てる：思いがけない事態に落ち着きを失う。<br>豆 「荒」と形が似ていて間違いやすいので注意 |
| 唆(そそのか)され | 唆(そそのか)す：そうするように仕向ける。<br>音読 サ㊥ |
| 据(す)える | 据(す)える：物を置く。設ける。ある地位などに就かせる。<br>出例 据(す)わる |
| 懲(こ)りる | 懲(こ)りる：失敗して、二度としないと思う。<br>出例 懲(こ)らしめる |
| 漬(つ)ける | 漬(つ)ける：つけものにする。水の中などにひたす。 |
| 漂(ただよ)う | 漂(ただよ)う：水面などに浮かんでゆらゆらと動く。あてもなくさまよう。<br>音読 ヒョウ㊥ |
| 奉(たてまつ)る | 奉(たてまつ)る：「やる」「おくる」の謙譲語。献上する。<br>✖ 奉まつる |

頻出度 B

# 漢字と送りがな②

次の____線の**カタカナ**を**漢字一字**と**送りがな**（**ひらがな**）に直せ。　質問にコタエル。［答える］

☑ **01** ケガラワシイ犯罪に手を染める。

☑ **02** 悪事をクワダテル。

☑ **03** 夜がフケルまで話し合った。

☑ **04** 臨時収入により懐がウルオッタ。

☑ **05** 広大な国をスベル王に謁見する。

☑ **06** 接客態度をホメラレタ。

☑ **07** 意見を出しシブル。

☑ **08** 不合格の友をナグサメル。

☑ **09** 弱者をシイタゲルことはあってはならない。

☑ **10** じっとひとみをコラス。

| 解答 | 解説 |
| --- | --- |
| 汚らわしい | 汚らわしい：けがれている、きたない。不快である。<br>出例 汚れる／汚す　✖ 汚わしい／汚しい |
| 企てる | 企てる：計画を立てる。<br>音読 キ㊥ |
| 更ける | 更ける：真夜中近くになる。<br>音読 コウ㊥ |
| 潤った | 潤う：水気を帯びてしめること。恵みや利益を受けて豊かになること。<br>出例 潤す |
| 統べる | 統べる：全体を支配する。一つにまとめる。 |
| 褒められた | 褒める：良い点を評価して、本人や他人にそれを伝える。たたえる。<br>音読 ホウ㊔ |
| 渋る | 渋る：なかなか行動に移そうとしないさま。<br>出例 渋い |
| 慰める | 慰める：いたわる。苦痛をまぎらせる、心をなごやかにする。<br>✖ 慰さめる |
| 虐げる | 虐げる：いじめる、残酷な扱いをする。<br>✖ 虐たげる |
| 凝らす | 凝らす：集中させる。固まらせる。<br>音読 ギョウ㊥ |

頻出度 **B**

# 漢字と送りがな③

次の＿＿線の**カタカナ**を**漢字一字**と**送りがな**（**ひらがな**）に直せ。　　質問に<u>コタエル</u>。答える

☑ **01** 姿ではなく心が<u>ミニクイ</u>。

☑ **02** 英雄の名を<u>ハズカシメル</u>行動だ。

☑ **03** ローン返済が<u>トドコオル</u>。

☑ **04** 古い因習が<u>ワズラワシイ</u>。

☑ **05** <u>ウモレ</u>ていた才能が開花する。

☑ **06** 関係者以外の入室を<u>コバム</u>。

☑ **07** ゴミ箱から嫌な<u>ニオイ</u>が漂う。

☑ **08** 責任を<u>マヌカレル</u>ことはできない。

☑ **09** 複雑に<u>カラマル</u>事件を解く。

☑ **10** 容疑者の証言を<u>アヤシム</u>。

| 解答 | 解説 |
|---|---|
| 醜(みにく)い | 醜(みにく)い：不快な感じがする。姿形などがよくない。<br>✖ 醜くい |
| 辱(はずかし)める | 辱(はずかし)める：恥をかかせる。名誉などを傷つける。<br>音読 ジョク㊥ |
| 滞(とどこお)る | 滞(とどこお)る：つかえる、停滞する。<br>✖ 滞こおる／滞おる |
| 煩(わずら)わしい | 煩(わずら)わしい：面倒でうるさい。こみ入っている。<br>出例 煩(わずら)わす |
| 埋(う)もれ | 埋(う)もれる：覆われて見えない。知られずにいる。人などで場所がいっぱいになる。<br>出例 埋(う)まる／埋(う)める |
| 拒(こば)む | 拒(こば)む：相手の要求などを断る。<br>音読 キョ㊥ |
| 臭(にお)い | 臭(にお)い：不快なにおい。くさいにおい。<br>音読 シュウ㊥ |
| 免(まぬか)れる | 免(まぬか)れる：のがれる。避けてかかわらない。<br>✖ 免かれる |
| 絡(から)まる | 絡(から)まる：結びついて密接に関係し合う。巻きつく。<br>✖ 絡る |
| 怪(あや)しむ | 怪(あや)しむ：あやしいと思う。<br>出例 怪(あや)しい |

頻出度 B

# 書き取り①

次の＿＿線の**カタカナ**を**漢字**に直せ。

☑ **01** 仕事のホウシュウを受け取る。

☑ **02** 教会のソウゴンな鐘の音が響く。

☑ **03** 野菜の値段がキュウトウする。

☑ **04** ハバツ争いに巻き込まれる。

☑ **05** ついに在庫がフッテイした。

☑ **06** ジャムの瓶をシャフツ消毒する。

☑ **07** シブい色の着物を好んで着る。

☑ **08** 犬にウルんだ目で見つめられた。

☑ **09** 勘違いもハナハだしい。

☑ **10** 山のハに月が沈むのが見えた。

| 解答 | 解説 |
| --- | --- |
| 報酬（ほうしゅう） | 報酬（ほうしゅう）：労働などの対価としての礼金。<br>出例 応酬（おうしゅう） |
| 荘厳（そうごん） | 荘厳（そうごん）：重々しく尊い感じがすること。<br>出例 荘重（そうちょう） |
| 急騰（きゅうとう） | 急騰（きゅうとう）：物価や相場などが、急に大きく上昇すること。<br>出例 暴騰（ぼうとう）／騰貴（とうき） |
| 派閥（はばつ） | 派閥（はばつ）：集団内の分派。<br>出例 学閥（がくばつ） |
| 払底（ふってい） | 払底（ふってい）：必要なものが底をつき補充が出来ないこと。 |
| 煮沸（しゃふつ） | 煮沸（しゃふつ）：にえ立たせること。<br>出例 沸騰（ふっとう）／沸（わ）かす／沸（わ）く |
| 渋（しぶ）い | 渋（しぶ）い：不満そうな様子。けち。しびれるような味。<br>出例 渋（しぶ）る／渋好（しぶごの）み／渋滞（じゅうたい）／難渋（なんじゅう） |
| 潤（うる）んだ | 潤（うる）む：水気を帯びる。目が潤むは涙がにじむこと。<br>出例 潤（うるお）す／潤滑（じゅんかつ）／利潤（りじゅん） |
| 甚（はなは）だしい | 甚（はなは）だしい：普通の状態をはるかに超えている。<br>出例 幸甚（こうじん）／甚大（じんだい） |
| 端（は） | 端（は）：中心からもっとも離れている部分。細長い物の先の部分。<br>出例 端数（はすう）／端役（はやく） |

頻出度 B

# 書き取り②

次の＿＿線の**カタカナ**を**漢字**に直せ。

☑ **01** エンは異なもの味なもの。

☑ **02** 子供は好奇心がオウセイだ。

☑ **03** ゴウカな客船の旅を楽しむ。

☑ **04** 夫婦の間にキレツが入る。

☑ **05** 全国に国分寺をコンリュウする。

☑ **06** 判決を不服としコウソする。

☑ **07** 建築中の新居のムネアげ式を行う。

☑ **08** コラーゲンはハダに良いとされる。

☑ **09** 黄金色のイナホにとんぼがとまった。

☑ **10** 亡き母をシタう。

| 解答 | 解説 |
|---|---|
| 縁（えん） | 縁（えん）：人や物などの関係。かかわりあい。その事にかかわりあいをもつきっかけ。親子や男女のつながり。<br>豆「ふち」と読む場合の意味は、広がりのある物の端の部分 |
| 旺盛（おうせい） | 旺盛（おうせい）：気力や活動力が非常にさかんなさま。 |
| 豪華（ごうか） | 豪華（ごうか）：ぜいたくで、派手なこと。また、そのさま。<br>出例 万華鏡（まんげきょう） |
| 亀裂（きれつ） | 亀裂（きれつ）：ひびが入ること、ひび割れ。<br>出例 亀（かめ） |
| 建立（こんりゅう） | 建立（こんりゅう）：寺院、堂塔をたてること。 |
| 控訴（こうそ） | 控訴（こうそ）：裁判での結果を不服として上級裁判所へ再審査を願うこと。<br>出例 控除（こうじょ）／控（ひか）える |
| 棟上（むねあ）げ | 棟上（むねあ）げ：家屋建築の際、骨組みに棟木をあげること。またその祝いの式。<br>出例 棟（むね）／病棟（びょうとう）／別棟（べつむね） |
| 肌（はだ） | 肌（はだ）：動物の体を覆っている表皮のこと。<br>出例 人肌（ひとはだ）／地肌（じはだ） |
| 稲穂（いなほ） | 稲穂（いなほ）：稲の穂。「稲」の音読みは「トウ」。<br>出例 穂（ほ）／穂先（ほさき） |
| 慕（した）う | 慕（した）う：恋しく思い、そばにいたいという気持ち。<br>出例 慕情（ぼじょう） |

頻出度 B

# 書き取り③

次の＿＿線の**カタカナ**を**漢字**に直せ。

☑ **01** 柔よくゴウを制す。

☑ **02** 血液は体内をジュンカンする。

☑ **03** 山のチョウメイな空気が心地よい。

☑ **04** 思いがけなく知人にソウグウした。

☑ **05** 合唱のバンソウを引き受ける。

☑ **06** ワイロが横行している。

☑ **07** 会社勤めのカタワら詩を書いている。

☑ **08** アワただしい日々を送る。

☑ **09** ライオンが静かに獲物をネラう。

☑ **10** オーケストラのカナでる音色に聞き入る。

| 解答 | 解説 |
|---|---|
| 剛（ごう） | 剛（ごう）：強くて堅いこと。「柔よく剛を制す」は、弱いものがかえって強いものに勝つことのたとえ。 |
| 循環（じゅんかん） | 循環（じゅんかん）：一回りして元に戻り、それを繰り返すこと。 |
| 澄明（ちょうめい） | 澄明（ちょうめい）：水や空気などがすみきっていること。<br>出例 清澄（せいちょう）／澄（す）む |
| 遭遇（そうぐう） | 遭遇（そうぐう）：思いがけず人や物事に出会うこと。<br>出例 遭難（そうなん） |
| 伴奏（ばんそう） | 伴奏（ばんそう）：合唱や楽器などの演奏に合わせて他の楽器で補助的に演奏すること。<br>出例 同伴（どうはん）／伴（ともな）う |
| 賄賂（わいろ） | 賄賂（わいろ）：自分の利益になるように、不正に贈る金品。 |
| 傍（かたわ）ら | 傍（かたわ）ら：あることをする一方での意。そば。<br>出例 傍受（ぼうじゅ）／傍観（ぼうかん） |
| 慌（あわ）ただしい | 慌（あわ）ただしい：落ち着かずせわしい様子のこと。<br>出例 慌（あわ）てる／恐慌（きょうこう） |
| 狙（ねら）う | 狙（ねら）う：照準を定める。ひそかに機会を待つ。目標に置く。<br>出例 狙撃（そげき） |
| 奏（かな）でる | 奏（かな）でる：楽器などを演奏する。 |

頻出度 B

# 書き取り④

次の＿＿線の**カタカナ**を**漢字**に直せ。

☐ **01** 時代の流れにホンロウされる。

☐ **02** ライバルの才能にシットする。

☐ **03** 去年の大会のセツジョクを果たす。

☐ **04** 父とショウチュウを酌み交わす。

☐ **05** ビンボウ暇なし。

☐ **06** クラスのシンボク会を開く。

☐ **07** 飼い猫のツメを切る。

☐ **08** ばらのナエギを買う。

☐ **09** 熊のヌいぐるみがお気に入りだ。

☐ **10** 心をしずめてスミをする。

| 解答 | 解説 |
|---|---|
| 翻弄（ほんろう） | 翻弄（ほんろう）：思いのままにもてあそぶこと。<br>出例 弄（もてあそ）ぶ |
| 嫉妬（しっと） | 嫉妬（しっと）：自分よりも優れた人を恨み、ねたむこと。やきもち。 |
| 雪辱（せつじょく） | 雪辱（せつじょく）：恥をすすぐこと。とくに、競技などで負けたことのある相手を破って、恥をすすぐこと。<br>出例 屈辱（くつじょく） |
| 焼酎（しょうちゅう） | 焼酎（しょうちゅう）：麦、粟、黍などを原料とする蒸留酒。 |
| 貧乏（びんぼう） | 貧乏（びんぼう）：お金がなくまずしいこと。<br>出例 欠乏（けつぼう）／乏（とぼ）しい |
| 親睦（しんぼく） | 親睦（しんぼく）：互いに仲良くすること。<br>出例 和睦（わぼく） |
| 爪（つめ） | 爪（つめ）：手足の指の先にある角質部分のこと。<br>出例 爪先（つまさき） |
| 苗木（なえぎ） | 苗木（なえぎ）：移植する目的で育てた小さな木。<br>出例 苗代（なわしろ）／苗（なえ）／種苗（しゅびょう） |
| 縫（ぬ）い | 縫（ぬ）う：糸と針で布をつなぎ合わせたり、衣服などを作ったりする。<br>出例 裁縫（さいほう） |
| 墨（すみ） | 墨（すみ）：上質のすすをにかわで直方体状に練り固めたもの。それをすって書画を書く。<br>出例 お墨付（すみつ）き |

頻出度 **B**

# 書き取り⑤

次の＿＿線の**カタカナ**を**漢字**に直せ。

☑ **01** 責任テンカは褒められた行為ではない。

☑ **02** 上司と意見がショウトツした。

☑ **03** 足首をネンザしてしまった。

☑ **04** 弟にはほとほとアイソが尽きた。

☑ **05** 先生のお話をハイチョウする。

☑ **06** 事件のカチュウに巻き込まれた。

☑ **07** マクラを高くして寝る。

☑ **08** いつの間にか話がワキミチに逸れた。

☑ **09** カラまった糸を解きほぐす。

☑ **10** 電車でお年寄りに席をユズる。

| 解答 | 解説 |
| --- | --- |
| 転嫁（てんか） | 転嫁：自分の責任や失敗などを他に押しつけること。<br>出例 嫁（とつ）ぐ |
| 衝突（しょうとつ） | 衝突：利害などがぶつかって争うこと。突き当たること。<br>出例 衝動（しょうどう） |
| 捻挫（ねんざ） | 捻挫：手や足の関節が損傷された状態。<br>出例 捻出（ねんしゅつ） |
| 愛想（あいそ） | 愛想：サービス精神にあふれた応対。<br>豆「愛想が尽きる」は相手をする気持ちがなくなったという意 |
| 拝聴（はいちょう） | 拝聴：「聴く」の意味の謙譲語。<br>出例 聴力（ちょうりょく）／聴衆（ちょうしゅう） |
| 渦中（かちゅう） | 渦中：事件やもめごとの中。「渦中」はうず巻き。<br>出例 渦巻（うずま）く |
| 枕（まくら） | 枕：寝るときに頭をのせる寝具。<br>出例 枕元（まくらもと） |
| 脇道（わきみち） | 脇道：本筋からは外れたもののこと。<br>出例 脇見（わきみ）／脇腹（わきばら）／両脇（りょうわき） |
| 絡（から）まった | 絡む：物事が関係する。巻き付く。言いがかりをつける。<br>出例 短絡（たんらく） |
| 譲（ゆず）る | 譲る：自分の物を他人に与える。自分を後にし、他人を先にする。<br>出例 親譲（おやゆず）り／譲渡（じょうと）／譲歩（じょうほ） |

頻出度 B

# 書き取り⑥

次の____線の**カタカナ**を**漢字**に直せ。

☑ **01** あまりにキョウリョウな考えだ。

☑ **02** ケンアン事項を解決する。

☑ **03** 問い合わせの返事をサイソクする。

☑ **04** 祖父はボンサイをたしなんでいる。

☑ **05** 強豪校にザンパイした。

☑ **06** 法事のおフセを納める。

☑ **07** ニワトリを放し飼いにする。

☑ **08** 一寸の虫にも五分のタマシイ。

☑ **09** ナイフで鉛筆をケズる。

☑ **10** 物語の主人公の境遇をアワれむ。

| 解答 | 解説 |
| --- | --- |
| 狭量（きょうりょう） | 狭量（きょうりょう）：度量がせまいこと。<br>出例 狭義（きょうぎ）／狭（せば）める |
| 懸案（けんあん） | 懸案（けんあん）：解決・決定ができていない事柄や問題。<br>出例 懸念（けねん）／懸命（けんめい）／命懸（いのちが）け／懸（か）ける |
| 催促（さいそく） | 催促（さいそく）：早くするようにせき立てること。<br>出例 開催（かいさい）／催眠（さいみん）／催（もよお）す |
| 盆栽（ぼんさい） | 盆栽（ぼんさい）：鉢に植えられた植物に手を入れて育てたもののこと。<br>出例 栽培（さいばい） |
| 惨敗（ざんぱい） | 惨敗（ざんぱい）：とても惨めな負け方をすること。<br>出例 惨（みじ）め |
| 布施（ふせ） | 布施（ふせ）：僧に与える金品。<br>出例 施工（せこう）／施（ほどこ）す |
| 鶏（にわとり） | 鶏（にわとり）：鳥類の一種。ニワトリ。家畜として飼育。鶏口<br>出例 鶏口（けいこう） 豆 部首は鳥。部首が字の右側に付く |
| 魂（たましい） | 魂（たましい）：生物の心の動きをつかさどっていると考えられているもの。<br>出例 魂胆（こんたん） |
| 削（けず）る | 削（けず）る：物の表面を薄くそぎ取ること。「予算を削る」のように、一部分を除くことについても使う。 出例 削減（さくげん）／添削（てんさく） |
| 哀（あわ）れむ | 哀（あわ）れむ：かわいそうに思う、気の毒に思う。めでる。<br>出例 哀切（あいせつ）／悲哀（ひあい） |

頻出度 B

# 書き取り⑦

次の＿＿線のカタカナを漢字に直せ。

☑ 01　ヨジョウ金を株主に分配する。

☑ 02　ここのドジョウはアルカリ性だ。

☑ 03　海外赴任のダシンを受ける。

☑ 04　あえなくキョウジンに倒れた。

☑ 05　全国をユウゼイして回る。

☑ 06　手伝いをしてお ダチンをもらう。

☑ 07　飲みカつ食らう。

☑ 08　試合は終盤までセり合う展開となった。

☑ 09　鏡開きのおシルコをいただく。

☑ 10　コウゴウしいほどの美しさだ。

| 解答 | 解説 |
| --- | --- |
| 余剰（よじょう） | 余剰：あまり。<br>出例 過剰（かじょう）／剰余（じょうよ） |
| 土壌（どじょう） | 土壌：土。地殻の最上層。<br>✕ 土状／土譲 |
| 打診（だしん） | 打診：相手の意向を知るため、前もって様子をみること。医師の診察方法の一つ。<br>出例 検診（けんしん）／誤診（ごしん） |
| 凶刃（きょうじん） | 凶刃：人を殺すための刃物。<br>出例 刃（は） |
| 遊説（ゆうぜい） | 遊説：各地を回り政治上の意見を説くこと。 |
| 駄賃（だちん） | 駄賃：簡単な雑用に対して与える金品。子供が使いをしたときなどに与えるお金や品物。 |
| 且つ（か） | 且つ：二つの状態が同時にあるさま。<br>豆「必要且つ十分」などと使う |
| 競り（せ） | 競る：両者が互いに負けまいときそいあうこと。高値をつけた者に買う権利を与える取引。 |
| 汁粉（しるこ） | 汁粉：小豆を甘く煮た汁の中に餅などを入れた食べ物。 出例 汁（しる）／果汁（かじゅう） 豆 御膳汁粉、田舎汁粉、懐中汁粉（携帯できる汁粉）などがある |
| 神神しい（こうごう）<br>神々しい（こうごう） | 神神しい：気高く、厳かな感じがする。<br>出例 神酒（みき） |

頻出度 B

# 書き取り⑧

次の＿＿線のカタカナを漢字に直せ。

☑ 01 悪貨が良貨をクチクする。

☑ 02 チュウシンよりおわび申し上げます。

☑ 03 不測の事態にもジュウナンに対応する。

☑ 04 実情をハアクする。

☑ 05 若者らしいハキが感じられない。

☑ 06 ボンノウを振り払う。

☑ 07 畑を耕してウネを作る。

☑ 08 水槽の中のモが揺れる。

☑ 09 兄は三度目の司法試験にイドむ。

☑ 10 若くして亡くなった友をイタむ。

| 解答 | 解説 |
| --- | --- |
| 駆逐（くちく） | 駆逐（くちく）：おい払うこと。<br>出例 逐条（ちくじょう） |
| 衷心（ちゅうしん） | 衷心（ちゅうしん）：心の中、心の底。 |
| 柔軟（じゅうなん） | 柔軟（じゅうなん）：やわらかく、しなやかなさま。<br>出例 軟禁（なんきん） |
| 把握（はあく） | 把握（はあく）：状態などを十分に理解すること。物をにぎること。「把」にも「とる、にぎる」の意がある。 |
| 覇気（はき） | 覇気（はき）：積極的に何かしようとする意気。<br>出例 制覇（せいは） |
| 煩悩（ぼんのう） | 煩悩（ぼんのう）：欲望、怒り、執着など、人の心身の苦しみを生み出す精神の作用。<br>出例 煩（わずら）わす／煩（わずら）わしい |
| 畝（うね） | 畝（うね）：作物を作るために土を細長く盛り上げた所。 |
| 藻（も） | 藻（も）：水草、海藻の総称。 |
| 挑（いど）む | 挑（いど）む：ある事象に立ち向かう。戦いなどをしかける。<br>出例 挑発（ちょうはつ）／挑戦（ちょうせん） |
| 悼（いた）む | 悼（いた）む：人の死を悲しみ惜しむこと。<br>出例 哀悼（あいとう）　✖ 痛む／傷む |

頻出度 B

# 書き取り⑨

次の____線の**カタカナ**を**漢字**に直せ。

☑ **01** 怪我により登録がマッショウされた。

☑ **02** コウリョウとした景色を写真に収める。

☑ **03** 日々の暮らしの中でクドクを積む。

☑ **04** シャオン性のよいヘッドフォンを探す。

☑ **05** 長年の夢がジョウジュする。

☑ **06** 雪道をジョコウ運転する。

☑ **07** 王として国をスべる。

☑ **08** 城の周りにホリをめぐらす。

☑ **09** まだフけ込む年ではない。

☑ **10** 宝くじが当たりフトコロが温かい。

| 解答 | 解説 |
| --- | --- |
| 抹消（まっしょう） | 抹消（まっしょう）：記載事項を消去すること。塗りつぶして消すこと。<br>出例 抹茶（まっちゃ） |
| 荒涼（こうりょう） | 荒涼（こうりょう）：荒れ果ててもの寂しいこと。漠然として要領を得ないこと。<br>出例 清涼（せいりょう）／納涼（のうりょう）／涼（すず）しい |
| 功徳（くどく） | 功徳（くどく）：幸福がもたらされるよい行動のこと。神仏のご利益。<br>出例 功名（こうみょう） |
| 遮音（しゃおん） | 遮音（しゃおん）：音を遮ること。<br>出例 遮光（しゃこう）／遮（さえぎ）る |
| 成就（じょうじゅ） | 成就（じょうじゅ）：なし遂げること、実現すること。<br>出例 去就（きょしゅう） |
| 徐行（じょこう） | 徐行（じょこう）：ゆっくり進む意。「徐」に「ゆっくり」の意がある。<br>✕ 除行 |
| 統（す）べる | 統（す）べる：国などを一つにまとめて支配する。 |
| 堀（ほり） | 堀（ほり）：防御のため掘って水をたたえたところ。<br>✕ 掘 |
| 老（ふ）け | 老（ふ）ける：年をとること。<br>出例 老（お）いる　✕ 更ける |
| 懐（ふところ） | 懐（ふところ）：衣服の胸の内側の部分のこと。「懐が温かい」はお金に余裕があること。<br>出例 懐（なつ）かしい／懐（なつ）く／懐柔（かいじゅう）／懐郷（かいきょう） |

頻出度 B

# 書き取り⑩

次の＿＿線の**カタカナ**を**漢字**に直せ。

☑ **01** 誠実な謝罪を受けたので<u>カンベン</u>する。

☑ **02** 事件は<u>グウハツ</u>的に起こった。

☑ **03** 都心も<u>レイカ</u>三度まで下がった。

☑ **04** <u>オウベイ</u>の文化を取り入れる。

☑ **05** 大企業の<u>サンカ</u>に入る。

☑ **06** 海外<u>チュウザイ</u>員として働く。

☑ **07** 祝いの酒を<u>ク</u>み交わす。

☑ **08** 江戸っ子は<u>ヨイゴ</u>しの銭を持たない。

☑ **09** 果物を<u>フクロ</u>に詰めた。

☑ **10** バケツの水が<u>コオ</u>るほど寒かった。

| 解答 | 解説 |
|---|---|
| 勘弁（かんべん） | 勘弁（かんべん）：他人の過失や不都合などを許すこと。<br>出例 勘定（かんじょう）／勘当（かんどう）／勘違い（かんちがい）／勘（かん） |
| 偶発（ぐうはつ） | 偶発（ぐうはつ）：偶然に物事が起こること。<br>出例 偶然（ぐうぜん）／配偶（はいぐう） |
| 零下（れいか） | 零下（れいか）：温度が摂氏0度以下であること。<br>出例 零細（れいさい） |
| 欧米（おうべい） | 欧米（おうべい）：欧州と米国。<br>出例 欧州（おうしゅう）／西欧（せいおう） |
| 傘下（さんか） | 傘下（さんか）：大きな勢力の支配下。<br>出例 傘（かさ） |
| 駐在（ちゅうざい） | 駐在（ちゅうざい）：任務のために他の地にとどまること。<br>出例 常駐（じょうちゅう）／駐車（ちゅうしゃ） |
| 酌（く）み | 酌（く）む：酒などを器に注ぐこと。「汲（く）む（常用外）」もあるが、酒の場合は「酌む」が使われる。<br>出例 晩酌（ばんしゃく） |
| 宵越（よいご）し | 宵越（よいご）し：前の夜から次の日まで持ち越すこと。<br>出例 宵（よい）／春宵（しゅんしょう） |
| 袋（ふくろ） | 袋（ふくろ）：布などで作った物を入れるための道具のこと。<br>出例 手袋（てぶくろ）／胃袋（いぶくろ）／有袋類（ゆうたいるい）／郵袋（ゆうたい） |
| 凍（こお）る | 凍（こお）る：温度が下がることにより液体が固体になること。<br>出例 凍（こご）える／凍結（とうけつ）／冷凍（れいとう） |

頻出度 B

# 書き取り⑪

次の＿＿線のカタカナを漢字に直せ。

☐ 01 ワンガン道路をドライブする。

☐ 02 エキショウモニターの修理を依頼する。

☐ 03 トウゲイ教室で湯飲みを作る。

☐ 04 戦争のギセイ者を悼む。

☐ 05 時間のガイネンについて議論する。

☐ 06 学業成就にごリヤクのある神社だ。

☐ 07 恩師の言葉を生きるカテとする。

☐ 08 アカツキの明星が輝いている。

☐ 09 ヤナギの下にいつもドジョウはおらぬ。

☐ 10 自分のカラに閉じこもる。

| 解答 | 解説 |
|---|---|
| 湾岸（わんがん） | 湾岸（わんがん）：入り江に沿った陸地。 出例 湾曲（わんきょく） |
| 液晶（えきしょう） | 液晶（えきしょう）：固体と液体の両方の性質を持つ物質。 出例 結晶（けっしょう） |
| 陶芸（とうげい） | 陶芸（とうげい）：陶磁器を作る技芸・工芸のこと。 出例 陶器（とうき） |
| 犠牲（ぎせい） | 犠牲（ぎせい）：あることのために命を失ったり大切なものを提供したりすること。「犠」も「牲」も「いけにえ」の意。 ✕ 儀性 |
| 概念（がいねん） | 概念（がいねん）：物事のおおまかな意味内容。 出例 概算（がいさん）／気概（きがい） |
| 利益（りやく） | 利益（りやく）：神や仏の慈悲による恵み。 豆「りえき」と読む場合はもうけの意 |
| 糧（かて） | 糧（かて）：生きるための心の支え。生きるために必要な食糧。 出例 兵糧（ひょうろう） |
| 暁（あかつき） | 暁（あかつき）：夜明けのこと。「ある事が実現したその時」の意味でも用いられる。 |
| 柳（やなぎ） | 柳（やなぎ）：ヤナギ科ヤナギ属の総称。たまたま幸運に恵まれたからといって、同じ状態で再び幸運を得ようとしてもうまくいかないたとえ。 |
| 殻（から） | 殻（から）：中身を包む固い皮。「自分の殻に閉じこもる」は外部と交渉せず、自分の世界をかたくなに守ること。 |

頻出度 **B**

# 書き取り⑫

次の＿＿線の**カタカナ**を**漢字**に直せ。

☐ **01** 金額のタカは問わない。

☐ **02** 道路の一部がカンボツしていた。

☐ **03** コウキン作用を持つ製品を開発する。

☐ **04** 祖母は毎朝おキョウをあげている。

☐ **05** 政治家にケンキンする。

☐ **06** 学校のコウバイでパンと水を買った。

☐ **07** ウヤウヤしい態度で出迎える。

☐ **08** ツナを引っ張り合って遊ぶ。

☐ **09** 病に倒れた旅人をネンゴろに弔う。

☐ **10** 弟にいたずらをソソノカす。

| 解答 | 解説 |
|---|---|
| 多寡（たか） | 多寡（たか）：人数や金額などが多いか少ないか。<br>出例 寡聞（かぶん） |
| 陥没（かんぼつ） | 陥没（かんぼつ）：落ち込んで穴が開くこと。<br>出例 陥（おちい）る／陥（おとしい）れる |
| 抗菌（こうきん） | 抗菌（こうきん）：細菌の発生や増加を抑えること。<br>出例 雑菌（ざっきん）／細菌（さいきん） |
| 経（きょう） | 経（きょう）：仏の教えを書きとどめたもの。 |
| 献金（けんきん） | 献金（けんきん）：政治家などにお金を献上すること。<br>出例 献上（けんじょう）／献立（こんだて） |
| 購買（こうばい） | 購買（こうばい）：商品をかうこと。<br>出例 購読（こうどく）／購入（こうにゅう） |
| 恭（うやうや）しい | 恭（うやうや）しい：相手を敬って礼儀正しくていねい。 |
| 綱（つな） | 綱（つな）：繊維をより合わせた太くて丈夫なひも。<br>出例 綱渡（つなわた）り／手綱（たづな） |
| 懇（ねんご）ろ | 懇（ねんご）ろ：心をこめて。親切に。<br>出例 懇意（こんい）／懇願（こんがん） |
| 唆（そそのか）す | 唆（そそのか）す：よくない行動を起こすように、おだてたり導いたりする。<br>出例 示唆（しさ） |

頻出度 C

# 読み①

次の____線の**漢字の読み**を**ひらがな**で答えよ。

☐ 01 大きな荷物を運ぶため門扉を広く開ける。

☐ 02 迎賓館として使われていた建物を補修する。

☐ 03 さまざまな情報を網羅している。

☐ 04 謹啓と謹白は対にして使う。

☐ 05 町内に下水道を敷設する。

☐ 06 早朝に庫裏で米を研ぐ。

☐ 07 政敵により社会的に葬られた。

☐ 08 それでは自らを卑しめることになる。

☐ 09 大自然の驚異を目の当たりにする。

☐ 10 祖父は毎日謡のけいこをしている。

| 解答 | 解説 |
|---|---|
| もんぴ | 門扉（もんぴ）：門のとびら。<br>出例 鉄扉（てっぴ）／扉（とびら） |
| げいひんかん | 迎賓館（げいひんかん）：外国からの賓客を接待するための建物。<br>出例 貴賓（きひん）／主賓（しゅひん） |
| もうら | 網羅（もうら）：残らず集め尽くすこと。「網」は魚をとる網、「羅」は鳥をとる網。<br>出例 羅列（られつ）／甲羅（こうら） |
| きんけい | 謹啓（きんけい）：手紙の始まりに書く挨拶文のこと。<br>出例 謹呈（きんてい）／謹厳（きんげん）／謹む（つつし） |
| ふせつ | 敷設（ふせつ）：設置すること。 |
| くり | 庫裏（くり）：寺院の台所。<br>出例 内裏（だいり） |
| ほうむられ | 葬る（ほうむ）：存在を覆い隠す。死者を埋める。 |
| いやしめる | 卑しめる（いや）：卑しい者として軽侮すること。<br>出例 卑しい（いや）／卑劣（ひれつ） |
| ま | 目（ま）：「目の当たり」は実際に直面し、体験すること。<br>✕ めのあたり |
| うたい | 謡（うたい）：能の詞章。節をつけてうたうこと。 |

頻出度 C

# 読み②

次の＿＿線の**漢字の読み**を**ひらがな**で答えよ。

☑ **01** 友人は享楽的な人生を送っている。

☑ **02** 雑誌の定期購読を申し込む。

☑ **03** 誇りを奪い堕落させる。

☑ **04** 巨額の累積赤字を抱えている。

☑ **05** 度重なる失態に堪忍袋の緒が切れた。

☑ **06** 勾配のきつい坂を自転車で駆け上がる。

☑ **07** 学校に遅刻しそうになり焦る。

☑ **08** 人一倍名誉を欲する。

☑ **09** 安全に且つ低価格で利用できる。

☑ **10** 川岸は市民が憩う公園となっている。

| 解答 | 解説 |
|---|---|
| きょうらく | 享楽（きょうらく）：快楽にふけること。「享」は「受ける」意。<br>出例 享年（きょうねん）／享受（きょうじゅ） |
| こうどく | 購読（こうどく）：新聞や雑誌を買って読むこと。<br>出例 購買（こうばい） |
| だらく | 堕落（だらく）：身を持ち崩すこと。「堕」も「落ちる」意。<br>出例 堕（だ）す |
| るいせき | 累積（るいせき）：次から次へと積み重なること。<br>出例 累計（るいけい）／係累（けいるい） |
| かんにん | 堪忍（かんにん）：たえしのぶこと。問題文は「もう我慢しきれなくなった」という意味。<br>出例 堪（た）える |
| こうばい | 勾配（こうばい）：傾きの度合い、斜面。<br>✖ こうはい |
| あせる | 焦（あせ）る：早くやろうと思っていらいらする。<br>出例 焦土（しょうど） |
| ほっする | 欲（ほっ）する：ほしいと思う、したいと思う。 |
| かつ | 且（か）つ：同一の物事について二つの状態が存在すること。 |
| いこう | 憩（いこ）う：休息すること。<br>出例 憩（いこ）い |

頻出度 C

# 読み③

次の＿＿線の**漢字の読み**を**ひらがな**で答えよ。

☑ **01** 地獄の沙汰も金次第。

☑ **02** 劇場で聴衆の拍手喝采を浴びた。

☑ **03** 住民の誓願を受けて駅が作られた。

☑ **04** 読み取り機にカードを挿入する。

☑ **05** 抗議のために断食する。

☑ **06** 非公開の聴聞会に臨む。

☑ **07** 岬に建っている灯台に登る。

☑ **08** 模型は艶消しの塗装で仕上げた。

☑ **09** 戦いの火蓋が切られた。

☑ **10** 居候三杯目にはそっと出し。

| 解答 | 解説 |
| --- | --- |
| さた | 沙汰（さた）：裁定。通知。便り、知らせ。うわさにすること。<br>出例 音沙汰（おとさた） |
| かっさい | 喝采（かっさい）：やんやとほめはやす声のこと。<br>出例 采配（さいはい）／風采（ふうさい） |
| せいがん | 誓願（せいがん）：神仏に誓いを立て、その成就を願うこと。<br>出例 宣誓（せんせい）／誓（ちか）う |
| そうにゅう | 挿入（そうにゅう）：中に挿し入れること。<br>出例 挿話（そうわ）／挿（さ）す |
| だんじき | 断食（だんじき）：修行や主義、主張のために食べることをたつこと。<br>✕ だんしょく |
| ちょうもん | 聴聞（ちょうもん）：行政機関が関係者の意見を聞くこと。 |
| みさき | 岬（みさき）：海や湖に突き出している、地続きの陸地。 |
| つやけし | 艶消（つやけ）し：光沢のない状態のこと。<br>出例 艶（つや）／艶然（えんぜん）／妖艶（ようえん） |
| ひぶた | 火蓋（ひぶた）：火縄銃の火皿を覆うふた。「火蓋を切る」はまさに戦いが始まること。<br>出例 蓋（ふた）／蓋然（がいぜん） |
| いそうろう | 居候（いそうろう）：他人の家に寄食している人。 |

頻出度 C

# 読み④

次の____線の**漢字の読み**を**ひらがな**で答えよ。

☑ **01** 検査の結果胃に潰瘍が見つかる。

☑ **02** 屋台の撤収作業を行う。

☑ **03** 愛猫を動物病院に連れていく。

☑ **04** 女性蔑視の発言を注意する。

☑ **05** あまりの衝撃に忘我の境地にあった。

☑ **06** 新人同士で親睦を深める。

☑ **07** 厳かに結婚式が執り行われている。

☑ **08** 長年憧れていた職業に就くことができた。

☑ **09** 水を飲んだ後口を腕で拭う。

☑ **10** 犯人の証言に綻びがあった。

| 解答 | 解説 |
|---|---|
| かいよう | 潰瘍（かいよう）：皮膚などの表層が欠損した状態。<br>出例 潰滅（かいめつ）／潰（つぶ）す／潰（つぶ）れる |
| てっしゅう | 撤収（てっしゅう）：荷物などを引き上げること。<br>出例 撤廃（てっぱい）／撤回（てっかい） |
| あいびょう | 愛猫（あいびょう）：自分の飼っている猫のこと。<br>出例 猫背（ねこぜ）／猫舌（ねこじた） |
| べっし | 蔑視（べっし）：相手をあなどり、見下しさげすむこと。<br>出例 軽蔑（けいべつ）／侮蔑（ぶべつ）／蔑（さげす）む |
| ぼうが | 忘我（ぼうが）：何かに夢中になって我を忘れるさま。<br>出例 備忘録（びぼうろく） |
| しんぼく | 親睦（しんぼく）：互いに仲良くすること。<br>出例 和睦（わぼく） |
| おごそか | 厳（おごそ）か：重々しい雰囲気で近寄りにくいさま。礼儀正しいさま。<br>出例 寛厳（かんげん） |
| あこがれ | 憧（あこが）れる：そうでありたいと心がひかれること。 |
| ぬぐう | 拭（ぬぐ）う：ふいてきれいにする。<br>出例 拭（ふ）く |
| ほころび | 綻（ほころ）び：縫い目などがほどけること。つぼみが少し開くこと。笑顔になること。<br>出例 破綻（はたん） |

頻出度C

# 読み⑤

次の＿＿線の**漢字の読み**を**ひらがな**で答えよ。

☑ **01** 便箋に近況を書いて実家に送った。

☑ **02** 木にあけた穴に営巣する。

☑ **03** 経歴を詐称していた社員を呼び出す。

☑ **04** 近所にある神社の由緒を調べる。

☑ **05** 川から運ばれた砂が堆積し、三角州となった。

☑ **06** 今日の釣果はなにもない。

☑ **07** バラの香が匂う紅茶だ。

☑ **08** 友人と肩肘張らずに付き合う。

☑ **09** 聞くのも汚らわしいほど恐ろしい事件だ。

☑ **10** 部隊は任務を全うした。

| 解答 | 解説 |
|---|---|
| びんせん | 便箋：手紙を書くための用紙。<br>出例 処方箋／付箋 |
| えいそう | 営巣：動物が巣をつくること。 |
| さしょう | 詐称：氏名や年齢、学歴などをいつわること。<br>出例 詐取 |
| ゆいしょ | 由緒：物事の起こり。いわれ。これまでのいきさつ。<br>出例 内緒／緒／鼻緒／緒 |
| たいせき | 堆積：高く積み重なること。岩石の破片や生物の遺骸が集まって積もる現象。<br>出例 堆肥 |
| ちょうか | 釣果：釣りの結果。えもの。<br>出例 釣友／釣る |
| におう | 匂う：かおりが漂う。 |
| かたひじ | 肩肘：肩と肘。「肩肘張る」は気負ったりいばったりしている様子のこと。<br>出例 肘／肘枕 |
| けがらわしい | 汚らわしい：不快である。けがれている。きたない。 |
| まっとう | 全う：最後まで成し遂げること。<br>出例 全幅　豆「まったくする」の音が変化したもの |

# 頻出度C 読み⑥

次の＿＿線の**漢字の読み**を**ひらがな**で答えよ。

☑ **01** 東北に伝わる民謡を採譜する。

☑ **02** ひ孫の誕生を冥土の土産にする。

☑ **03** 被害者に真摯に謝罪の言葉を述べる。

☑ **04** 国内の産業が海外企業の餌食となった。

☑ **05** 実家は代々製靴業を営んでいる。

☑ **06** 組織の自浄作用に期待する。

☑ **07** どこに行ったかは定かではない。

☑ **08** 棟上げした際、餅を配る風習がある。

☑ **09** 八百長疑惑が波紋を広げている。

☑ **10** 庭園に築山をつくる。

| 解答 | 解説 |
|---|---|
| さいふ | 採譜：楽譜のない口承の歌や曲を楽譜に書き取ること。 出例 棋譜 |
| めいど | 冥土：死後に行く世界のこと。「冥土の土産」は手に入れることで安心して死ぬことができる物事。 出例 冥利 |
| しんし | 真摯：熱心で、まじめであること。 |
| えじき | 餌食：食料。転じて、犠牲となるもの。 出例 好餌 |
| せいか | 製靴：靴をつくること。 出例 靴墨 |
| じじょう | 自浄：そのもの自体の働きで清らかになること。 出例 浄化／不浄 |
| さだか | 定か：確かであるさま。「定かではない」は確かにそうだと判断できないこと。 出例 定石／必定 |
| むねあげ | 棟上げ：家屋建築の際、骨組みに棟木を上げること。またその祝いの式。 出例 病棟 |
| やおちょう | 八百長：前もって勝ち負けを決めておき、うわべだけの勝負をすること。 |
| つきやま | 築山：庭の中に山をかたどって土や石を盛り上げた所。 |

頻出度 C

# 読み⑦

次の＿＿線の**漢字の読み**を**ひらがな**で答えよ。

☑ **01** 罪人を厳しく詮議する。

☑ **02** 一生を子供の教育に賭す。

☑ **03** 山麓には酒蔵が軒を連ねる。

☑ **04** 弟の滑稽な踊りを見て笑った。

☑ **05** 剛腹な兄が涙を見せた姿に動揺した。

☑ **06** 朝方近くに悪寒がしたため病院へ行く。

☑ **07** 駅前の商店街はすっかり寂れている。

☑ **08** 常夏の島で冬休みを過ごした。

☑ **09** 白いシャツに染みができてしまった。

☑ **10** 資料の提供を拒まれた。

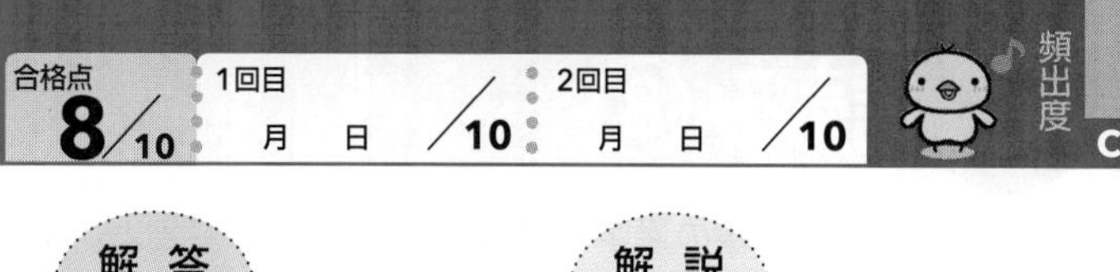


| 解答 | 解説 |
|---|---|
| せんぎ | 詮議：罪人を取り調べること。協議して物事を明らかにすること。<br>出例 所詮／詮索 |
| とす | 賭す：かける。失敗を覚悟して、物事にあたる。<br>出例 賭博／賭ける |
| さんろく | 山麓：山のふもと。<br>出例 麓 |
| こっけい | 滑稽：おどけていて、おかしいこと。<br>出例 稽古 |
| ごうふく | 剛腹：胆がすわっていること。<br>出例 剛球／剛柔 |
| おかん | 悪寒：発熱のため感じる寒気。 |
| さびれて | 寂れる：人気がなくなってすたれる。 |
| とこなつ | 常夏：寒い時がなくて、いつも夏のようであること。 |
| しみ | 染み：布などに色がついたり、液体などが中に入り込むことでできる汚れのこと。 |
| こばまれ | 拒む：相手の要求などをはねのけること。<br>出例 拒絶 |

頻出度 C

# 読み⑧

次の＿＿線の**漢字の読み**を**ひらがな**で答えよ。

☑ 01 映画を酷評する書き込みが多い。

☑ 02 物語の中で主人公は壮絶な最期を迎えた。

☑ 03 大手企業の傘下に入る。

☑ 04 先生に私淑する理由は沢山ある。

☑ 05 仕事に迅速に取り組む。

☑ 06 選挙期間の遊説に同行する。

☑ 07 何とも言い難い不安がある。

☑ 08 努力は水の泡となった。

☑ 09 持参するか若しくは郵送して下さい。

☑ 10 宇宙の謎に挑む。

| 解答 | 解説 |
| --- | --- |
| こくひょう | 酷評：手厳しい批評。<br>出例 過酷／酷 |
| さいご | 最期：生命が終わる時。<br>豆 この場合は「最後」とは書かない |
| さんか | 傘下：大きな勢力の支配、統率を受けること。<br>出例 雨傘／唐傘 |
| ししゅく | 私淑：直接教えを受けることは無いが、尊敬し、模範として学ぶこと。 |
| じんそく | 迅速：きわめてはやいこと。 |
| ゆうぜい | 遊説：自分の政治上の意見を説き回ること。<br>✕ ゆうせつ |
| がたい | 難い：何かを行うことが難しいこと。 |
| あわ | 泡：あぶく。<br>出例 泡雪／気泡／発泡 |
| もしくは | 若しくは：または、あるいは。 |
| いどむ | 挑む：挑戦すること。競争をしかける。<br>出例 挑発 |

頻出度 C

# 読み⑨

次の____線の**漢字の読み**を**ひらがな**で答えよ。

☐ **01** 国家安泰を祈願する。

☐ **02** 勅命により将軍位を賜る。

☐ **03** 悪の権化に立ち向かう。

☐ **04** 医者に既往症を聞かれた。

☐ **05** 賃金の不払いに対し訴訟を起こす。

☐ **06** 尼僧になるための修行をする。

☐ **07** 唇が乾燥しているのでクリームを塗った。

☐ **08** 古くから繭の産地として知られる。

☐ **09** 血眼になって犯人を捜している。

☐ **10** 高温で藻が異常発生した。

| 解答 | 解説 |
| --- | --- |
| あんたい | 安泰（あんたい）：危険がなく無事であること。<br>出例 泰然（たいぜん）／泰斗（たいと） |
| ちょくめい | 勅命（ちょくめい）：天皇の命令のこと。みことのり。<br>出例 勅願（ちょくがん）／勅令（ちょくれい） |
| ごんげ | 権化（ごんげ）：抽象的概念を具現化した存在。元は仏教で仏・菩薩が衆生を救うため仮に姿を変えてこの世に現れたもの。 |
| きおうしょう | 既往症（きおうしょう）：現在までにかかったことのある病気の中で、既に完治しているもののこと。<br>出例 炎症（えんしょう）／重症（じゅうしょう） |
| そしょう | 訴訟（そしょう）：裁判を申し立てること。嘆願すること。 |
| にそう | 尼僧（にそう）：女性の僧。尼さん。 |
| くちびる | 唇（くちびる）：口の縁の、赤みを帯びた柔らかい部分。 |
| まゆ | 繭（まゆ）：かいこなどがさなぎになるときに作ってこもる殻状のもの。口から繊維を出して作る。 |
| ちまなこ | 血眼（ちまなこ）：逆上し真っ赤になった目。「血眼になって」は「夢中になって」の意。<br>出例 開眼（かいげん） |
| も | 藻（も）：水草、海藻の総称。出例 詞藻（しそう） |

頻出度 C

# 読み⑩

次の____線の**漢字の読み**を**ひらがな**で答えよ。

☑ **01** ワクチンによる伝染病の撲滅を目指す。

☑ **02** 政策を盛んに鼓吹する。

☑ **03** しなやかな肢体が映える踊りだ。

☑ **04** 遮光カーテンを買い求める。

☑ **05** テストを満遍なく見直す。

☑ **06** 我が家は結婚などの慶事が続いた。

☑ **07** 浦風が吹く中砂浜を散歩する。

☑ **08** 兄は鋼のような強い心を持っている。

☑ **09** お祭りのお稚児さんに選ばれた。

☑ **10** 祖母と一緒に白菜を漬ける。

| 解答 | 解説 |
|---|---|
| ぼくめつ | 撲滅：すっかりなくしてしまうこと。<br>出例 打撲 |
| こすい | 鼓吹：意見や思想を主張して賛成を得ようとすること。<br>出例 鼓 |
| したい | 肢体：両手と両足。手足とからだ。<br>出例 四肢／下肢 |
| しゃこう | 遮光：光をさえぎること。光が外にもれないようにすること。<br>出例 遮断／遮る |
| まんべん | 満遍：「満遍なく」はゆきわたらない所がないこと。「万遍なく」とも書く。<br>出例 普遍／遍在 |
| けいじ | 慶事：祝いごと。結婚や出産などの、おめでたい喜びごと。<br>出例 同慶／慶弔 |
| うらかぜ | 浦風：海岸で吹いている風。 |
| はがね | 鋼：刀剣の刃に用いる硬い鉄。 |
| ちご | 稚児：神社などのお祭りの際に着飾って練り歩く子供のこと。赤子。 |
| つける | 漬ける：水の中などにひたす。 |

# 頻出度C 読み⑪

次の____線の**漢字の読み**を**ひらがな**で答えよ。

☑ **01** 殴打されて地に倒れる。

☑ **02** 責任を転嫁するような人物にはなりたくない。

☑ **03** 人間は業の深い生き物だ。

☑ **04** 安寧を祈願して五重塔を建立する。

☑ **05** 上司の意見に首肯する。

☑ **06** 嵐により岩礁に船が乗り上げた。

☑ **07** 隣家との境界に塀を作ってもらう。

☑ **08** 雄々しい姿のワシを写真に収める。

☑ **09** 数寄屋造りの建物を見学する。

☑ **10** 姉の機嫌を損ねた。

| 解答 | 解説 |
|---|---|
| おうだ | 殴打：なぐること。 |
| てんか | 転嫁：罪や責任を他人になすりつけること。<br>出例 嫁 |
| ごう | 業：善悪の報いをもたらす行為。狭義では前世の悪い行い。 |
| こんりゅう | 建立：寺院や堂塔を建てること。 |
| しゅこう | 首肯：賛成の意味でうなずくこと。<br>出例 肯定 |
| がんしょう | 岩礁：水面下に隠れたり、水面からわずかに出ている岩。<br>出例 暗礁／環礁 |
| へい | 塀：土地の境目などに作る囲い。<br>出例 土塀 |
| おおしい | 雄々しい：男らしく勇気をもって立ち向かうさま。 |
| すきや | 数寄屋：茶室の建築様式の一種。 |
| そこねた | 損ねる：健康や気分などを悪くする。また、失敗する。<br>出例 損なう／毀損 |

次の＿＿線の**漢字の読み**を**ひらがな**で答えよ。

☑ **01** 時下益々ご清祥のこととお慶び申し上げます。

☑ **02** 無念にも凶刃に倒れる。

☑ **03** 難敵に一矢報いる。

☑ **04** 政治家が収賄罪で逮捕された。

☑ **05** 主人公は不幸な境涯にあった。

☑ **06** 御法度を破った隊士は処刑された。

☑ **07** 父も年を取りすっかり老けた。

☑ **08** 災害時は各の判断で避難する。

☑ **09** 同じ釜の飯を食う。

☑ **10** 喉から手が出るほど欲しい。

| 解答 | 解説 |
| --- | --- |
| せいしょう | 清祥：手紙で使われる相手の健康などを祝う言葉。 出例 不祥事／発祥 |
| きょうじん | 凶刃：凶行に使う刃物。 出例 兵刃／刃先／刃 |
| いっし | 一矢：一本の矢のこと。「一矢報いる」は相手の攻撃に対し反撃すること。 |
| しゅうわい | 収賄：わいろを受け取ること。 出例 贈賄／賄う |
| きょうがい | 境涯：身の上。境遇。 |
| ごはっと | 御法度：禁止事項。 |
| ふけた | 老ける：年をとること。 出例 老翁 |
| おのおの | 各：たくさんの人や物がそれぞれ。 |
| かま | 釜：米を炊く道具。「同じ釜の飯を食う」は一緒に生活をするなどした親しい関係のこと。 出例 後釜 |
| のど | 喉：口の奥の部分。「喉から手が出る」はとても欲しくてたまらないたとえ。 出例 喉元 |

頻出度 C

# 部首①

次の漢字の**部首**を答えよ。

☑ 01 庸

☑ 02 羞

☑ 03 弊

☑ 04 徹

☑ 05 酌

☑ 06 更

☑ 07 献

☑ 08 豪

☑ 09 辱

☑ 10 雇

☑ 11 魔

☑ 12 丹

☑ 13 疑

☑ 14 致

☑ 15 再

| 解答 | 解説 |
|---|---|
| 广 | まだれ<br>出例 廃／庶／底／廉もよく出題される |
| 羊 | ひつじ<br>出例 羨／美／義／羊もよく出題される |
| 廾 | こまぬき　にじゅうあし |
| 彳 | ぎょうにんべん<br>出例 循もよく出題される |
| 酉 | とりへん<br>出例 醸／酷／酬／酢もよく出題される |
| 曰 | ひらび　いわく<br>出例 曽／曹もよく出題される |
| 犬 | いぬ<br>出例 献もよく出題される |
| 豕 | ぶた　いのこ<br>出例 豚／象もよく出題される |
| 辰 | しんのたつ |
| 隹 | ふるとり<br>出例 雄もよく出題される |
| 鬼 | おに<br>出例 魂／鬼もよく出題される |
| 丶 | てん |
| 疋 | ひき |
| 至 | いたる<br>出例 至もよく出題される |
| 冂 | どうがまえ　けいがまえ　まきがまえ<br>出例 冊もよく出題される |

頻出度 C

# 部首②

次の漢字の**部首**を答えよ。

- ☑ 01 崇
- ☑ 02 旋
- ☑ 03 乏
- ☑ 04 武
- ☑ 05 囚
- ☑ 06 隷
- ☑ 07 了
- ☑ 08 廷
- ☑ 09 朴
- ☑ 10 面
- ☑ 11 幾
- ☑ 12 嚇
- ☑ 13 赴
- ☑ 14 閥
- ☑ 15 傑

| 解答 | 解説 |
|---|---|
| 山 | やま<br>出例 崖／岳もよく出題される |
| 方 | ほうへん　かたへん<br>出例 旅もよく出題される |
| ノ | の　はらいぼう<br>出例 乗／久もよく出題される |
| 止 | とめる<br>出例 歳／歴もよく出題される |
| 囗 | くにがまえ<br>出例 囲もよく出題される |
| 隶 | れいづくり |
| 亅 | はねぼう<br>出例 争／予もよく出題される |
| 廴 | えんにょう<br>出例 延もよく出題される |
| 木 | きへん<br>出例 枠もよく出題される |
| 面 | めん |
| 幺 | よう　いとがしら<br>出例 幽もよく出題される |
| 口 | くちへん<br>出例 唯／嗅／嘱もよく出題される |
| 走 | そうにょう<br>出例 趣／超もよく出題される |
| 門 | もんがまえ<br>出例 閑もよく出題される |
| 亻 | にんべん<br>出例 倣／何／僕／僚もよく出題される |

頻出度 C

# 熟語の構成①

**熟語の構成**のしかたには右の□のようなものがある。次の熟語は□の**ア〜オ**のどれに当たるか、**一つ**選び**記号**を答えよ。

☑ **01** 分析

☑ **02** 還元

☑ **03** 存廃

☑ **04** 殉職

☑ **05** 功罪

☑ **06** 謙遜

☑ **07** 直轄

☑ **08** 頒価

☑ **09** 未踏

☑ **10** 無粋

ア 同じような意味の漢字を重ねたもの
（例＝**善良**）

イ 反対または対応の意味を表す字を重ねたもの
（例＝**細大**）

ウ 前の字が後ろの字を修飾しているもの
（例＝**美談**）

エ 後ろの字が前の字の目的語・補語になっているもの
（例＝**点火**）

オ 前の字が後ろの字の意味を打ち消しているもの
（例＝**不当**）

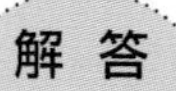

| 解答 | 解説 |
|---|---|
| ア（同じ） | 分析（ぶんせき）　分 ＝同＝ 析　どちらも「わけて明らかにする」の意。 |
| エ（目・補） | 還元（かんげん）　還（かえす）←目・補 元（に） |
| イ（反対） | 存廃（そんぱい）　存（たもつ）←反→ 廃（やめる） |
| エ（目・補） | 殉職（じゅんしょく）　殉（命をかける）←目・補 職（仕事に） |
| イ（反対） | 功罪（こうざい）　功（てがら）←反→ 罪 |
| ア（同じ） | 謙遜（けんそん）　謙 ＝同＝ 遜　どちらも「へりくだる」の意。 |
| ウ（修飾） | 直轄（ちょっかつ）　直（接） 修→ 轄（とりまとめる） |
| ウ（修飾） | 頒価（はんか）　頒（配るときの） 修→ 価（格） |
| オ（打消） | 未踏（みとう）　未（否定）×←打消 踏（足を踏み入れる） |
| オ（打消） | 無粋（ぶすい）　無（否定）×←打消 粋（あか抜けている） |

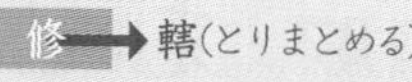

頻出度 C

# 熟語の構成②

**熟語の構成**のしかたには右の□のようなものがある。次の熟語は□の**ア〜オ**のどれに当たるか、**一つ**選び**記号**を答えよ。

- ☐ 01 贈答
- ☐ 02 不穏
- ☐ 03 繁閑
- ☐ 04 旋回
- ☐ 05 脚韻
- ☐ 06 座礁
- ☐ 07 克己
- ☐ 08 和睦
- ☐ 09 不遜
- ☐ 10 渉猟

ア 同じような意味の漢字を重ねたもの
（例＝**善良**）

イ 反対または対応の意味を表す字を重ねたもの
（例＝**細大**）

ウ 前の字が後ろの字を修飾しているもの
（例＝**美談**）

エ 後ろの字が前の字の目的語・補語になっているもの
（例＝**点火**）

オ 前の字が後ろの字の意味を打ち消しているもの
（例＝**不当**）

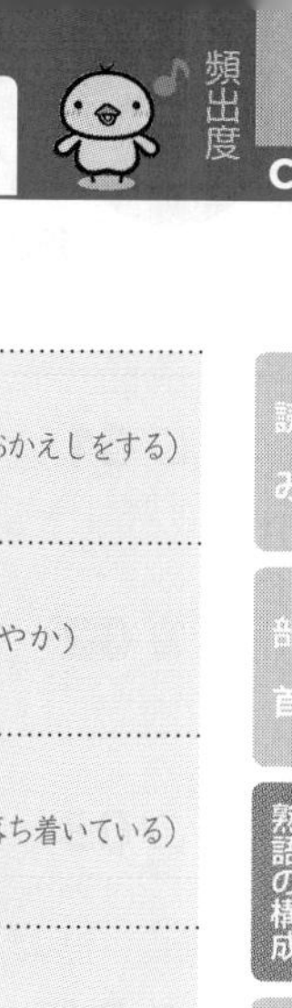

| 解答 | 熟語 | 解説 |
| --- | --- | --- |
| イ（反対） | 贈答（ぞうとう） | 贈（る）←反→答（おかえしをする） |
| オ（打消） | 不穏（ふおん） | 不（否定）×←打消 穏（やか） |
| イ（反対） | 繁閑（はんかん） | 繁（さかんである）←反→閑（落ち着いている） |
| ア（同じ） | 旋回（せんかい） |  旋 ＝同＝ 回 どちらも「まわる」の意。 |
| ウ（修飾） | 脚韻（きゃくいん） |  脚（詩歌の句や行の最後の） 修→韻 |
| エ（目・補） | 座礁（ざしょう） |  座（る）←目・補 礁（かくれいわに） |
| エ（目・補） | 克己（こっき） |  克（うちかつ）←目・補 己（に） |
| ア（同じ） | 和睦（わぼく） |  和 ＝同＝ 睦 どちらも「仲良くする」の意。 |
| オ（打消） | 不遜（ふそん） | 不（否定）×←打消 遜（へりくだる） |
| ウ（修飾） | 渉猟（しょうりょう） | 渉（わたり歩いて） 修→猟（をする） |

読み 部首 熟語の構成 四字熟語 対義語・類義語 同音・同訓異字 誤字訂正 漢字と送りがな 書き取り

頻出度 C

# 熟語の構成③

**熟語の構成**のしかたには右の□のようなものがある。次の熟語は□の**ア～オ**のどれに当たるか、**一つ**選び**記号**を答えよ。

☑ **01** 酪農

☑ **02** 伴侶

☑ **03** 旦夕

☑ **04** 把握

☑ **05** 及落

☑ **06** 誓詞

☑ **07** 随意

☑ **08** 不遇

☑ **09** 遡源

☑ **10** 不慮

ア 同じような意味の漢字を重ねたもの（例＝**善良**）

イ 反対または対応の意味を表す字を重ねたもの（例＝**細大**）

ウ 前の字が後ろの字を修飾しているもの（例＝**美談**）

エ 後ろの字が前の字の目的語・補語になっているもの（例＝**点火**）

オ 前の字が後ろの字の意味を打ち消しているもの（例＝**不当**）

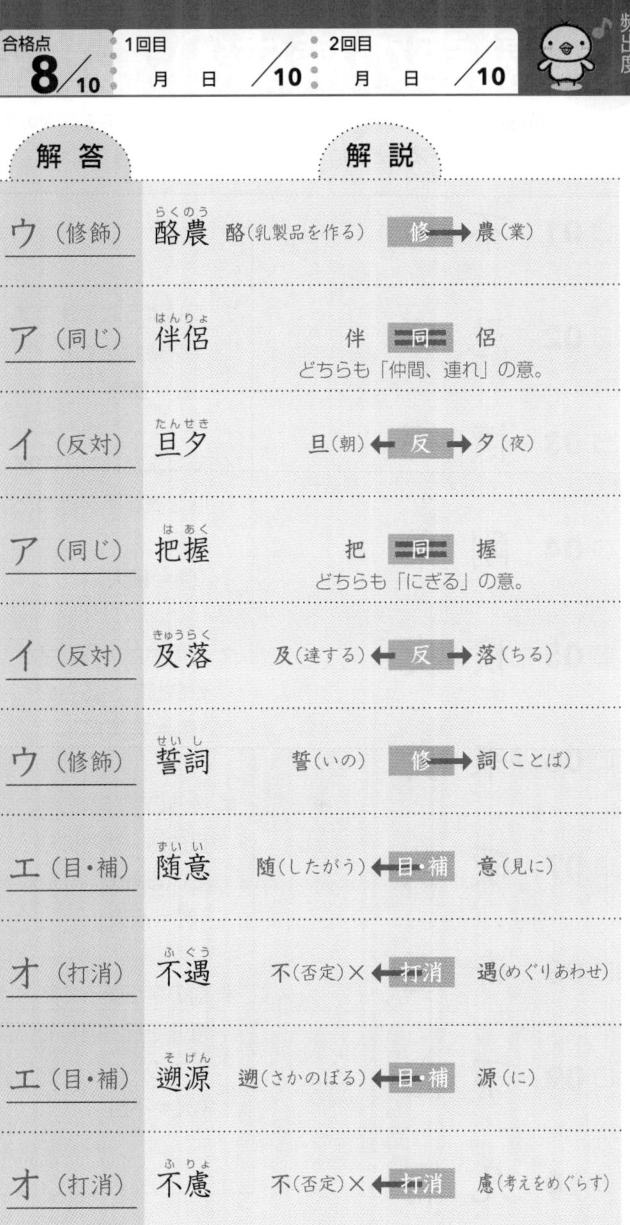

| 解答 | 解説 |
|---|---|
| ウ（修飾） | 酪農（らくのう） 酪（乳製品を作る） 修→ 農（業） |
| ア（同じ） | 伴侶（はんりょ） 伴 ＝同＝ 侶　どちらも「仲間、連れ」の意。 |
| イ（反対） | 旦夕（たんせき） 旦（朝）← 反 → 夕（夜） |
| ア（同じ） | 把握（はあく） 把 ＝同＝ 握　どちらも「にぎる」の意。 |
| イ（反対） | 及落（きゅうらく） 及（達する）← 反 → 落（ちる） |
| ウ（修飾） | 誓詞（せいし） 誓（いの） 修→ 詞（ことば） |
| エ（目・補） | 随意（ずいい） 随（したがう）← 目・補 意（見に） |
| オ（打消） | 不遇（ふぐう） 不（否定）×← 打消 遇（めぐりあわせ） |
| エ（目・補） | 遡源（そげん） 遡（さかのぼる）← 目・補 源（に） |
| オ（打消） | 不慮（ふりょ） 不（否定）×← 打消 慮（考えをめぐらす） |

頻出度 C

# 熟語の構成④

**熟語の構成**のしかたには右の□のようなものがある。次の熟語は□の**ア～オ**のどれに当たるか、**一つ**選び**記号**を答えよ。

☑ **01** 不朽

☑ **02** 愚痴

☑ **03** 懐郷

☑ **04** 剛柔

☑ **05** 検疫

☑ **06** 来賓

☑ **07** 硬軟

☑ **08** 奇遇

☑ **09** 不惑

☑ **10** 凡庸

ア　同じような意味の漢字を重ねたもの（例＝**善良**）

イ　反対または対応の意味を表す字を重ねたもの（例＝**細大**）

ウ　前の字が後ろの字を修飾しているもの（例＝**美談**）

エ　後ろの字が前の字の目的語・補語になっているもの（例＝**点火**）

オ　前の字が後ろの字の意味を打ち消しているもの（例＝**不当**）

| 解答 | | 解説 |
|---|---|---|
| オ（打消） | 不朽（ふきゅう） | 不（否定）× ←打消 朽（ちる） |
| ア（同じ） | 愚痴（ぐち） | 愚 ＝同＝ 痴<br>どちらも「おろか」の意。 |
| エ（目・補） | 懐郷（かいきょう） | 懐（かしむ）←目・補 郷（故郷を） |
| イ（反対） | 剛柔（ごうじゅう） | 剛（かたい）←反→ 柔（らかい） |
| エ（目・補） | 検疫（けんえき） | 検（査する）←目・補 疫（病を） |
| ウ（修飾） | 来賓（らいひん） | 来（られた）修→ 賓（客人） |
| イ（反対） | 硬軟（こうなん） | 硬（い）←反→ 軟（らかい） |
| ウ（修飾） | 奇遇（きぐう） | 奇（めずらしく）修→ 遇（う） |
| オ（打消） | 不惑（ふわく） | 不（否定）× ←打消 惑（う） |
| ア（同じ） | 凡庸（ぼんよう） | 凡 ＝同＝ 庸<br>どちらも「ふつう」の意。 |

頻出度 C

# 四字熟語①

次の**四字熟語**の□に入る適切な語を右上の□の中から選び、**漢字二字**で答えよ。また、**01～10**の**意味**にあてはまるものを11～15から**一つ**選び（　）に**数字**でいれよ（該当しないものは空欄のままでよい）。

☑ **01** 面目□□（　）

☑ **02** □□牛後（　）

☑ **03** 前代□□（　）

☑ **04** 二律□□（　）

☑ **05** □□当千（　）

☑ **06** □□自在（　）

☑ **07** □□満面（　）

☑ **08** 錦上□□（　）

☑ **09** □□湯池（　）

☑ **10** 空空□□（　）

いっき　かんきゅう
きしょく　きんじょう
けいこう　てんか
はいはん　ばくばく
みもん　やくじょ

11 これまで聞いたことがないような変わった出来事。

12 守りが非常に堅固であること。

13 名誉や評価にふさわしい活躍をするさま。

14 人並みはずれた勇者のこと。

15 よいことの上に更によいことが重なること。

| 解答 | 解説 |
| --- | --- |
| 面目躍如（めんもくやくじょ） (13) | いかにもその人らしい、名誉や評価にふさわしい活躍をするさま。 豆「面目」は「めんぼく」とも読む。 |
| 鶏口牛後（けいこうぎゅうご） ( ) | 大きなものの後ろにつくよりは、小さなものの頭になるべきだの意。 |
| 前代未聞（ぜんだいみもん） (11) | これまで聞いたことがないような変わった出来事。 |
| 二律背反（にりつはいはん） ( ) | 矛盾する二つの命題が同等の妥当性をもって主張されること。 |
| 一騎当千（いっきとうせん） (14) | 人並みはずれた勇者のこと。 |
| 緩急自在（かんきゅうじざい） ( ) | 状況に応じて早めたり遅くしたり、厳しくしたりゆるくしたりと自在に操るさま。 |
| 喜色満面（きしょくまんめん） ( ) | 顔いっぱいに喜びの表情が表れていること。 |
| 錦上添花（きんじょうてんか） (15) | よいものや美しいものの上にさらによいもの、美しいものを加えること。 出例「錦上（きんじょう）」も問われる |
| 金城湯池（きんじょうとうち） (12) | 金の城と熱湯をたたえた堀の意から、守りが非常に堅固で、城が侵略されにくいこと。 出例「湯池（とうち）」も問われる |
| 空空漠漠（くうくうばくばく） ( ) | 限りなく広いさま。とりとめのないさま。 出例「空空（くうくう）」も問われる |

頻出度 C

# 四字熟語②

次の**四字熟語**の□に入る適切な語を右上の□の中から選び、**漢字二字**で答えよ。また、**01～10**の**意味**にあてはまるものを11～15から**一つ**選び（　）に**数字**でいれよ（該当しないものは空欄のままでよい）。

☑ **01** □□無稽（　）

☑ **02** 国士□□（　）

☑ **03** 周知□□（　）

☑ **04** 情状□□（　）

☑ **05** 朝令□□（　）

☑ **06** □□空拳（　）

☑ **07** 熱願□□（　）

☑ **08** 報怨□□（　）

☑ **09** □□円蓋（　）

☑ **10** □□虎皮（　）

| | |
|---|---|
| いとく | こうとう |
| しゃくりょう | てってい |
| としゅ | ほうてい |
| ぼかい | むそう |
| ようしつ | れいてい |

11 命令や方針などがすぐに変わり、定まらないこと。

12 身一つで他に頼れるものがないこと。

13 物事がかみあわないたとえ。

14 外見はりっぱだが、実質が伴わないこと。

15 言動に根拠がなく、現実性に欠けること。

| 解答 | 解説 |
|---|---|
| 荒唐無稽（こうとうむけい） (15) | 言動に根拠がなく、現実性に欠けること。 |
| 国士無双（こくしむそう） ( ) | 国内に並ぶ者のないすぐれた人物。「国士」は国内ですぐれた人、「無双」は二つとないの意。 |
| 周知徹底（しゅうちてってい） ( ) | 世間一般、広くすみずみまで知れわたるようにすること。 出例「周知（しゅうち）」も問われる |
| 情状酌量（じょうじょうしゃくりょう） ( ) | 刑事裁判で、犯罪に至った事情の同情すべきところを考慮して、刑罰を軽減すること。 出例「情状（じょうじょう）」も問われる |
| 朝令暮改（ちょうれいぼかい） (11) | 命令や方針などがすぐに変わり、定まらないこと。 |
| 徒手空拳（としゅくうけん） (12) | 何か物事を始めようとするとき、身一つで他に頼れるものがないこと。 出例「空拳（くうけん）」も問われる |
| 熱願冷諦（ねつがんれいてい） ( ) | 熱意をもって願うことと冷静に物事の本質を見極めること。 出例「熱願（ねつがん）」も問われる |
| 報怨以徳（ほうえんいとく） ( ) | 怨みを持っている人にも、徳と愛情をもって接すること。 出例「報怨（ほうえん）」も問われる |
| 方底円蓋（ほうていえんがい） (13) | 意味や物事が食い違い、互いにかみ合わないたとえ。 |
| 羊質虎皮（ようしつこひ） (14) | 外見はりっぱだが、実質が伴わないこと。 |



四字熟語完成で10点配点、意味で5点配点

頻出度 C

# 四字熟語③

次の**四字熟語**の□に入る適切な語を右上の□の中から選び、**漢字二字**で答えよ。また、**01～10の意味**にあてはまるものを11～15から**一つ**選び(　)に**数字**でいれよ(該当しないものは空欄のままでよい)。

☑ **01** 要害□□(　)

☑ **02** □□千里(　)

☑ **03** 率先□□(　)

☑ **04** □□来復(　)

☑ **05** 錦衣□□(　)

☑ **06** □□万紅(　)

☑ **07** 当代□□(　)

☑ **08** 読書□□(　)

☑ **09** □□塞源(　)

☑ **10** 飛花□□(　)

いちよう　ぎょくしょく
けんご　ずいいち
すいはん　せんし
ばっぽん　ひゃっぺん
よくや　らくよう

11 備えのかたいこと。
12 ぜいたくな生活をすること。
13 待ちかねた幸運がやっとめぐりくること。
14 色とりどりの花が咲いていること。
15 今の時代で、数多くある中の第一位であること。

| 解答 | 解説 |
|---|---|
| 要害堅固(ようがいけんご) (11) | 備えのかたいこと。「要害」は地勢が険しく、攻めるのに難しく、守るのにたやすい地。 |
| 沃野千里(よくやせんり) ( ) | 広々としたよく肥えた実りがある平地のこと。<br>出例 「千里(せんり)」も問われる |
| 率先垂範(そっせんすいはん) ( ) | 先頭に立って積極的に行動し、模範を示すこと。「率先」は先に立って行動する、「垂範」は手本を示す。 |
| 一陽来復(いちようらいふく) (13) | 冬が終わって春がやってくること。悪いことや苦しい時期が過ぎて、待ちかねた幸運がやっとめぐりくること。出例 「来復(らいふく)」も問われる |
| 錦衣玉食(きんいぎょくしょく) (12) | ぜいたくな生活をすること。 |
| 千紫万紅(せんしばんこう) (14) | 色とりどりの花が咲いていること。 |
| 当代随一(とうだいずいいち) (15) | 今の時代で、数多くある中の第一位であること。一番。 |
| 読書百遍(どくしょひゃっぺん) ( ) | 難解な文章でも繰り返し読めば意味が自然にわかってくるということ。 |
| 抜本塞源(ばっぽんそくげん) ( ) | 災いのもとになるものを徹底的に取り除くこと。木の根っこを抜き、水源をふさぐ意から。 |
| 飛花落葉(ひからくよう) ( ) | 絶えず移り変わる人の世の無常のたとえ。 |

頻出度 C

# 四字熟語④

次の**四字熟語**の□に入る適切な語を右上の□の中から選び、**漢字二字**で答えよ。また、**01〜10**の**意味**にあてはまるものを11〜15から**一つ**選び(　)に**数字**でいれよ(該当しないものは空欄のままでよい)。

| | |
|---|---|
| あっこう | いちじゅう |
| じゃせつ | しゅうじん |
| しんしん | せんがく |
| びぞく | べんれい |
| めんじゅう | れっぱい |

☐ **01** 優勝□□(　)

☐ **02** 刻苦□□(　)

☐ **03** □□非才(　)

☐ **04** □□一菜(　)

☐ **05** 興味□□(　)

☐ **06** □□環視(　)

☐ **07** □□腹背(　)

☐ **08** 良風□□(　)

☐ **09** □□雑言(　)

☐ **10** 異端□□(　)

11 正統からはずれた意見や立場。

12 非常に粗末な食事のたとえ。

13 力のある者が勝ち、劣っている者が負けること。

14 表面では服従するが、内心では反抗していること。

15 多くの人が見ていること。

| 解答 | 解説 |
|---|---|
| 優勝劣敗(ゆうしょうれっぱい) (13) | 力のある者が勝ち、劣っている者が負けること。 |
| 刻苦勉励(こっくべんれい) ( ) | 非常に苦労して、仕事や勉学に励むこと。 |
| 浅学非才(せんがくひさい) ( ) | 学問や知識が浅く、才能も乏しいこと。 出例 「非才(ひさい)」も問われる |
| 一汁一菜(いちじゅういっさい) (12) | 非常に粗末な食事のたとえ。「菜」は「おかず」の意。 |
| 興味津津(きょうみしんしん) ( ) | 興味が尽きないこと。「津津」は絶えずわき出て、あふれんばかりに多いさま。 |
| 衆人環視(しゅうじんかんし) (15) | 多くの人がまわりを取り囲むようにして見ていること。 |
| 面従腹背(めんじゅうふくはい) (14) | 表面では服従の様子を見せていながら、内心では反抗していること。 出例 「腹背(ふくはい)」も問われる |
| 良風美俗(りょうふうびぞく) ( ) | 非常によい風俗習慣のこと。 出例 「良風(りょうふう)」も問われる |
| 悪口雑言(あっこうぞうごん) ( ) | 口にまかせていろいろな悪口を言うこと。また、その言葉。 出例 「雑言(ぞうごん)」も問われる |
| 異端邪説(いたんじゃせつ) (11) | 正統からはずれた意見や立場。 |



四字熟語完成で10点配点、意味で5点配点

頻出度 C

# 四字熟語⑤

次の**四字熟語**の□に入る適切な語を右上の□の中から選び、**漢字二字**で答えよ。また、**01～10**の**意味**にあてはまるものを11～15から**一つ**選び（　）に**数字**でいれよ（該当しないものは空欄のままでよい）。

| | |
|---|---|
| いかん | かかん |
| かっさつ | けいはく |
| せいこう | せっしょう |
| ぜひ | そうでん |
| そせい | だいかつ |

☑ 01 一子□□（　）

☑ 02 □□自在（　）

☑ 03 □□禁断（　）

☑ 04 進取□□（　）

☑ 05 □□曲直（　）

☑ 06 □□濫造（　）

☑ 07 □□一声（　）

☑ 08 □□千万（　）

☑ 09 □□短小（　）

☑ 10 □□雨読（　）

11 悠々自適の生活を送ること。

12 他の事や人を、自分の思いどおりに扱うこと。

13 大きなひと声でしかりつけること。

14 物事の善悪、正不正のこと。

15 思うようにならず、この上なく残念なさま。

| 解答 | 解説 |
| --- | --- |
| 一子相伝（いっしそうでん）（ ） | 学問や技芸などの奥義を自分の子ども一人だけに伝え、他にはもらさないこと。出例「一子（いっし）」も問われる |
| 活殺自在（かっさつじざい）(12) | 他の事や人を、自分の思いどおりに扱うこと。 |
| 殺生禁断（せっしょうきんだん）（ ） | 生き物を殺すことを禁ずる仏教の慈悲の教え。「殺生」は仏教でいう十悪のひとつ。出例「禁断（きんだん）」も問われる |
| 進取果敢（しんしゅかかん）（ ） | 積極的に事を行い、決断力があり、大胆なさま。 |
| 是非曲直（ぜひきょくちょく）(14) | 物事の善悪、正不正のこと。 |
| 粗製濫造（そせいらんぞう）（ ） | 質が悪くて粗末な品をむやみにたくさん作り出すこと。「濫造」は「乱造」とも書く。 |
| 大喝一声（だいかついっせい）(13) | 大きなひと声でしかりつけること。 |
| 遺憾千万（いかんせんばん）(15) | 思うようにならず、この上なく残念なさま。出例「千万（せんばん）」も問われる |
| 軽薄短小（けいはくたんしょう）（ ） | うすっぺらで中身のないさま。出例「短小（たんしょう）」も問われる |
| 晴耕雨読（せいこううどく）(11) | 悠々自適の生活を送ること。晴れた日は田を耕し、雨の日は読書をする意。出例「雨読（うどく）」も問われる |

四字熟語完成で10点配点、意味で5点配点

頻出度 C

# 四字熟語⑥

次の**四字熟語**の□に入る適切な語を右上の□の中から選び、**漢字二字**で答えよ。また、**01～10**の**意味**にあてはまるものを11～15から**一つ**選び(　)に**数字**でいれよ(該当しないものは空欄のままでよい)。

☑ **01** □□心小(　)

☑ **02** □□不落(　)

☑ **03** □□北馬(　)

☑ **04** 鼓舞□□(　)

☑ **05** □□徒食(　)

☑ **06** □□一新(　)

☑ **07** □□断行(　)

☑ **08** □□自在(　)

☑ **09** □□薄命(　)

☑ **10** 失望□□(　)

かじん　げきれい
じゅくりょ　たんだい
なんこう　なんせん
へんげん　むい
めんもく　らくたん

11 なんの仕事もせず遊び暮らすこと。

12 今までとは違って高い評価を得ること。

13 あちらこちらへ絶えず旅をしていること。

14 美人はとかく薄幸で短命であること。

15 度胸がある上心配りが細やかなこと。

| 解答 | 解説 |
| --- | --- |
| 胆大心小（たんだいしんしょう）(15) | 大胆でありながら、細心の注意を払うこと。 出例「心小（しんしょう）」も問われる |
| 難攻不落（なんこうふらく）( ) | 守りが堅くて攻め落としにくい。転じて、相手がなかなかこちらの思い通りにならないことのたとえ。 出例「不落（ふらく）」も問われる |
| 南船北馬（なんせんほくば）(13) | (南は船で、北は馬で) 絶えずあちこちに旅行すること。 出例「北馬（ほくば）」も問われる |
| 鼓舞激励（こぶげきれい）( ) | 気持ちを奮い立たせて励ますこと。元気づけること。 出例「鼓舞（こぶ）」も問われる |
| 無為徒食（むいとしょく）(11) | なんの仕事もせず遊び暮らすこと。「無為」は何もしない、「徒食」は働かない。 出例「徒食（としょく）」も問われる |
| 面目一新（めんもくいっしん）(12) | 今までとは違って高い評価を得ること。 出例「一新（いっしん）」も問われる 豆「面目」は「めんぼく」とも読む |
| 熟慮断行（じゅくりょだんこう）( ) | 十分に考えた上で思い切って行動すること。 |
| 変幻自在（へんげんじざい）( ) | 思いのままに変化するさま。また変わり身のはやいさま。 |
| 佳人薄命（かじんはくめい）(14) | 美人はとかく薄幸で短命であること。「佳人」は美しい女性のこと。 |
| 失望落胆（しつぼうらくたん）( ) | 希望を失い、がっかりすること。 |

四字熟語完成で10点配点、意味で5点配点

頻出度 C

# 対義語・類義語①

次の01〜05の**対義語**、06〜10の**類義語**を右の□の中から選び、**漢字**で答えよ。□の中の語は一度だけ使うこと。

**対義語**

- ☑ 01 賢明 ↔ □□
- ☑ 02 真実 ↔ □□
- ☑ 03 特殊 ↔ □□
- ☑ 04 寛容 ↔ □□
- ☑ 05 下賜 ↔ □□

**類義語**

- ☑ 06 工事 ＝ □□
- ☑ 07 監禁 ＝ □□
- ☑ 08 翼下 ＝ □□
- ☑ 09 漂泊 ＝ □□
- ☑ 10 困苦 ＝ □□

あんぐ
きょうりょう
きょぎ
けんじょう
さんか
しんさん
ふしん
ふへん
ゆうへい
るろう

| 解答 | 解説 |
|---|---|
| 暗愚(あんぐ) | 賢明(けんめい)：かしこくて適切な処置や判断を下せるさま。<br>暗愚(あんぐ)：物事の道理がわからず、愚かなこと。 |
| 虚偽(きょぎ) | 真実(しんじつ)：うそ、偽りのないこと。<br>虚偽(きょぎ)：いつわって、真実のように見せかけること。 |
| 普遍(ふへん) | 特殊(とくしゅ)：普通と異なること。<br>普遍(ふへん)：すべてのものに共通すること。「遍」は「あまねく、広く行き渡る」意。 |
| 狭量(きょうりょう) | 寛容(かんよう)：人を許し受け入れること。「寛」は「心が広いこと」。<br>狭量(きょうりょう)：人を受け入れる度量がせまいこと。**出例** 寛大(かんだい)↔狭量(きょうりょう) |
| 献上(けんじょう) | 下賜(かし)：身分の低い人に物を与えること。<br>献上(けんじょう)：身分の高い人に物を差し上げること。点数をとられること。 |
| 普請(ふしん) | 工事(こうじ)：土木、建築などの作業。<br>普請(ふしん)：建築工事、土木工事のこと。 |
| 幽閉(ゆうへい) | 監禁(かんきん)：自由に行動できないように閉じ込めること。<br>幽閉(ゆうへい)：とじ込めて逃げられないようにすること。 |
| 傘下(さんか) | 翼下(よくか)：勢力が及ぶ範囲内。飛行機などの翼の下。<br>傘下(さんか)：大きな勢力の支配、統率を受けること。 |
| 流浪(るろう) | 漂泊(ひょうはく)：目的もなくさまよい歩くこと。放浪。<br>流浪(るろう)：あてもなくさすらうこと。放浪。 |
| 辛酸(しんさん) | 困苦(こんく)：困って苦しむこと。<br>辛酸(しんさん)：さまざまの苦労。「辛酸」は辛味と酸味。転じてつらく苦しいこと。 |

頻出度 C

# 対義語・類義語②

次の**01〜05**の**対義語**、**06〜10**の**類義語**を右の□の中から選び、**漢字**で答えよ。□の中の語は一度だけ使うこと。

**対義語**

☑ **01** 答申 ↔ □□

☑ **02** 発病 ↔ □□

☑ **03** 侵害 ↔ □□

☑ **04** 虚弱 ↔ □□

☑ **05** 希薄 ↔ □□

**類義語**

☑ **06** 貧困 ＝ □□

☑ **07** 一掃 ＝ □□

☑ **08** 一瞬 ＝ □□

☑ **09** 遺恨 ＝ □□

☑ **10** 省略 ＝ □□

| |
|---|
| おんねん |
| かつあい |
| がんけん |
| きゅうぼう |
| しもん |
| せつな |
| ちゆ |
| のうこう |
| ふっしょく |
| ようご |

| 解答 | 解説 |
|---|---|
| 諮問（しもん） | 答申（とうしん）：上司や諮問機関からの問いに対して意見を申し述べること。<br>諮問（しもん）：有識者や一定の機関に意見を求めること。 |
| 治癒（ちゆ） | 発病（はつびょう）：病気にかかること。<br>治癒（ちゆ）：病気やけがなおること。 |
| 擁護（ようご） | 侵害（しんがい）：他者の権利などを侵して損なうこと。<br>擁護（ようご）：危害などを加えようとするものから、かばい守ること。 |
| 頑健（がんけん） | 虚弱（きょじゃく）：体が弱く病気がちなこと。<br>頑健（がんけん）：少しくらい無理をしても病気にならないくらい、体がじょうぶなこと。 |
| 濃厚（のうこう） | 希薄（きはく）：密度が薄いこと。<br>濃厚（のうこう）：密度が濃いこと。<br>出例 淡白（たんぱく）↔濃厚（のうこう） |
| 窮乏（きゅうぼう） | 貧困（ひんこん）：生活に困るほど貧しいこと。<br>窮乏（きゅうぼう）：金品が不足して生活に苦しむこと。 |
| 払拭（ふっしょく） | 一掃（いっそう）：残らず取り去ること。一度にはらい去ること。<br>払拭（ふっしょく）：振りはらって、ぬぐい去ること。汚れなどを除いて、きれいにすること。 |
| 刹那（せつな） | 一瞬（いっしゅん）：ほんのわずかな時間。またたく間。<br>刹那（せつな）：非常に短い時間。仏語で時間の最小単位。<br>出例 瞬間（しゅんかん）＝刹那（せつな） |
| 怨念（おんねん） | 遺恨（いこん）：忘れられない深いうらみ。<br>怨念（おんねん）：うらみに思う気持ち。 |
| 割愛（かつあい） | 省略（しょうりゃく）：簡単にするために、一部分をはぶくこと。✕少略<br>割愛（かつあい）：惜しく思いながら省略すること。 |

頻出度 C

# 対義語・類義語③

次の01～05の**対義語**、06～10の**類義語**を右の□の中から選び、**漢字**で答えよ。□の中の語は一度だけ使うこと。

**対義語**

☐ 01 不毛 ↔ □□

☐ 02 飽食 ↔ □□

☐ 03 没落 ↔ □□

☐ 04 陳腐 ↔ □□

☐ 05 緩慢 ↔ □□

**類義語**

☐ 06 寄与 ＝ □□

☐ 07 固執 ＝ □□

☐ 08 学識 ＝ □□

☐ 09 是認 ＝ □□

☐ 10 計略 ＝ □□

きが
こうけん
こうてい
さくぼう
ざんしん
じんそく
ぞうけい
ひよく
ぼくしゅ
ぼっこう

| 解答 | 解説 |
|---|---|
| 肥沃（ひよく） | 不毛（ふもう）：土地がやせて、作物が育たないこと。少しの成果も得られないこと。<br>肥沃（ひよく）：土地がこえていて、作物がよくできること。 |
| 飢餓（きが） | 飽食（ほうしょく）：飽きるほど食べること。食べたいだけ食べられ、食物に不自由しないこと。<br>飢餓（きが）：食べる物がなく、うえること。 |
| 勃興（ぼっこう） | 没落（ぼつらく）：栄えていたものがおちぶれること。<br>勃興（ぼっこう）：急激に勢力が拡大し、栄えること。<br>出例 衰亡（すいぼう）↔勃興（ぼっこう） |
| 斬新（ざんしん） | 陳腐（ちんぷ）：古くさく、ありふれていてつまらないこと。<br>斬新（ざんしん）：発想などが独特で、ひときわ新しいこと。 |
| 迅速（じんそく） | 緩慢（かんまん）：ゆるやかなこと。<br>迅速（じんそく）：きわめてはやいこと。「迅」も「はやい」の意。 |
| 貢献（こうけん） | 寄与（きよ）：力をつくすこと、役立つ何かをすること。<br>貢献（こうけん）：力をつくすこと、役立つ何かをすること。 |
| 墨守（ぼくしゅ） | 固執（こしつ）：自分の意見を曲げないこと。「こしゅう」とも。<br>墨守（ぼくしゅ）：主張などを、かたく守ること。<br>出例 堅持（けんじ）＝墨守（ぼくしゅ） |
| 造詣（ぞうけい） | 学識（がくしき）：学問と知識。<br>造詣（ぞうけい）：学問や技芸などについての広い知識。 |
| 肯定（こうてい） | 是認（ぜにん）：よいと認めること。<br>肯定（こうてい）：事柄や意見などがそのとおりであると認めること。 |
| 策謀（さくぼう） | 計略（けいりゃく）：はかりごと。<br>策謀（さくぼう）：はかりごとを考えること。 |

頻出度 C

# 対義語・類義語④

次の01～05の**対義語**、06～10の**類義語**を右の□の中から選び、**漢字**で答えよ。□の中の語は一度だけ使うこと。

**対義語**

☑ 01 末端 ↔ □□

☑ 02 過激 ↔ □□

☑ 03 理論 ↔ □□

☑ 04 総合 ↔ □□

☑ 05 蓄積 ↔ □□

**類義語**

☑ 06 尽力 ＝ □□

☑ 07 歴史 ＝ □□

☑ 08 筋道 ＝ □□

☑ 09 心配 ＝ □□

☑ 10 全治 ＝ □□

えんかく
おんけん
かいゆ
じっせん
しょうもう
ちゅうすう
ぶんせき
ほんそう
みゃくらく
ゆうりょ

| 解答 | 解説 |
|---|---|
| 中枢（ちゅうすう） | 末端（まったん）：最も端の部分。下部組織。<br>中枢（ちゅうすう）：物事の中心にあって大事な役割を果たす部分。 |
| 穏健（おんけん） | 過激（かげき）：度を越して激しいこと。<br>穏健（おんけん）：言動や考え方が穏やかで落ち着いていること。 |
| 実践（じっせん） | 理論（りろん）：個々の現象を統一的に説明するため、筋道を立てて組み立てられた体系的知識。<br>実践（じっせん）：実際に行うこと。 |
| 分析（ぶんせき） | 総合（そうごう）：別々のものを一つにまとめること。<br>分析（ぶんせき）：複雑な事象を分解して全体の構成を究明すること。 |
| 消耗（しょうもう） | 蓄積（ちくせき）：何かに備えて蓄えておくこと。<br>消耗（しょうもう）：たくさんあった物を使い減らすこと。 |
| 奔走（ほんそう） | 尽力（じんりょく）：物事がうまくいくように力を尽くすこと。<br>奔走（ほんそう）：物事がうまくいくように走り回ること。 |
| 沿革（えんかく） | 歴史（れきし）：人間社会が今まで経てきた年月の記録。<br>沿革（えんかく）：時間や時代に伴う移り変わり。今日までの歴史。 出例 推移（すいい）＝沿革（えんかく） |
| 脈絡（みゃくらく） | 筋道（すじみち）：物事の道理。物事を行うときの正しい順番。<br>脈絡（みゃくらく）：物事のつながり。筋道。 |
| 憂慮（ゆうりょ） | 心配（しんぱい）：何か起こらないかと気にかけること。<br>憂慮（ゆうりょ）：心配すること。不安に思うこと。 |
| 快癒（かいゆ） | 全治（ぜんち）：病気が完全になおること。<br>快癒（かいゆ）：病気が完全になおること。<br>出例 本復（ほんぷく）＝快癒（かいゆ） |

頻出度 C

# 対義語・類義語⑤

次の**01〜05**の**対義語**、**06〜10**の**類義語**を右の□の中から選び、**漢字**で答えよ。□の中の語は一度だけ使うこと。

**対義語**

- ☑ **01** 詳細 ↔ □□
- ☑ **02** 虚弱 ↔ □□
- ☑ **03** 不足 ↔ □□
- ☑ **04** 冗漫 ↔ □□
- ☑ **05** 召還 ↔ □□

**類義語**

- ☑ **06** 猛者 ＝ □□
- ☑ **07** 平穏 ＝ □□
- ☑ **08** 処罰 ＝ □□
- ☑ **09** 献上 ＝ □□
- ☑ **10** 親密 ＝ □□

| |
|---|
| あんたい |
| がいりゃく |
| かじょう |
| かんけつ |
| きょうそう |
| きんてい |
| ごうけつ |
| こんい |
| ちょうかい |
| はけん |

| 解答 | 解説 |
|---|---|
| 概略 | 詳細：詳しく、細かいこと。<br>概略：細かいところを省いた大体のところ。「概」は「おおよそ、あらまし」。出例 委細↔概略 |
| 強壮 | 虚弱：体が弱く病気がちなこと。<br>強壮：体が健康で強いこと。 |
| 過剰 | 不足：たりないこと。<br>過剰：必要十分な程度をさらに超えていること。 |
| 簡潔 | 冗漫：表現に無駄が多く、締まりのないさま。<br>簡潔：表現が簡単で、要領を得ているさま。 |
| 派遣 | 召還：呼び戻すこと。<br>派遣：仕事や用向きなどで人を行かせること。 |
| 豪傑 | 猛者：力に優れた勇猛な人。<br>豪傑：強さとたくましさがあり、大胆に行動する人。 |
| 安泰 | 平穏：何事もなく、おだやかなこと。<br>安泰：無事で不安要素がないさま。<br>出例 無事＝安泰 |
| 懲戒 | 処罰：罪に対して罰を与えること。<br>懲戒：規則違反や不正行為に対して、制裁を加えること。 |
| 謹呈 | 献上：身分の高い人に物を差し上げること。点数をとられること。<br>謹呈：つつしんで差し上げること。贈り物をするときに用いる語。 |
| 懇意 | 親密：きわめて親しい間柄。<br>懇意：親しくつき合っていること。遠慮のいらない間柄であること。 |

頻出度 C

# 同音・同訓異字①

次の＿＿線の**カタカナ**を**漢字**に直せ。

☑ 01　国王にエッケンする。

☑ 02　エッケン行為は固く禁ずる。

☑ 03　夏場はカイキンシャツで出かける。

☑ 04　校長先生からカイキンを授与された。

☑ 05　カンセイ官の指示に従って着陸する。

☑ 06　カンセイな住宅地に住む。

☑ 07　シュコウを凝らして賓客をもてなす。

☑ 08　問いかけに対してシュコウする。

☑ 09　夜更かしは体にサワる。

☑ 10　壊さないようにそっとサワる。

| 解答 | 解説 |
| --- | --- |
| 謁見（えっけん） | 謁見（えっけん）：身分の高い人にお目にかかること。 |
| 越権（えっけん） | 越権（えっけん）：定められた権限を越えること。 |
| 開襟（かいきん） | 開襟（かいきん）：襟が開かれていること。<br>出例 解禁（かいきん） |
| 皆勤（かいきん） | 皆勤（かいきん）：一定期間、休日以外は休まずに出勤などをすること。 |
| 管制（かんせい） | 管制（かんせい）：航空事故防止のため離着陸の指示をすること。 |
| 閑静（かんせい） | 閑静（かんせい）：ものしずかなさま。 |
| 趣向（しゅこう） | 趣向（しゅこう）：面白みが出るような工夫をすること。また、その工夫。おもむき。 |
| 首肯（しゅこう） | 首肯（しゅこう）：認めてうなずくこと。承知すること。 |
| 障（さわ）る | 障（さわ）る：差しつかえる、病気になるなど好ましくない影響があること。 |
| 触（さわ）る | 触（さわ）る：何かに手で接すること。 |

頻出度
C

# 同音・同訓異字②

次の＿＿線の**カタカナ**を**漢字**に直せ。

☐ **01**　曽祖父はソウレツな戦死を遂げた。

☐ **02**　元大統領のソウレツを見送る。

☐ **03**　雑誌のケンショウに応募する。

☐ **04**　交通事故のケンショウに立ち合う。

☐ **05**　コショウの生態系を保護する。

☐ **06**　友人をあだ名でコショウする。

☐ **07**　現場には犯人のシモンが残っている。

☐ **08**　大統領のシモンに答える。

☐ **09**　心を静めて矢をイる。

☐ **10**　記念の金貨をイる。

| 解答 | 解説 |
|---|---|
| 壮烈（そうれつ） | 壮烈（そうれつ）：勇ましくてりっぱなこと。意気盛んで激しいこと。 |
| 葬列（そうれつ） | 葬列（そうれつ）：葬式の行列のこと。 |
| 懸賞（けんしょう） | 懸賞（けんしょう）：クイズの正解者やすぐれた作品の作者などに金品を提供すること。<br>出例 健勝（けんしょう）／憲章（けんしょう） |
| 検証（けんしょう） | 検証（けんしょう）：実際に試験などをして事実を確認すること。 |
| 湖沼（こしょう） | 湖沼（こしょう）：みずうみと、ぬま。<br>出例 故障（こしょう） |
| 呼称（こしょう） | 呼称（こしょう）：名前をつけてよぶこと、その名前。 |
| 指紋（しもん） | 指紋（しもん）：指先の内側にある皮膚の紋様。人によって異なり、一生変わらない。 |
| 諮問（しもん） | 諮問（しもん）：専門的見解を有識者などに尋ねること。<br>対義語 答申（とうしん） |
| 射る（い） | 射る（い）：引きしぼった弓から的をめがけて矢を放つこと。<br>出例 煎る（い）／居る（い） |
| 鋳る（い） | 鋳る（い）：溶かした金属を型に入れて物をつくること。 |

頻出度 C

# 同音・同訓異字③

次の＿＿線の**カタカナ**を**漢字**に直せ。

☑ **01** 細かい作業で力のカゲンが難しい。

☑ **02** カゲンの月が空にかかる。

☑ **03** ヘイコウ感覚を失わない。

☑ **04** 母の長広舌にはヘイコウする。

☑ **05** 大臣がイカンの意を示す。

☑ **06** 権限を外部組織にイカンする。

☑ **07** 判決に納得いかずコウソした。

☑ **08** コウソは食べ物の消化や吸収を助ける。

☑ **09** 部屋のスミにテレビを置く。

☑ **10** スミをすって書き初めの準備をする。

| 解答 | 解説 |
|---|---|
| 加減（かげん） | 加減：程よく調節すること、また、程よく調節された状態。<br>出例 下限（かげん） |
| 下弦（かげん） | 下弦：満月から次の新月に至る中間の、月の入り時に弦が下方に見える半月。 |
| 平衡（へいこう） | 平衡：つりあいがとれること。 |
| 閉口（へいこう） | 閉口：困り果てること。「長広舌（ちょうこうぜつ）」は「長々としたおしゃべり」。 |
| 遺憾（いかん） | 遺憾：思ったようにいかず残念であること。<br>出例 偉観（いかん） |
| 移管（いかん） | 移管：管轄や管理を他へうつすこと。 |
| 控訴（こうそ） | 控訴：裁判での結果を不服として上級裁判所へ再審査を願うこと。 |
| 酵素（こうそ） | 酵素：生物の細胞内で作られ、化学反応を促進するタンパク質。 |
| 隅（すみ） | 隅：角の内側、中央ではない部分。 |
| 墨（すみ） | 墨：上質のすすを膠（にかわ）で直方体状に練り固めたもの。それをすって書画を書く。 |

頻出度 C

# 同音・同訓異字④

次の＿＿線のカタカナを漢字に直せ。

☑ 01 コウリョウとした風景が広がっていた。

☑ 02 飲料にコウリョウを添加する。

☑ 03 大使館でサショウを発行してもらう。

☑ 04 著名人の経歴サショウが判明した。

☑ 05 部署間の調整のためホンソウする。

☑ 06 前社長のホンソウが営まれた。

☑ 07 親友がキュウセイしたとの連絡を受ける。

☑ 08 母のキュウセイを名乗る。

☑ 09 公園でツんだ花で花輪を作った。

☑ 10 目のツんだセーターを買った。

| 解答 | 解説 |
| --- | --- |
| 荒涼（こうりょう） | 荒涼（こうりょう）：荒れ果ててもの寂しいこと。漠然として要領を得ないこと。<br>出例 綱領（こうりょう） |
| 香料（こうりょう） | 香料（こうりょう）：食品や化粧品に芳香を加える物質。 |
| 査証（さしょう） | 査証（さしょう）：ビザ。調べて、証明すること。 |
| 詐称（さしょう） | 詐称（さしょう）：偽りをしょうすること。 |
| 奔走（ほんそう） | 奔走（ほんそう）：物事がうまくいくようにあちこちを行き来して努力すること。 |
| 本葬（ほんそう） | 本葬（ほんそう）：正式に行う葬式のこと。 |
| 急逝（きゅうせい） | 急逝（きゅうせい）：突然死ぬこと。急死。 |
| 旧姓（きゅうせい） | 旧姓（きゅうせい）：元の姓。結婚などで変わる前の姓。 |
| 摘（つ）んだ | 摘（つ）む：指先やつめの先などではさみ取る。はさみなどで切り取る。<br>出例 継（つ）ぐ／次（つ）ぐ／積（つ）む |
| 詰（つ）んだ | 詰（つ）む：布などの目が細かい。将棋で、王の逃げ場がなくなる。行き詰まる。 |

頻出度 C

# 誤字訂正①

次の各文にまちがって使われている**同じ読みの漢字**が**一字**ある。**誤字**と**正しい漢字**を答えよ。

☐ **01** 旧友との待ち合わせ時間にまだ悠予があるため近くにある喫茶店で時間を潰した。

☐ **02** 高校の文化祭でクラス一丸となって演劇を行い拍手活采を浴びた経験から劇団員となった。

☐ **03** 食糧不足により危餓に苦しむ子供達を助けるため降水量の少ない荒地でも育つ作物を研究している。

☐ **04** 紙幣の擬造を題材とした推理小説に出てきた手法が詳細であったため著者が警察から呼び出しを受けた。

☐ **05** 近親者を装って指定した口座に金を振り込ませる差欺事件が続発し、警察や金融機関で注意を呼びかけている。

☐ **06** 劇的な効果のある新薬の承認のため海外で実試された臨床試験の結果を参考に国内で治験を行うこととなった。

☐ **07** 外出中に顔が火照り、立ちくらみがしたので病院へ行くと、熱中症の初期症状であるとの医師の審断が下った。

☐ **08** 全世界の気象状況を分積し地球の温暖化による影響を詳しく調べた。

☐ **09** 登山の最中に頂上付近で粘挫してしまい山小屋にある山岳診療所で医師に手当をしてもらった。

☐ **10** 棒大な時間をかけて自然に作られた世界の絶景を載せた写真集がベストセラーとなった。

| 解答 | 解説 |
| --- | --- |
| 悠➡猶 | 猶予（ゆうよ）：決められている日時を先に延ばすこと。 |
| 活➡喝 | 喝采（かっさい）：やんやとほめはやす声のこと。 |
| 危➡飢 | 飢餓（きが）：食べる物がなく、飢えること。 |
| 擬➡偽 | 偽造（ぎぞう）：にせ物を造ること。 |
| 差➡詐 | 詐欺（さぎ）：だまして損害を与えること。 |
| 試➡施 | 実施（じっし）：計画などを実際に行うこと。 |
| 審➡診 | 診断（しんだん）：医師が患者を診察し、病状、健康状態などを判断すること。 |
| 積➡析 | 分析（ぶんせき）：複雑な事象を分解して全体の構成を究明すること。 |
| 粘➡捻 | 捻挫（ねんざ）：関節をねじりくじくこと。 |
| 棒➡膨 | 膨大（ぼうだい）：ふくれて大きくなること。量や規模が大きいさま。 |

頻出度 C

# 漢字と送りがな①

次の＿＿線の**カタカナ**を**漢字一字**と**送りがな**（**ひらがな**）に直せ。　質問にコタエル。 答える

☑ **01** 事故による損害をツグナウ。

☑ **02** カシコイ世渡りをする。

☑ **03** 友人を救えなかったことをクイル。

☑ **04** 着替えをイヤガル子供を説得する。

☑ **05** 七色の虹にイロドラレル。

☑ **06** スッパイ味のするスープだ。

☑ **07** 強豪校の連覇をハバム。

☑ **08** 富のカタヨリが問題だ。

☑ **09** 作業のサマタゲにならないようにする。

☑ **10** 子供と一緒に風船をフクラマせる。

| 解答 | 解説 |
|---|---|
| 償う | 償う：金品で損失を埋め合わせる。金品や行為、労役などで犯した罪を埋め合わせる。 |
| 賢い | 賢い：要領がいい。利口である。<br>音読 ケン㊥ |
| 悔いる | 悔いる：自分の行った行動に対し、後になって間違いに気づき反省すること。<br>出例 悔しい |
| 嫌がる | 嫌がる：きらう、いやだという気持ちを外に表す。<br>出例 嫌い／嫌う |
| 彩られる | 彩る：色をつける。取り合わせて飾る。<br>音読 サイ㊥ |
| 酸っぱい | 酸っぱい：酸味がある。<br>音読 サン㊥ |
| 阻む | 阻む：先へ進もうとするのを邪魔する。人の行為をさまたげる。 |
| 偏り | 偏る：均衡を欠く。ある方向に傾く。<br>豆「遍」は字形が似ているが「広くゆきわたる」の意 |
| 妨げ | 妨げる：妨げること。妨げているもの。じゃま。 |
| 膨らま | 膨らむ：物が丸みをもって大きくなること。また、思いや希望が大きくなること。 |

頻出度 C

# 漢字と送りがな②

次の＿＿線の**カタカナ**を**漢字一字**と**送りがな**（**ひらがな**）に直せ。　質問にコタエル。答える

☑ **01** 水筒からお茶がモレテいた。

☑ **02** 記念式典をモヨオス。

☑ **03** 剣道で心身をキタエル。

☑ **04** ナメラカな口調で話す。

☑ **05** 研究者となった時の初志をツラヌク。

☑ **06** 昼下がりの公園でイコウ。

☑ **07** 破れた屋根をツクロウ。

☑ **08** 努力をオコタッタ結果、惨敗した。

☑ **09** 緑シタタル季節となった。

☑ **10** 上座につくようウナガス。

| 解答 | 解説 |
|---|---|
| 漏(も)れて | 漏(も)れる：すき間から外へ出る。秘密などが知れる。**出例** 漏(も)らす　豆 同じ意味の「洩れる」は準1級用漢字 |
| 催(もよお)す | 催(もよお)す：行事などを行う。ある気持ちにさせる。かきたてる。<br>✖ 催おす |
| 鍛(きた)える | 鍛(きた)える：心身を訓練して強くする。金属などを強くする。 |
| 滑(なめ)らか | 滑(なめ)らか：よどみなくしゃべるさま。凹凸がなく、すべすべしているさま。<br>**出例** 滑(すべ)る　✖ 滑か |
| 貫(つらぬ)く | 貫(つらぬ)く：考えなどを変えずに保ち続ける。突き通す。最後までやり抜く。 |
| 憩(いこ)う | 憩(いこ)う：休む。ゆったり休息する。<br>**音読** ケイ㊥ |
| 繕(つくろ)う | 繕(つくろ)う：衣服などを補修する。その場をとりなす。<br>✖ 繕ろう |
| 怠(おこた)った | 怠(おこた)る：行わなければならないことをなまけ心のためにやらないでいること。<br>**出例** 怠(なま)ける |
| 滴(したた)る | 滴(したた)る：しずくとなって下へ落ちる。あふれそうに満ちている。<br>✖ 滴たる |
| 促(うなが)す | 促(うなが)す：早くするように仕向ける。速やかに進むようにする。<br>✖ 促がす |

# 漢字と送りがな③

次の＿＿線のカタカナを**漢字一字**と**送りがな（ひらがな）**に直せ。　質問にコタエル。［答える］

☐ 01 ついに目的をトゲル。

☐ 02 靴をミガイてきれいにする。

☐ 03 テラスでオダヤカな午後を過ごす。

☐ 04 野球大会で校旗をカカゲテ行進する。

☐ 05 昼食をタズサエテ行く。

☐ 06 弟の機嫌をソコネテしまった。

☐ 07 キンモクセイのカンバシイ香りがした。

☐ 08 勉強にすっかりアキテしまった。

☐ 09 姉は北海道へトツイダ。

☐ 10 ドアに指をハサマレタ。

| 解答 | 解説 |
|---|---|
| 遂(と)げる | 遂(と)げる：目的を達成する。そのような結果になる。 |
| 磨(みが)い | 磨(みが)く：表面をこすってきれいにする。努力してさらに上達させる。 |
| 穏(おだ)やか | 穏(おだ)やか：安らか。静かで落ちついているさま。 |
| 掲(かか)げて | 掲(かか)げる：手に持って高く上げる。高い所に上げる。 |
| 携(たずさ)えて | 携(たずさ)える：身につけて持つ。手に持つ。伴う。<br>出例 携(たずさ)わる |
| 損(そこ)ねて | 損(そこ)ねる：健康や気分などを悪くする。また、失敗する。<br>出例 損(そこ)なう |
| 芳(かんば)しい | 芳(かんば)しい：よいにおいが強くする。こうばしい。 |
| 飽(あ)きて | 飽(あ)きる：同じことが何度も重なり、続けるのがいやになる。満ち足りて、それ以上はほしくなくなる。出例 飽(あ)かす |
| 嫁(とつ)いだ | 嫁(とつ)ぐ：嫁に行く。<br>音読 カ㊂ |
| 挟(はさ)まれた | 挟(はさ)まる：物と物の間に位置していること。<br>音読 キョウ㊂ |

頻出度 C

# 書き取り①

次の＿＿線のカタカナを漢字に直せ。

☑ 01 以前起きた事件にコクジしている。

☑ 02 裁判でコクビャクをつける。

☑ 03 書籍の巻末にサクインを設ける。

☑ 04 レイセツを欠いた言動が多い。

☑ 05 漫画界にセンプウを巻き起こす。

☑ 06 飛行機のトウジョウ手続きを行う。

☑ 07 熱が出て体がホテる。

☑ 08 平和のイシズエを築く。

☑ 09 春のキザしが感じられる。

☑ 10 白菜をシオヅけにする。

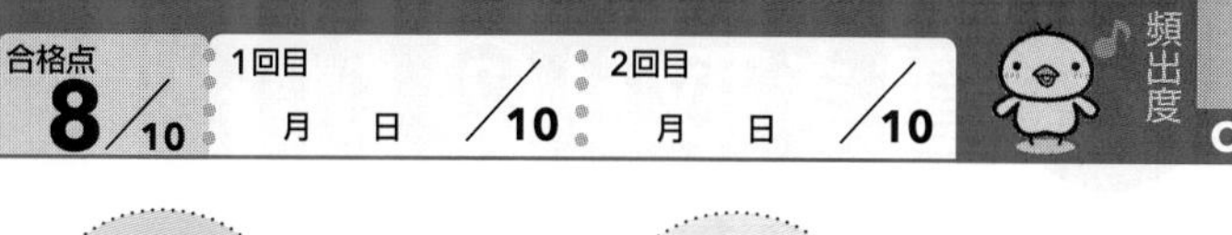


| 解答 | 解説 |
| --- | --- |
| 酷似（こくじ） | 酷似（こくじ）：非常によく似ていること。そっくりなこと。<br>出例 酷使（こくし）／酷評（こくひょう） |
| 黒白（こくびゃく） | 黒白（こくびゃく）：善と悪、是と非。黒い色と白い色。 |
| 索引（さくいん） | 索引（さくいん）：書物の中の事項などを一定の順序で配列し、探しやすくしたもの。 |
| 礼節（れいせつ） | 礼節（れいせつ）：礼儀と節度。<br>出例 節（ふし） |
| 旋風（せんぷう） | 旋風（せんぷう）：突発的な強い風。つむじ風。<br>出例 旋盤（せんばん）／旋律（せんりつ） |
| 搭乗（とうじょう） | 搭乗（とうじょう）：航空機や船、列車などに乗り込むこと。<br>出例 搭載（とうさい） |
| 火照る（ほてる） | 火照る（ほてる）：熱く感じること。 |
| 礎（いしずえ） | 礎（いしずえ）：基礎になる大切なもの。建物における土台石のような大切な事柄。<br>出例 礎石（そせき）／基礎（きそ） |
| 兆し（きざし） | 兆し（きざし）：物事がそうなることの前触れ、しるし。 |
| 塩漬け（しおづけ） | 塩漬け（しおづけ）：野菜や魚などを多量の塩で漬けて長期保存が可能なようにすること。<br>出例 茶漬け（ちゃづけ）／漬ける（つける） |

頻出度 **C**

# 書き取り②

次の＿＿線の**カタカナ**を**漢字**に直せ。

☑ **01** ドウサツ力に優れた人だ。

☑ **02** 努力はスイホウに帰した。

☑ **03** 辞書のハンレイを確認する。

☑ **04** 教務課にリシュウ届けを提出する。

☑ **05** 社会的弱者がサクシュされ続ける。

☑ **06** 両者の反則はソウサイされる。

☑ **07** 兵士たちが戦地へオモムく。

☑ **08** 泣きっツラに蜂。

☑ **09** 子供に道理をサトす。

☑ **10** 職場でマカナい料理を食べる。

| 解答 | 解説 |
|---|---|
| 洞察（どうさつ） | 洞察：物事の本質を見抜くこと。<br>出例 洞穴（どうけつ）／洞穴（ほらあな） |
| 水泡（すいほう） | 水泡：水でできた泡のこと。「水泡に帰す」は努力が無駄になってしまうこと。<br>出例 発泡（はっぽう）／泡（あわ） |
| 凡例（はんれい） | 凡例：本の編集方針や使い方などを箇条書きにまとめた部分。 |
| 履修（りしゅう） | 履修：大学などの授業を受けること。<br>出例 履歴（りれき）／履（は）く |
| 搾取（さくしゅ） | 搾取：低賃金で働かせ、利益を独占すること。 |
| 相殺（そうさい） | 相殺：差し引きして帳消しにすること。<br>出例 殺生（せっしょう） |
| 赴（おもむ）く | 赴く：ある方向や場所に向かって行く。ある状態に向かう。 |
| 面（つら） | 面：「顔」の乱暴な言い方。「泣きっ面に蜂」は弱ったときに不運が重なること。<br>出例 外面（そとづら） |
| 諭（さと）す | 諭す：よくわかるように話して教える。<br>出例 諭旨（ゆし） |
| 賄（まかな）い | 賄う：人手などを用意する。食事を出す。切り盛りする。 |

読み　部首　熟語の構成　四字熟語　対義語・類義語　同音・同訓異字　誤字訂正　漢字と送りがな　書き取り

頻出度 C

# 書き取り③

次の＿＿線のカタカナを**漢字**に直せ。

☑ **01** 三大シッペイの死亡率を調べる。

☑ **02** 美しいレイジョウと婚約する。

☑ **03** サセンの憂き目にあった。

☑ **04** 国王のショウゾウ画を描く。

☑ **05** 禅寺でダンジキを体験する。

☑ **06** 手のコウで口を拭った。

☑ **07** パンにバターをヌる。

☑ **08** メキきの店主が選んだ一級品の器だ。

☑ **09** 激しいタツマキが起こった。

☑ **10** オロかな行為だと批判する。

| 解答 | 解説 |
|---|---|
| 疾病（しっぺい） | 疾病（しっぺい）：病気のこと。<br>出例 疾走（しっそう） |
| 令嬢（れいじょう） | 令嬢（れいじょう）：他人の娘を敬って言う語。 |
| 左遷（させん） | 左遷（させん）：より低い役職や地位に転任させられること。<br>出例 遷都（せんと）／変遷（へんせん） |
| 肖像（しょうぞう） | 肖像（しょうぞう）：人物の顔や姿を模した絵や写真のこと。「肖」には「似ている、似せる」の意味がある。 |
| 断食（だんじき） | 断食（だんじき）：修行や主義、主張のために食べることをたつこと。<br>出例 果断（かだん） |
| 甲（こう） | 甲（こう）：物の表面を覆う固い部分のこと。<br>出例 甲乙（こうおつ）／甲板（かんぱん）／甲高い（かんだかい） |
| 塗る（ぬる） | 塗る（ぬる）：表面に液状などの物質をこするようにつける。<br>出例 上塗り（うわぬり）／塗装（とそう）／塗料（とりょう） |
| 目利き（めきき） | 目利き（めきき）：書画や刀剣などの真偽や善し悪しを見分けること、その人。<br>出例 利く（きく） |
| 竜巻（たつまき） | 竜巻（たつまき）：空気が激しく渦をまく現象。<br>出例 登竜門（とうりゅうもん）／恐竜（きょうりゅう） |
| 愚か（おろか） | 愚か（おろか）：頭の働きが鈍いさま。考えが十分でないさま。ばかげているさま。<br>出例 愚直（ぐちょく） |

頻出度 C

# 書き取り④

次の＿＿線のカタカナを漢字に直せ。

☑ **01** 試合の途中でキケンする。

☑ **02** 六日のあやめ十日のキク。

☑ **03** コドクを感じるときがある。

☑ **04** 定年後もショクタク社員として働く。

☑ **05** ホンポウ初公開の洋画を見る。

☑ **06** 繰り返し注意をカンキした。

☑ **07** 抽選に当選したムネを伝える。

☑ **08** 除夜のカネを聞く。

☑ **09** 最後までネバり強く戦う。

☑ **10** かがり火のホノオが美しい。

| 解答 | 解説 |
|---|---|
| 棄権（きけん） | 棄権（きけん）：権利をすてて使わないこと。<br>出例 破棄（はき）／投棄（とうき） |
| 菊（きく） | 菊（きく）：キク科の多年草。「六日のあやめ十日の菊」は時機を過ぎてしまい役に立たないことのたとえ。出例 白菊（しらぎく） |
| 孤独（こどく） | 孤独（こどく）：ひとりぼっちであること。<br>出例 孤島（ことう） |
| 嘱託（しょくたく） | 嘱託（しょくたく）：仕事を依頼して任せること。 |
| 本邦（ほんぽう） | 本邦（ほんぽう）：この国。<br>出例 連邦（れんぽう） |
| 喚起（かんき） | 喚起（かんき）：呼び起こすこと。「喚」は「大声で呼ぶ」意。<br>✕ 換起 |
| 旨（むね） | 旨（むね）：そのことの主な点。趣意。<br>出例 論旨（ろんし） |
| 鐘（かね） | 鐘（かね）：お寺のつりがねのこと。「除夜」はおおみそかの夜。<br>出例 警鐘（けいしょう）　✕ 鉦（常用外）は楽器 |
| 粘り（ねば） | 粘（ねば）る：やわらかくて他の物にくっつきやすく、よく伸びること。「粘り強く」は途中であきらめずにやり通すこと。出例 粘土（ねんど）／粘膜（ねんまく） |
| 炎（ほのお） | 炎（ほのお）：可燃性の気体が燃える時に発する光と熱のこと。「火の穂」からきた言葉。激しい感情のたとえとしても使われる。 |

頻出度 C

# 書き取り⑤

次の＿＿線のカタカナを漢字に直せ。

☑ 01　センタク物を庭に干す。

☑ 02　海岸にクジラがヒョウチャクした。

☑ 03　他のツイズイを許さない性能だ。

☑ 04　未解決事件のソウサを行う。

☑ 05　アユのチギョを川に放流する。

☑ 06　人気の自己ケイハツ本を読む。

☑ 07　謀叛のクワダてが暴露された。

☑ 08　強盗が店員をオドして金品を奪った。

☑ 09　旧正月にマユ玉を飾る。

☑ 10　ジムで体をキタえる。

| 解答 | 解説 |
|---|---|
| 洗濯（せんたく） | 洗濯：衣類などを洗ってきれいにし、乾かすこと。 |
| 漂着（ひょうちゃく） | 漂着：海上をただよい、目的地ではないところへ流されること。<br>出例 漂う |
| 追随（ついずい） | 追随：後につき従うこと。<br>出例 随時 |
| 捜査（そうさ） | 捜査：さがして、調べること。<br>出例 捜索 |
| 稚魚（ちぎょ） | 稚魚：卵からかえって間もない魚。<br>出例 幼稚 |
| 啓発（けいはつ） | 啓発：人々の気がつかないような物事について教え、理解を深めさせること。<br>出例 拝啓 |
| 企て（くわだ） | 企てる：計画を立てる、実行しようとする。 |
| 脅して（おど） | 脅す：恐れさせる。こわがらせる。 |
| 繭（まゆ） | 繭：かいこなどがさなぎになる時に作るもの。「繭玉」は柳などの枝にまゆの形に餅をくっつけた小正月の飾り物。 |
| 鍛える（きた） | 鍛える：厳しい練習を行い技術や心身をしっかりしたものにすること。金属を火にかけたり水につけたりして強くすること。 |

頻出度 C

# 書き取り⑥

次の＿＿線の**カタカナ**を**漢字**に直せ。

☐ **01** 社会フクシの専門職を目指す。

☐ **02** トクシュ車両を運転する。

☐ **03** スイソウに水草を植える。

☐ **04** 祝日に国旗をケイヨウする。

☐ **05** 現場はサツバツとした雰囲気だ。

☐ **06** 経理のチョウボをそろえる。

☐ **07** 雪山をスキーでスベった。

☐ **08** オペラ歌手の美しい歌声にヨう。

☐ **09** 誇りをケガされたと憤る。

☐ **10** 自らが中心となり会社のモトイを築く。

| 解答 | 解説 |
|---|---|
| 福祉(ふくし) | 福祉(ふくし)：幸福、充足した生活環境。特に公的な社会制度による幸福。「祉」も「幸い」の意。 |
| 特殊(とくしゅ) | 特殊(とくしゅ)：他の同種のものとは異なっていること。 出例 殊更(ことさら) |
| 水槽(すいそう) | 水槽(すいそう)：水を貯えておく方形の容器。 出例 浴槽(よくそう) |
| 掲揚(けいよう) | 掲揚(けいよう)：旗などを高い場所にかかげること。 出例 掲示(けいじ)／掲(かか)げる |
| 殺伐(さつばつ) | 殺伐(さつばつ)：殺気が感じられる様子。温かみが感じられない様子。 出例 征伐(せいばつ) |
| 帳簿(ちょうぼ) | 帳簿(ちょうぼ)：金銭の収支や物品の出入を記入する帳面。「帳」も「簿」も「帳面」の意。 出例 名簿(めいぼ) |
| 滑(すべ)った | 滑(すべ)る：物の表面をなめらかに移動する。なめらかなものの上で、自然に動いてしまう。思わず余計なことを言う。 出例 滑落(かつらく)／円滑(えんかつ) |
| 酔(よ)う | 酔(よ)う：雰囲気に引き込まれうっとりする。アルコールを摂取して、正常な判断ができなくなる。 |
| 汚(けが)され | 汚(けが)す：誇りなどを傷つけること。大事な物をよごすこと。 |
| 基(もとい) | 基(もとい)：土台。物事の根本。 |

頻出度 C

# 書き取り⑦

次の＿＿線のカタカナを漢字に直せ。

☑ 01 心シッカンの疑いで検査入院する。

☑ 02 カンタイが一斉に港から出航していく。

☑ 03 父はガンコで口数が少ない。

☑ 04 人間万事サイオウが馬。

☑ 05 日本プロ野球ハッショウの地を訪れる。

☑ 06 午後はいつもスイマに襲われる。

☑ 07 シイタげられた民を救う。

☑ 08 故郷にニシキを飾る。

☑ 09 話を聞いてイヤな気持ちになった。

☑ 10 ドアのカギを交換する。

| 解答 | 解説 |
|---|---|
| 疾患（しっかん） | 疾患（しっかん）：病気。 出例 急患（きゅうかん）／患（わずら）う |
| 艦隊（かんたい） | 艦隊（かんたい）：二隻以上の軍艦で構成された船団のこと。 出例 艦艇（かんてい） |
| 頑固（がんこ） | 頑固（がんこ）：相手の提案や申し入れを断って受け付けないこと。 出例 頑強（がんきょう） |
| 塞翁（さいおう） | 塞翁（さいおう）：「人間万事塞翁が馬」は人の人生は何があるかわからないので幸、不幸で一喜一憂するべきものではないということ。 出例 閉塞（へいそく）／塞（ふさ）がる |
| 発祥（はっしょう） | 発祥（はっしょう）：初めて起こること。 出例 不祥（ふしょう） |
| 睡魔（すいま） | 睡魔（すいま）：強い眠気。 出例 熟睡（じゅくすい） |
| 虐（しいた）げられ | 虐（しいた）げる：むごい扱いをして苦しめる。 出例 虐待（ぎゃくたい） |
| 錦（にしき） | 錦（にしき）：織物の相称。「故郷に錦を飾る」は偉くなって故郷に帰ること。 出例 錦絵（にしきえ） |
| 嫌（いや） | 嫌（いや）：やりたくない・ほしくない・受け入れたくないという気持ち。 出例 嫌（きら）い／嫌（きら）う／機嫌（きげん）／嫌悪（けんお） |
| 鍵（かぎ） | 鍵（かぎ）：開閉のためのキー。物事を解決する際の重要な要素。 出例 鍵穴（かぎあな）／鍵盤（けんばん） |

頻出度 C

# 書き取り⑧

次の＿＿線の**カタカナ**を**漢字**に直せ。

☑ **01** アクセン身につかず。

☑ **02** 上役はダトウな判断を下した。

☑ **03** 長年ダセイで日記を書いている。

☑ **04** 賛成多数で法案はサイタクされた。

☑ **05** 一年の計はガンタンにあり。

☑ **06** 図書館からトクソク状が届いた。

☑ **07** 二人の間のミゾは埋めがたい。

☑ **08** 刑務所で罪をツグナう。

☑ **09** タオルで額の汗をヌグう。

☑ **10** 腰をスえて物事に取り掛かる。

| 解答 | 解説 |
| --- | --- |
| 悪銭（あくせん） | 悪銭（あくせん）：わるいことをして得た金。質の悪い貨幣。 |
| 妥当（だとう） | 妥当（だとう）：実情にそっていて無理がないこと。 |
| 惰性（だせい） | 惰性（だせい）：これまでの習慣、勢い。<br>出例 惰眠（だみん） |
| 採択（さいたく） | 採択（さいたく）：いくつかあるものの中から選び取ること。<br>出例 選択（せんたく） |
| 元旦（がんたん） | 元旦（がんたん）：一月一日の午前中のこと。<br>出例 旦那（だんな） |
| 督促（とくそく） | 督促（とくそく）：約束や支払いなどの実行を促すこと。<br>出例 監督（かんとく） |
| 溝（みぞ） | 溝（みぞ）：人間同士の隔たり。水を流すための細長いくぼみ。 |
| 償う（つぐな） | 償う（つぐな）：与えた損害の埋め合わせをする。<br>出例 弁償（べんしょう） |
| 拭う（ぬぐ） | 拭う（ぬぐ）：ふきとってきれいにする。<br>出例 拭く（ふ）／払拭（ふっしょく） |
| 据えて（す） | 据える（す）：物を動かないように置く。建造物などを設ける。位置を定めて座らせる。 |

頻出度 C

# 書き取り⑨

次の＿＿線の**カタカナ**を**漢字**に直せ。

☑ **01** ハクヒョウの勝利を収めた。

☑ **02** バンセツを汚すことは避けたい。

☑ **03** 上品なフンイキの店を選ぶ。

☑ **04** 武勇を示した者にホウビを取らせた。

☑ **05** 一際目を引くビボウの持ち主だ。

☑ **06** 友人たちとユカイに過ごす。

☑ **07** ヒトツボ当たりの金額を求める。

☑ **08** 勝ってかぶとの緒をシめよ。

☑ **09** 軒先から雨がシタタり落ちる。

☑ **10** フジイロの着物を着て出かける。

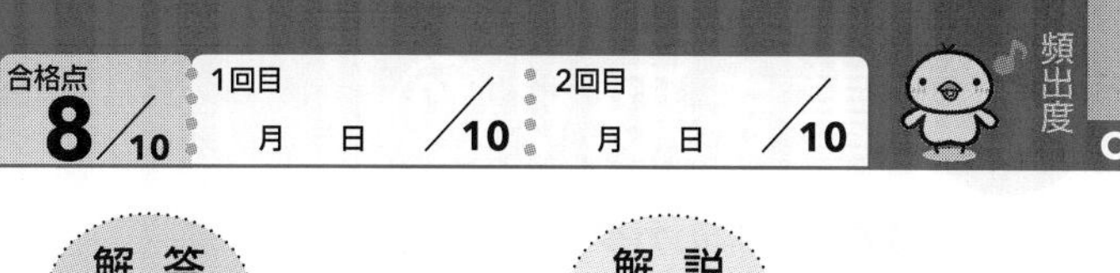


| 解答 | 解説 |
| --- | --- |
| 薄氷（はくひょう） | 薄氷（はくひょう）：薄い氷のこと。「薄氷の勝利」はぎりぎりの勝利のこと。 出例 浅薄（せんぱく） |
| 晩節（ばんせつ） | 晩節（ばんせつ）：人生の終わりのころ。晩年。 出例 早晩（そうばん） |
| 雰囲気（ふんいき） | 雰囲気（ふんいき）：その場所に自然に作り出されている特有の気分。 |
| 褒美（ほうび） | 褒美（ほうび）：ほめて与える金品のこと。 出例 褒（ほ）める |
| 美貌（びぼう） | 美貌（びぼう）：美しい容姿のこと。 出例 変貌（へんぼう） |
| 愉快（ゆかい） | 愉快（ゆかい）：楽しくおもしろいこと、気持ちのよいこと。 |
| 一坪（ひとつぼ） | 坪（つぼ）：面積の単位のこと。 出例 建坪（たてつぼ）／坪庭（つぼにわ） |
| 締（し）め | 締（し）める：気持ちのたるみをなくす。結んだり引っ張ったりして、ゆるまないようにする。ひも状のものなどを巻きつけて固く結ぶ。 出例 締結（ていけつ） |
| 滴（したた）り | 滴（したた）る：水などがしずくとなって落ちること。 出例 点滴（てんてき） |
| 藤色（ふじいろ） | 藤色（ふじいろ）：藤の花のような薄紫色のこと。 出例 藤棚（ふじだな） |

頻出度 C

# 書き取り⑩

次の＿＿線のカタカナを漢字に直せ。

☑ 01 シュツランの誉れ。

☑ 02 箱にサイチな模様を彫り込む。

☑ 03 敵の大将にイフの念を抱く。

☑ 04 シセイの率直な意見を取り入れる。

☑ 05 結婚式の受付でごシュウギを渡す。

☑ 06 上司が部下をキツモンする。

☑ 07 海外に留学し見聞をツチカう。

☑ 08 出生の秘密をアバかれた。

☑ 09 家にモドるのは明日の朝だ。

☑ 10 アラシの前の静けさのようだ。

| 解答 | 解説 |
| --- | --- |
| 出藍（しゅつらん） | 出藍（しゅつらん）：「出藍の誉れ」は弟子が師匠よりも優れた才能や実績をもつこと。 出例 藍（あい） |
| 細緻（さいち） | 細緻（さいち）：非常に細かくて綿密なこと。 出例 緻密（ちみつ） |
| 畏怖（いふ） | 畏怖（いふ）：人物や物事に対して恐れおののくこと。 |
| 市井（しせい） | 市井（しせい）：人が多く集まって住んでいるところ。まち。ちまた。 出例 天井（てんじょう） |
| 祝儀（しゅうぎ） | 祝儀（しゅうぎ）：祝意を表すために送るお金や品物。祝いの儀式。 |
| 詰問（きつもん） | 詰問（きつもん）：厳しくといただすこと。 |
| 培う（つちか） | 培う（つちか）：時間をかけて大切に養い育てる。 出例 培養（ばいよう） |
| 暴かれた（あば） | 暴く（あば）：人が隠そうとするものをことさらに示すこと。 |
| 戻る（もど） | 戻る（もど）：元のところに帰る。元の状態になる。 出例 戻す（もど） |
| 嵐（あらし） | 嵐（あらし）：強く激しく吹く風。「嵐の前の静けさ」は「事が起こる前の静けさ」の意味。 出例 砂嵐（すなあらし） |

頻出度 C

# 書き取り⑪

次の＿＿線のカタカナを漢字に直せ。

☑ 01 そこはまさにジゴク絵図だった。

☑ 02 ヒッス項目を入力して送信する。

☑ 03 国王から宝物をチョウダイする。

☑ 04 トクメイで新聞に投書する。

☑ 05 聴衆は政治家にバセイを浴びせた。

☑ 06 種子島にテッポウが伝来する。

☑ 07 台風で屋根のカワラが落ちる。

☑ 08 ほうびの金銀をタマワる。

☑ 09 虫に刺された場所がハれる。

☑ 10 富士山のスソノにある別荘で過ごす。

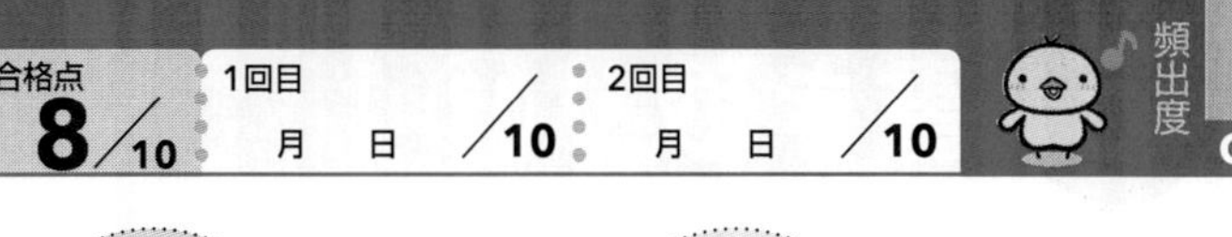


| 解答 | 解説 |
|---|---|
| 地獄（じごく） | 地獄（じごく）：現世で悪業を行った者が死後に苦しみを受けるとされる世界。<br>出例 投獄（とうごく） |
| 必須（ひっす） | 必須（ひっす）：不可欠であること。 |
| 頂戴（ちょうだい） | 頂戴（ちょうだい）：何か物をもらうことの丁寧な言い方。 |
| 匿名（とくめい） | 匿名（とくめい）：自らの名前を隠して教えないこと。「匿」は「かくす」意。 |
| 罵声（ばせい） | 罵声（ばせい）：汚い言葉でののしること。<br>出例 罵（ののし）る |
| 鉄砲（てっぽう） | 鉄砲（てっぽう）：弾丸を発射する武器。<br>出例 発砲（はっぽう） |
| 瓦（かわら） | 瓦（かわら）：粘土をある形に成形して焼いたもの。 |
| 賜（たまわ）る | 賜（たまわ）る：身分の高い人からもらうこと。<br>出例 賜杯（しはい） |
| 腫（は）れる | 腫（は）れる：打撲や炎症などにより、体の一部がふくれる。<br>出例 腫瘍（しゅよう） |
| 裾野（すその） | 裾野（すその）：山麓のゆるやかな傾斜地（面）のこと。<br>出例 裾（すそ） |

頻出度 C

# 書き取り⑫

次の＿＿線の**カタカナ**を**漢字**に直せ。

☑ **01** ごメイフクをお祈りします。

☑ **02** 手にできた傷がチユする。

☑ **03** リョウシがイノシシを捕まえた。

☑ **04** 兄からアイマイな返事を返された。

☑ **05** 大きな声でアイサツをする。

☑ **06** イスに腰かけて順番を待つ。

☑ **07** 今朝は身にシみる寒さだ。

☑ **08** 理解をウナガす。

☑ **09** 進学をアキラめるのはまだ早い。

☑ **10** 駅で騒ぐ酔っ払いにマユをひそめた。

| 解答 | 解説 |
| --- | --- |
| 冥福（めいふく） | 冥福（めいふく）：死後の幸福。死後の幸福を願って仏事を営むこと。 |
| 治癒（ちゆ） | 治癒（ちゆ）：病気やけがが治ること。「治」「癒」ともに病気がなおる意。 **出例** 癒着（ゆちゃく） |
| 猟師（りょうし） | 猟師（りょうし）：狩猟を職業としている人。 **出例** 密猟（みつりょう）／猟犬（りょうけん） |
| 曖昧（あいまい） | 曖昧（あいまい）：物事や態度がはっきりしないこと。疑わしいこと。 |
| 挨拶（あいさつ） | 挨拶（あいさつ）：人に会ったときや別れるときにかわす言葉や動作。敬意や謝意、祝意などを述べること。 |
| 椅子（いす） | 椅子（いす）：座るための家具。 |
| 染（し）みる | 染（し）みる：心に感じる。液体などが中に入り込む。色がつく。 |
| 促（うなが）す | 促（うなが）す：あることをするようにと相手をせきたてる。 |
| 諦（あきら）める | 諦（あきら）める：断念する、思いを断ち切る。 |
| 眉（まゆ） | 眉（まゆ）：目の上に生えた毛のこと。「眉をひそめる」は不快なことや心配事で顔をしかめること。 **出例** 眉毛（まゆげ）／眉間（みけん） |

# 模擬試験問題

制限時間 60 分
合格点 160 点
得点
／200
解答はP.382〜383
［巻末9〜10］

（一）次の——線の**漢字の読み**を**ひらがな**で記せ。

／30
1×30

1 横柄な口のきき方にあきれた。（　　）
2 市井の実情に通じている。（　　）
3 苦情を迅速に処理してもらう。（　　）
4 門口に行脚の僧が立った。（　　）
5 軽く会釈をして通り過ぎた。（　　）
6 脚立に乗って高い枝を切る。（　　）
7 由緒ある家柄の出ということだ。（　　）
8 薫陶よろしきを得て大成する。（　　）
9 山岳鉄道を敷設する。（　　）
10 賃上げ交渉はやっと妥結した。（　　）
11 和洋折衷の家を設計する。（　　）
12 日本人に多い疾病を調べる。（　　）

13 公的な扶助に頼る。（　　）
14 窓の施錠を忘れたようだ。（　　）
15 国王への拝謁を許された。（　　）
16 製靴工場の経営を任された。（　　）
17 因循な風土から脱け出したい。（　　）
18 若手議員から詰問される。（　　）
19 懸念されていた紛争が勃発する。（　　）
20 会社に対し名誉棄損で訴える。（　　）
21 火は瞬く間に燃え広がった。（　　）
22 油絵を高値で競り落とす。（　　）
23 但し待てるのは明日までだ。（　　）
24 常に病人の傍らに付き添う。（　　）
25 景気回復の兆しが現れている。（　　）
26 明日来訪との旨を伝える。（　　）
27 小さな子どもたちに懐かれる。（　　）
28 愁いを帯びた調べを耳にした。（　　）
29 青春の息吹が感じられる作品だ。（　　）
30 キャンプ場で爽やかな朝を迎える。（　　）

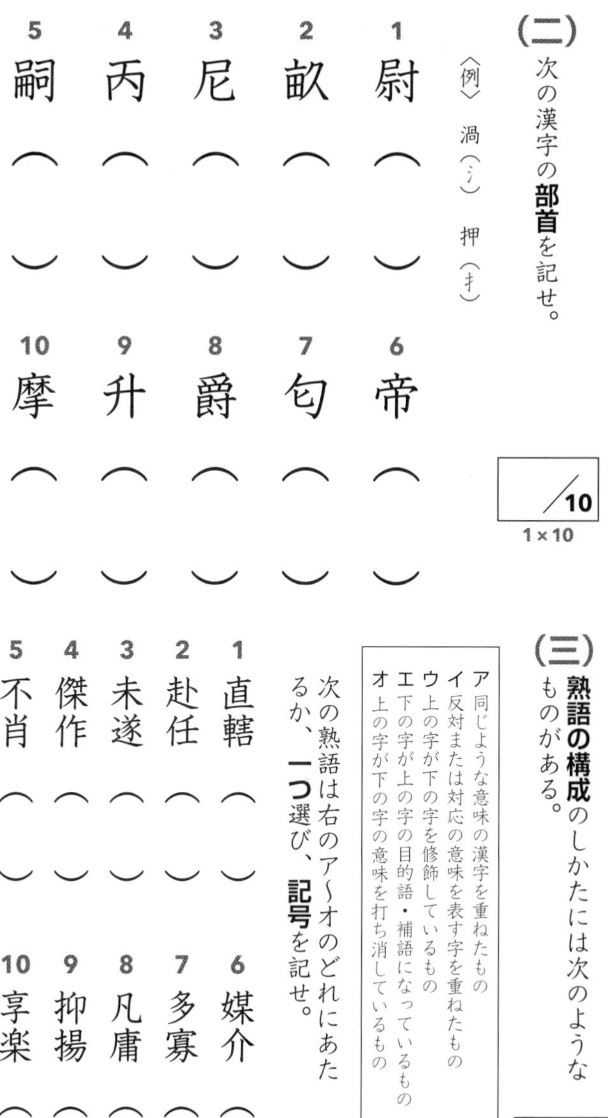

（二）次の漢字の**部首**を記せ。

〈例〉 渦（氵） 押（扌）

1 尉（ ）
2 畝（ ）
3 尼（ ）
4 丙（ ）
5 嗣（ ）
6 帝（ ）
7 匂（ ）
8 爵（ ）
9 升（ ）
10 摩（ ）

／10
1×10

（三）**熟語の構成**のしかたには次のようなものがある。

ア 同じような意味の漢字を重ねたもの（**継続**）
イ 反対または対応の意味を表す字を重ねたもの（**贈答**）
ウ 上の字が下の字を修飾しているもの（**俗説**）
エ 下の字が上の字の目的語・補語になっているもの（**屈指**）
オ 上の字が下の字の意味を打ち消しているもの（**不振**）

次の熟語は右のア～オのどれにあたるか、**一つ**選び、**記号**を記せ。

1 直轄（ ）
2 赴任（ ）
3 未遂（ ）
4 傑作（ ）
5 不肖（ ）
6 媒介（ ）
7 多寡（ ）
8 凡庸（ ）
9 抑揚（ ）
10 享楽（ ）

／20
2×10

（四）次の四字熟語について、問1と問2について答えよ。

/30
問1/2×10
問2/2×5

問1 次の四字熟語の（　）内に入る適切な語を下の□の中から選び、漢字二字で記せ。

ア 合従（1　）　カ（6　）秩序
イ 旧態（2　）　キ（7　）孤独
ウ 千載（3　）　ク（8　）不党
エ 心頭（4　）　ケ（9　）止水
オ 意気（5　）　コ（10　）令色

あんねい　いぜん　いちぐう　こうげん
しょうてん　てんがい　ふへん
めいきょう　めっきゃく　れんこう

問2 次の11〜15の**意味**にあてはまるものを問1の**ア〜コの四字熟語**から**一つ**選び、**記号**を記せ。

11 またとないよい機会のこと。（　）
12 昔のままで少しも進歩がないこと。（　）
13 意気込みがたいへん盛んなこと。（　）
14 国や国家が平和に落ち着いている様子。（　）
15 身寄りが無く、一人ぼっちであること。（　）

（五）1～5の**対義語**、6～10の**類義語**を下の□の中から選び**漢字**で記せ。□の中の語は一度だけ使うこと。

/20
2×10

**対義語**

1 祝賀―（　）
2 絶賛―（　）
3 任命―（　）
4 発病―（　）
5 疎遠―（　）

**類義語**

6 漂泊―（　）
7 降格―（　）
8 核心―（　）
9 他界―（　）
10 歳月―（　）

あいとう　こくひょう　こんい
させん　せいきょ　せいそう
ちゆ　ちゅうすう　ひめん　るろう

## (六) 次の――線のカタカナを漢字に直せ。

/20
2×10

1 ケイコクを無視して逃走した。（　）
2 ケイコクのつり橋を渡る。（　）
3 文化シンギ会に出席する。（　）
4 慎重にシンギを確かめる。（　）
5 株価がトウキする。（　）
6 不動産をトウキする。（　）
7 代表して選手センセイを行う。（　）
8 センセイ君主を倒す。（　）
9 伸びた下草をカる。（　）
10 獲物を追って馬をカる。（　）

## (七) 次の各文にまちがって使われている同じ読みの漢字が一字ある。上に誤字を、下に正しい漢字を記せ。

/10
2×5

1 長らく無医村だった地に診療所を開いて地域医療に効献した功績により、今年度の知事表彰を受けた。（・）
2 新しく建設された本社ビルを被露するため、関係者を招待して盛大なパーティーが開催される予定だ。（・）
3 万一のことが起こった場合を考慮して勤急連絡網を作り、情報がすみやかに行き渡るようにしている。（・）
4 頭痛や吐き気が頻般に起こるので念のため病院で診察を受けたところ、ストレスが原因とのことだった。（・）
5 この町の産業の中で織物業が締める割合は明治時代から高く、今も自動織機の音が響いている。（・）

## （八）次の——線のカタカナを漢字一字と送りがな（ひらがな）に直せ。

□／10　2×5

〈例〉表情がアカルイ。（明るい）

1 時代錯誤もハナハダシイ。（　）
2 基礎的な教養をツチカウ。（　）
3 公約違反にイキドオリを覚える。（　）
4 オダヤカな日差しに包まれる。（　）
5 技術の進歩がイチジルシイ。（　）

## （九）次の——線のカタカナを漢字に直せ。

□／50　2×25

1 ケンソな山々がそびえ立つ。（　）
2 キュウケイ時間は一時間だ。（　）
3 携帯電話のカメラでサツエイする。（　）
4 車のトソウがはげてしまった。（　）
5 ブジョク的な発言をとがめる。（　）
6 卒業式でセキベツの辞を述べる。（　）
7 顔面を強くオウダされた。（　）

8 ショウソウの色が隠せない。（　　）
9 ツウコンのエラーで負けた。（　　）
10 特にタイグウが悪いとは言えない。（　　）
11 大雨により川がハンランする。（　　）
12 余計なセンサクはしてほしくない。（　　）
13 オコタりなく対策を講じる。（　　）
14 定説をクツガエす発見だ。（　　）
15 肩のコりをもみほぐす。（　　）
16 一日をコトに長く感じる。（　　）

17 彼は素モグりの名人だ。（　　）
18 ありがたいお言葉をタマワる。（　　）
19 すだれが西日をサエギってくれる。（　　）
20 前言をヒルガエして反対に回る。（　　）
21 ウヤウヤしく頭を下げた。（　　）
22 先回りして時間をカセぐ。（　　）
23 チュウゲン耳に逆らう。（　　）
24 タナからぼた餅。（　　）
25 仏作ってタマシイ入れず。（　　）

# 模擬試験（P.391～384 [巻末1～8]）解答

問題を解いたら、必ず答え合わせをして、得点を出してみましょう。間違えた問題はそのままにせず、復習しましょう。

8 くんとう
9 ふせつ
10 だけつ
11 せっちゅう
12 しっぺい
13 ふじょ
14 せじょう
15 はいえつ
16 せいか
17 いんじゅん
18 きつもん
19 ぼっぱつ
20 きそん
21 またた
22 せ

## (三) 熟語の構成

⇨1問2点

1 ウ
2 エ
3 オ
4 ウ
5 オ
6 ア
7 イ
8 ア
9 イ
10 エ

## (四) 四字熟語

⇨1問2点

1 連衡
2 依然
3 一遇
4 滅却
5 衝天

9 逝去
10 星霜

## (六) 同音・同訓異字

⇨1問2点

1 警告
2 渓谷
3 審議
4 真偽
5 騰貴
6 登記
7 宣誓
8 専制
9 刈
10 駆

## (九) 書き取り

⇨1問2点

1 険阻
2 休憩
3 撮影
4 塗装
5 侮辱
6 惜別
7 殴打
8 焦燥
9 痛恨
10 待遇
11 氾濫
12 詮索

## (一) 読み

⇨1問1点

1 おうへい
2 しせい
3 じんそく
4 あんぎゃ
5 えしゃく
6 きゃたつ
7 ゆいしょ

23 ただ
24 かたわ
25 きざ
26 むね
27 なつ
28 うれ
29 いぶき
30 さわ

## (二) 部首

⇨1問1点

1 寸
2 田
3 尸
4 一
5 口
6 巾
7 勹
8 ⺍
9 十
10 手

6 安寧
7 天涯
8 不偏
9 明鏡
10 巧言
11 ウ
12 イ
13 オ
14 カ
15 キ

## (五) 対義語・類義語

⇨1問2点

1 哀悼
2 酷評
3 罷免
4 治癒
5 懇意
6 流浪
7 左遷
8 中枢

## (七) 誤字修正

⇨1問2点

1 効・貢
2 被・披
3 勤・緊
4 般・繁
5 締・占

## (八) 漢字と送りがな

⇨1問2点

1 甚だしい
2 培う
3 憤り
4 穏やか
5 著しい

13 怠
14 覆
15 凝
16 殊
17 潜
18 賜
19 遮
20 翻
21 恭
22 稼
23 忠言
24 棚
25 魂

# 2級配当漢字表

**185字**

2級の試験で最も重要となる2級配当漢字の一覧です。しっかりと覚えておきましょう。用例は、過去に出題されたものや、出題される可能性が高いものを集めました。

## 表の見方

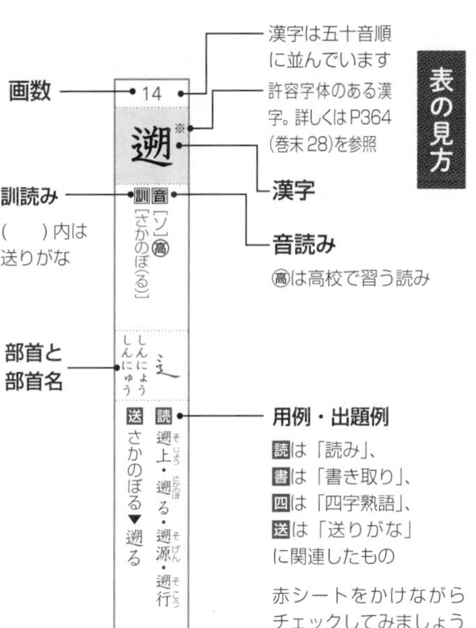


ア

| 画数 | 漢字 | 読み | 部首 | 用例・出題例 |
|---|---|---|---|---|
| 10 | 挨 | 音 [アイ] | 扌 てへん | 読 挨拶(あいさつ) 書 挨拶(あいさつ) |
| 17 | 曖 | 音 [アイ] | 日 ひへん | 書 曖昧(あいまい) |
| 8 | 宛 | 訓 [あ(てる)] | 宀 うかんむり | 読 手紙(てがみ)を宛(あ)てる 書 宛先(あてさき) |
| 12 | 嵐 | 訓 [あらし] | 山 やま | 読 砂嵐(すなあらし) 書 嵐(あらし) |

| 区分 | 画数 | 漢字 | 音・訓 | 部首 | 用例 |
|---|---|---|---|---|---|
| イ | 9 | 畏 | 音[イ] 訓[おそ(れる)] | 田 た | 読 畏敬(いけい)・畏(おそ)れ多(おお)い 書 畏怖(いふ) 送 おそれる▼畏れる |
| | 11 | 萎 | 音[イ] 訓[な(える)] | 艹 くさかんむり | 読 萎縮(いしゅく) 書 気持(きも)ちが萎(な)える |
| | 12 | 椅 | 音[イ] | 木 きへん | 書 椅子(いす) |
| | 13 | 彙 | 音[イ] | 彑 けいがしら | 読 語彙(ごい) |
| | 9 | 咽 | 音[イン] | 口 くちへん | 読 咽頭(いんとう) 書 咽喉(いんこう) |
| | 11 | 淫※ | 音[イン] 訓[みだ(ら)]㊔ | 氵 さんずい | 読 淫乱(いんらん) 書 淫行(いんこう) 送 みだら▼淫ら |
| ウ | 10 | 唄 | 訓[うた] | 口 くちへん | 読 長唄(ながうた) 書 小唄(こうた) |
| | 29 | 鬱 | 音[ウツ] | 鬯 ちょう | 読 陰鬱(いんうつ)・憂鬱(ゆううつ)・鬱屈(うっくつ)・鬱血(うっけつ)・鬱憤(うっぷん) |
| エ | 9 | 怨 | 音[エン]㊔ [オン] | 心 こころ | 読 怨霊(おんりょう) 書 怨念(おんねん) 四 怨親平等(おんしんびょうどう)・報怨以徳(ほうえんいとく) |
| | 19 | 艶 | 音[エン]㊔ 訓[つや] | 色 いろ | 読 妖艶(ようえん)・艶消(つやけ)し・艶然(えんぜん) 書 色艶(いろつや) |
| オ | 8 | 旺 | 音[オウ] | 日 ひへん | 書 旺盛(おうせい) |
| | 17 | 臆 | 音[オク] | 月 にくづき | 読 臆説(おくせつ)・臆断(おくだん)・臆病(おくびょう)・臆面(おくめん) |

| 画数 | 漢字 | 音 | 訓 | 部首 | 読 | 書 | 四 |
|---|---|---|---|---|---|---|---|
| 10 | 俺 | | [おれ] | 亻 にんべん | 俺(おれ) | | |
| 8 カ | 苛 | [カ] | | 艹 くさかんむり | 苛烈(かれつ) | 苛酷(かこく) | |
| 4 ※ | 牙 | [ガ] 高 [ゲ] | [きば] | 牙 きば | 歯牙(しが)・牙(きば)・牙城(がじょう)・毒牙(どくが)・象牙(ぞうげ) | 犬(いぬ)の牙(きば) | 犬牙相制(けんがそうせい) |
| 5 | 瓦 | [ガ] 高 | [かわら] | 瓦 かわら | 瓦解(がかい) | 瓦屋根(かわらやね) | 陶犬瓦鶏(とうけんがけい) |
| 13 | 楷 | [カイ] | | 木 きへん | 楷書(かいしょ) | | |
| 15 | 潰 | [カイ] | [つぶ(す)] [つぶ(れる)] | 氵 さんずい | 潰瘍(かいよう)・潰(つぶ)れる・全潰(ぜんかい) | 潰(つぶ)す | |
| 16 | 諧 | [カイ] | | 言 ごんべん | 俳諧(はいかい) | | |
| 11 | 崖 | [ガイ] | [がけ] | 山 やま | 断崖(だんがい) | 崖下(がけした・がいか) | 断崖絶壁(だんがいぜっぺき) |
| 13 | 蓋 | [ガイ] | [ふた] | 艹 くさかんむり | 火蓋(ひぶた)・蓋然(がいぜん) | 臭(くさ)いものに蓋(ふた)をする | 抜山蓋世(ばつざんがいせい)・方底円蓋(ほうていえんがい) |
| 16 | 骸 | [ガイ] | | 骨 ほねへん | 形骸(けいがい) | 残骸(ざんがい) | |
| 9 | 柿 | | [かき] | 木 きへん | 干(ほ)し柿(がき) | 渋柿(しぶがき) | |
| 18 | 顎 | [ガク] | [あご] | 頁 おおがい | 顎関節(がくかんせつ) | 顎(あご)で使(つか)う | |

配当漢字表

キ

| 漢字 | 画数 | 音・訓 | 部首 | 用例 |
|---|---|---|---|---|
| 葛 ※ | 12 | 音［カツ］ 訓［くず］高 | 艹 くさかんむり | 読 葛藤(かっとう)・葛餅(くずもち)・葛(くず) 書 葛湯(くずゆ)・葛根湯(かっこんとう) |
| 釜 | 10 | 訓［かま］ | 金 かね | 読 釜飯(かまめし) 書 鍋釜(なべかま) |
| 鎌 | 18 | 訓［かま］ | 釒 かねへん | 読 鎌首(かまくび) 書 鎌倉時代(かまくらじだい) |
| 韓 | 18 | 音［カン］ | 韋 なめしがわ | 読 韓国(かんこく) 書 日韓(にっかん) |
| 玩 | 8 | 音［ガン］ | 王 おうへん たまへん | 読 愛玩(あいがん)・玩弄(がんろう)・玩具(がんぐ) 書 玩味(がんみ) 四 玩物喪志(がんぶつそうし)・熟読玩味(じゅくどくがんみ) |
| 伎 | 6 | 音［キ］ | 亻 にんべん | 読 歌舞伎(かぶき) |
| 亀 | 11 | 音［キ］ 訓［かめ］ | 亀 かめ | 読 海亀(うみがめ) 書 亀(かめ)・亀裂(きれつ) 四 盲亀浮木(もうきふぼく) |
| 毀 | 13 | 音［キ］ | 殳 るまた ほこづくり | 読 毀損(きそん)・毀誉(きよ) |
| 畿 | 15 | 音［キ］ | 田 た | 読 畿内(きない・きだい) 書 近畿(きんき) |
| 臼 | 6 | 音［キュウ］ 訓［うす］ | 臼 うす | 読 臼歯(きゅうし) 書 石臼(いしうす)・脱臼(だっきゅう) |
| 嗅 ※ | 13 | 音［キュウ］ 訓［か(ぐ)］ | 口 くちへん | 読 匂(にお)いを嗅(か)ぐ・嗅覚(きゅうかく) |
| 巾 | 3 | 音［キン］ | 巾 はば | 読 巾着(きんちゃく) 書 雑巾(ぞうきん)・布巾(ふきん) |

| 画数 | 漢字 | 音・訓 | 部首 | 読 | 書 | 四 |
|---|---|---|---|---|---|---|
| 13 | 僅※ | 音[キン] 訓[わず(か)] | 亻 にんべん | 僅（わず）か・僅差（きんさ）・僅少（きんしょう） | | |
| 16 | 錦 | 音[キン] 訓[にしき] | 金 かねへん | 錦秋（きんしゅう）・錦絵（にしきえ） | 故郷（こきょう）に錦（にしき）を飾（かざ）る | 錦衣玉食（きんいぎょくしょく）・錦上添花（きんじょうてんか） |
| 11 ク | 惧※ | 音[グ] | 忄 りっしんべん | 危惧（きぐ） | | |
| 7 | 串 | 訓[くし] | 丨 ぼう たてぼう | 串刺（くしざ）し | 串焼（くしや）き | |
| 13 | 窟 | 音[クツ] | 穴 あなかんむり | 巣窟（そうくつ） | 洞窟（どうくつ） | |
| 13 ケ | 詣 | 音[ケイ]高 訓[もう(でる)] | 言 ごんべん | 神社（じんじゃ）に詣（もう）でる | 参詣（さんけい）・造詣（ぞうけい） | |
| 15 | 憬 | 音[ケイ] | 忄 りっしんべん | 憧憬（しょうけい・どうけい） | | |
| 15 | 稽※ | 音[ケイ] | 禾 のぎへん | 滑稽（こっけい）・稽古（けいこ） | | 荒唐無稽（こうとうむけい） |
| 13 | 隙 | 音[ゲキ]高 訓[すき] | 阝 こざとへん | 間隙（かんげき）・隙間（すきま）・空隙（くうげき） | 隙（すき）がない | |
| 10 | 桁 | 訓[けた] | 木 きへん | 桁（けた）・桁外（けたはず）れ | 橋桁（はしげた） | |
| 10 | 拳 | 音[ケン] 訓[こぶし] | 手 て | 拳銃（けんじゅう）・鉄拳（てっけん） | 握（にぎ）り拳（こぶし） | 徒手空拳（としゅくうけん） |
| 17 | 鍵 | 音[ケン] 訓[かぎ] | 金 かねへん | 鍵穴（かぎあな） | 自宅（じたく）の鍵（かぎ）・鍵盤（けんばん） | |

| 画数 | 漢字 | 音・訓 | 部首 | 用例 |
|---|---|---|---|---|
| 11 | 舷 | 音[ゲン] | 舟 ふねへん | 読 右舷(うげん)・左舷(さげん)<br>書 舷側(げんそく)・接舷(せつげん) |
| 8 | 股 | 音[コ] 訓[また] | 月 にくづき | 読 股関節(こかんせつ)・四股(しこ)を踏(ふ)む<br>書 大股(おおまた) |
| 8 | 虎 | 音[コ] 訓[とら] | 虍 とらがしら とらかんむり | 読 虎(とら)・虎穴(こけつ)<br>四 羊質虎皮(ようしつこひ)・虎渓三笑(こけいさんしょう) |
| 16 | 錮 | 音[コ] | 金 かねへん | 読 禁錮(きんこ) |
| 4 | 勾 | 音[コウ] | 勹 つつみがまえ | 読 勾配(こうばい)<br>書 勾留(こうりゅう) |
| 11 | 梗 | 音[コウ] | 木 きへん | 読 梗概(こうがい)・心筋梗塞(しんきんこうそく)<br>書 脳梗塞(のうこうそく) |
| 12 | 喉 | 音[コウ] 訓[のど] | 口 くちへん | 読 咽喉(いんこう)<br>書 喉元(のどもと) |
| 3 | 乞 | 訓[こ(う)] | 乙 おつ | 読 いとまを乞(こ)う・命乞(いのちご)い<br>書 雨乞(あまご)い |
| 13 | 傲 | 音[ゴウ] | 亻 にんべん | 読 傲慢(ごうまん)・傲然(ごうぜん)<br>四 傲岸不遜(ごうがんふそん) |
| 15 | 駒 | 訓[こま] | 馬 うまへん | 読 手駒(てごま)<br>書 将棋(しょうぎ)の駒(こま) |
| 11 | 頃 | 訓[ころ] | 頁 おおがい | 読 頃合(ころあ)い・手頃(てごろ)<br>書 日頃(ひごろ) |
| 11 | 痕 | 音[コン] 訓[あと] | 疒 やまいだれ | 読 痕(あと)・痕跡(こんせき)・弾痕(だんこん)・血痕(けっこん)<br>書 爪痕(つめあと)・傷痕(きずあと・しょうこん) |

| 画数 | 漢字 | 音訓 | 部首 | 用例 |
|---|---|---|---|---|
| 7 | **サ** 沙 | 音 [サ] | 氵 さんずい | 読 表沙汰(おもてざた)<br>書 地獄の沙汰も金次第(じごくのさたもかねしだい) |
| 10 | 挫 | 音 [ザ] | 扌 てへん | 書 捻挫(ねんざ)・挫折(ざせつ)・頓挫(とんざ)<br>四 抑揚頓挫(よくようとんざ) |
| 8 | 采 | 音 [サイ] | 采 のごめ | 読 喝采(かっさい)・采配(さいはい)<br>書 風采(ふうさい)<br>四 拍手喝采(はくしゅかっさい) |
| 13 | 塞 | 音 [サイ] [ソク]<br>訓 [ふさ(ぐ)] [ふさ(がる)] | 土 つち | 読 塞ぐ(ふさぐ)・城塞(じょうさい)・閉塞(へいそく)<br>書 塞翁(さいおう)・要塞(ようさい)<br>四 抜本塞源(ばっぽんそくげん) |
| 9 | 柵 | 音 [サク] | 木 きへん | 読 柵(さく) |
| 8 | 刹 | 音 [サツ]㊫ [セツ] | 刂 りっとう | 読 名刹(めいさつ)・刹那(せつな)<br>書 古刹(こさつ) |
| 9 | 拶 | 音 [サツ] | 扌 てへん | 書 挨拶(あいさつ) |
| 11 | 斬 | 音 [ザン]<br>訓 [き(る)] | 斤 おのづくり | 読 悪人を斬る(あくにんをきる)<br>書 斬新(ざんしん)<br>四 斬新奇抜(ざんしんきばつ) |
| 10 | **シ** 恣 | 音 [シ] | 心 こころ | 読 恣意的(しいてき) |
| 15 | 摯 | 音 [シ] | 手 て | 読 真摯(しんし) |
| 15 | 餌※ | 音 [ジ]㊫<br>訓 [えさ] [え] | 飠 しょくへん | 読 餌食(えじき)・好餌(こうじ)<br>書 餌やり(えさやり)・餌付け(えづけ) |
| 5 | 叱 | 音 [シツ]<br>訓 [しか(る)] | 口 くちへん | 読 叱責(しっせき)・叱正(しっせい)<br>送 しかる▼叱る |

| 画数 | 漢字 | 音訓 | 部首 | 用例 |
|---|---|---|---|---|
| 13 | 嫉 | 音［シツ］ | 女 おんなへん | 読 嫉視（しっし） 書 嫉妬（しっと） |
| 13 | 腫 | 音［シュ］ 訓［は(れる)］［は(らす)］ | 月 にくづき | 読 浮腫（ふしゅ） 書 腫（は）れる・腫瘍（しゅよう） 送 はらす▼腫らす |
| 8 | 呪 | 音［ジュ］ 訓［のろ(う)］ | 口 くちへん | 読 呪術（じゅじゅつ） 書 呪（のろ）う |
| 10 | 袖 | 音［シュウ］高 訓［そで］ | 衤 ころもへん | 読 領袖（りょうしゅう） 書 袖（そで）・半袖（はんそで） |
| 11 | 羞 | 音［シュウ］ | 羊 ひつじ | 読 含羞（がんしゅう）・羞恥心（しゅうちしん） |
| 19 | 蹴 | 音［シュウ］ 訓［け(る)］ | ⻊ あしへん | 読 一蹴（いっしゅう） 書 ボールを蹴（け）る |
| 15 | 憧 | 音［ショウ］ 訓［あこが(れる)］ | 忄 りっしんべん | 読 憧（あこが）れる・憧憬（しょうけい・どうけい） |
| 9 | 拭 | 音［ショク］高 訓［ふ(く)］［ぬぐ(う)］ | 扌 てへん | 読 床（ゆか）を拭（ふ）く 書 汗（あせ）を拭（ぬぐ）う・払拭（ふっしょく） |
| 5 | 尻 | 訓［しり］ | 尸 かばね しかばね | 読 尻込（しりご）み・尻餅（しりもち）・帳尻（ちょうじり） 書 尻（しり）・尻馬（しりうま）・尻目（しりめ）・目尻（めじり） |
| 7 | 芯 | 音［シン］ | 艹 くさかんむり | 読 リンゴの芯（しん） |
| 13 | 腎 | 音［ジン］ | 肉 にく | 読 肝腎（かんじん） 書 腎臓（じんぞう） |

ス

| 画数 | 漢字 | 音訓 | 部首 | 用例 |
|---|---|---|---|---|
| 12 | 須 | 音［ス］ | 頁 おおがい | 読 急須（きゅうす） 書 必須（ひっす） |

**13 裾**
訓 [すそ]
ネ ころもへん
読 お裾(すそ)分(わ)け
書 ズボンの裾(すそ)・裾野(すその)

**セ**

**10 凄**
音 [セイ]
冫 にすい
読 凄惨(せいさん)
書 凄絶(せいぜつ)

**16 醒**
音 [セイ]
酉 とりへん
読 覚醒(かくせい)

**10 脊**
音 [セキ]
肉 にく
読 脊椎(せきつい)
書 脊髄(せきずい)・脊柱(せきちゅう)

**11 戚**
音 [セキ]
戈 ほこづくり ほこがまえ
読 姻戚(いんせき)
書 親戚(しんせき)

**13 煎※**
音 [セン]
訓 [い(る)]
灬 れんが れっか
読 煎茶(せんちゃ)・煎餅(せんべい)・煎(せん)じる・湯煎(ゆせん)
書 豆(まめ)を煎(い)る

**13 羨**
音 [セン] 高
訓 [うらや(む)] [うらや(ましい)]
羊 ひつじ
読 羨(うらや)ましい・羨(うらや)む・羨望(せんぼう)
送 うらやむ▼羨む

**13 腺**
音 [セン]
月 にくづき
読 涙腺(るいせん)
書 汗腺(かんせん)

**13 詮※**
音 [セン]
言 ごんべん
読 詮議(せんぎ)・所詮(しょせん)・詮索(せんさく)

**14 箋※**
音 [セン]
⺮ たけかんむり
読 便箋(びんせん)・付箋(ふせん)
書 処方箋(しょほうせん)

**16 膳**
音 [ゼン]
月 にくづき
読 お膳(ぜん)立(だ)て
書 配膳(はいぜん)

**ソ**

**8 狙**
音 [ソ]
訓 [ねら(う)]
犭 けものへん
書 的(まと)を狙(ねら)う・狙撃(そげき)

| 漢字 | 画数 | 音・訓 | 部首 | 用例 |
|---|---|---|---|---|
| 遡※ | 14 | 音 [ソ]高 訓 [さかのぼ(る)] | 辶 しんにょう しんにゅう | 読 遡上(そじょう)・遡(さかのぼ)る・遡源(そげん)・遡行(そこう) 送 さかのぼる▼遡る |
| 曽 | 11 | 音 [ソウ] [ゾ] | 曰 ひらび いわく | 読 曽祖父(そうそふ)・曽孫(そうそん) 書 未曽有(みぞう) |
| 爽 | 11 | 音 [ソウ] 訓 [さわ(やか)] | 大 だい | 読 爽(さわ)やか・爽快(そうかい)・爽涼(そうりょう) |
| 痩 | 12 | 音 [ソウ]高 訓 [や(せる)] | 疒 やまいだれ | 読 痩身(そうしん)・痩(や)せる |
| 踪 | 15 | 音 [ソウ] | 𧾷 あしへん | 書 失踪(しっそう) |
| 捉 | 10 | 音 [ソク] 訓 [とら(える)] | 扌 てへん | 読 要点(ようてん)を捉(とら)える 書 捕捉(ほそく) |
| 遜※ | 14 | 音 [ソン] | 辶 しんにょう しんにゅう | 読 遜色(そんしょく)・謙遜(けんそん)・不遜(ふそん) 書 傲岸不遜(ごうがんふそん) |
| 汰 (タ) | 7 | 音 [タ] | 氵 さんずい | 読 何(なん)の音沙汰(おとさた)もない 書 沙汰(さた) |
| 唾 | 11 | 音 [ダ] 訓 [つば] | 口 くちへん | 読 唾棄(だき)・生唾(なまつば) 書 天(てん)に向(む)かって唾(つば)を吐(は)く |
| 堆 | 11 | 音 [タイ] | 土 つちへん | 読 堆積(たいせき)・堆肥(たいひ) |
| 戴 | 17 | 音 [タイ] | 戈 ほこづくり ほこがまえ | 読 戴冠(たいかん) 書 頂戴(ちょうだい) |
| 誰 | 15 | 訓 [だれ] | 言 ごんべん | 書 誰(だれ) |

| 画数 | 漢字 | 音・訓 | 部首 | 用例 |
|---|---|---|---|---|
| 5 | 旦 | 音 [タン] [ダン] | 日 ひ | 読 旦夕(たんせき)・旦那(だんな)<br>書 元旦(がんたん) |
| 14 | 綻 | 音 [タン]<br>訓 [ほころ(びる)] | 糸 いとへん | 読 綻(ほころ)ぶ<br>書 破綻(はたん)<br>四 破綻百出(はたんひゃくしゅつ) |
| 16 チ | 緻 | 音 [チ] | 糸 いとへん | 読 巧緻(こうち)・細緻(さいち)・精緻(せいち)<br>書 緻密(ちみつ) |
| 10 | 酎 | 音 [チュウ] | 酉 とりへん | 書 焼酎(しょうちゅう) |
| 12 | 貼 | 音 [チョウ]<br>訓 [は(る)] | 貝 かいへん | 読 切手(きって)を貼(は)る<br>書 貼付(ちょうふ) |
| 15 | 嘲※ | 音 [チョウ]<br>訓 [あざけ(る)] | 口 くちへん | 読 嘲(あざけ)る・自嘲(じちょう)・嘲笑(ちょうしょう)・嘲罵(ちょうば) |
| 10 | 捗※ | 音 [チョク] | 扌 てへん | 読 進捗(しんちょく) |
| 12 ツ | 椎 | 音 [ツイ] | 木 きへん | 読 脊椎(せきつい)・椎間板(ついかんばん)<br>書 胸椎(きょうつい) |
| 4 | 爪 | 訓 [つめ] [つま] | 爪 つめ | 読 爪弾(つまび)く<br>書 爪(つめ)・爪先(つまさき) |
| 21 | 鶴 | 訓 [つる] | 鳥 とり | 読 千羽鶴(せんばづる)<br>書 鶴(つる)の一声(ひとこえ) |
| 16 テ | 諦 | 音 [テイ]<br>訓 [あきら(める)] | 言 ごんべん | 読 諦念(ていねん)<br>書 諦(あきら)める<br>四 熱願冷諦(ねつがんれいてい) |
| 13 | 溺※ | 音 [デキ]<br>訓 [おぼ(れる)] | 氵 さんずい | 読 惑溺(わくでき)・溺愛(できあい)・溺(おぼ)れる<br>書 溺死(できし) |

配当漢字表

| 画数 | 漢字 | 音訓 | 部首 | 用例 |
|---|---|---|---|---|
| 13 | 塡※ | 音 [テン] | 土 つちへん | 読 充塡(じゅうてん)・補塡(ほてん) 書 装塡(そうてん) |
| 8 | 妬 | 音 [ト] 訓 [ねた(む)] | 女 おんなへん | 読 妬(ねた)む 書 嫉妬(しっと) |
| 16 | 賭※ | 音 [ト]高 訓 [か(ける)] | 貝 かいへん | 読 賭(と)す・賭博(とばく)・賭(か)ける 書 賭(か)け事(ごと) |
| 18 | 藤 | 音 [トウ] 訓 [ふじ] | 艹 くさかんむり | 読 葛藤(かっとう) 書 藤色(ふじいろ) |
| 17 | 瞳 | 音 [ドウ] 訓 [ひとみ] | 目 めへん | 書 瞳(ひとみ)・瞳孔(どうこう) |
| 13 | 頓 | 音 [トン] | 頁 おおがい | 読 頓服(とんぷく)・整頓(せいとん)・停頓(ていとん)・頓才(とんさい)・頓知(とんち) 書 整頓(せいとん)・頓挫(とんざ) 四 頓首再拝(とんしゅさいはい)・抑揚頓挫(よくようとんざ) |
| 11 | 貪 | 音 [ドン] 訓 [むさぼ(る)] | 貝 こがい・かい | 読 惰眠(だみん)を貪(むさぼ)る・貪欲(どんよく) |
| 5 | 丼 | 訓 [どんぶり] [どん] | 丶 てん | 読 丼鉢(どんぶりばち) 書 親子丼(おやこどん) |
| 7 | 那 | 音 [ナ] | 阝 おおざと | 読 旦那(だんな)・刹那(せつな) |
| 17 | 謎※ | 訓 [なぞ] | 言 ごんべん | 読 謎(なぞ) 書 謎解(なぞと)き |
| 17 | 鍋 | 訓 [なべ] | 金 かねへん | 読 鍋釜(なべかま) 書 土鍋(どなべ)・鍋(なべ) |
| 4 | 匂 | 訓 [にお(う)] | 勹 つつみがまえ | 読 梅(うめ)の香(かお)りが匂(にお)う |

| 漢字 | 画数 | 音・訓 | 部首 | 用例 |
|---|---|---|---|---|
| 虹 | 9 | 訓［にじ］ | 虫 むしへん | 書 虹(にじ) |
| 捻 (ネ) | 11 | 音［ネン］ | 扌 てへん | 書 捻挫(ねんざ)・捻出(ねんしゅつ) |
| 罵 (ハ) | 15 | 音［バ］ 訓［ののし(る)］ | 罒 あみがしら あみめ よこめ | 読 罵る(ののしる)・罵倒(ばとう)・嘲罵(ちょうば) 書 罵声(ばせい) 四 罵詈雑言(ばりぞうごん) |
| 剝※ | 10 | 音［ハク］ 訓［は(がす)］［は(ぐ)］［は(がれる)］［は(げる)］ | 刂 りっとう | 読 剝ぐ(はぐ)・剝製(はくせい)・剝がす(はがす)・剝奪(はくだつ)・剝落(はくらく) 送 はがれる▼剝がれる |
| 箸※ | 15 | 訓［はし］ | ⺮ たけかんむり | 読 箸(はし) 書 箸箱(はしばこ)・菜箸(さいばし) |
| 氾 | 5 | 音［ハン］ | 氵 さんずい | 読 氾濫(はんらん) |
| 汎 | 6 | 音［ハン］ | 氵 さんずい | 読 汎用(はんよう)・汎論(はんろん) 書 汎愛(はんあい) |
| 斑 | 12 | 音［ハン］ | 文 ぶん | 読 斑点(はんてん) |
| 眉 (ヒ) | 9 | 音［ビ］［ミ］㊗高 訓［まゆ］ | 目 め | 読 焦眉(しょうび)・白眉(はくび)・愁眉(しゅうび) 書 眉間(みけん)・眉(まゆ)・眉毛(まゆげ) 四 眉目秀麗(びもくしゅうれい) |
| 膝 | 15 | 訓［ひざ］ | 月 にくづき | 読 膝頭(ひざがしら)・膝掛け(ひざかけ) 書 膝(ひざ)を打つ(う) |
| 肘 | 7 | 訓［ひじ］ | 月 にくづき | 読 肩肘張る(かたひじはる)・肘(ひじ) 書 肘鉄砲(ひじでっぽう) |
| 訃 (フ) | 9 | 音［フ］ | 言 ごんべん | 読 訃報(ふほう) |

| 画数 | 漢字 | 音訓 | 部首 | 用例 |
|---|---|---|---|---|
| 15 | ヘ 蔽※ | 音[ヘイ] | 艹 くさかんむり | 読 隠蔽(いんぺい)・遮蔽(しゃへい) |
| 15 | 餅※ | 音[ヘイ] 訓[もち] | 𩙿 しょくへん | 読 葛餅(くずもち)・煎餅(せんべい)・尻餅(しりもち)・草餅(くさもち) 書 画餅(がべい)に帰(き)す |
| 18 | 璧 | 音[ヘキ] | 玉 たま | 読 双璧(そうへき) 書 完璧(かんぺき) |
| 14 | 蔑 | 音[ベツ] 訓[さげす(む)] | 艹 くさかんむり | 読 蔑視(べっし) 書 軽蔑(けいべつ)・侮蔑(ぶべつ)・蔑(さげす)む |
| 10 | ホ 哺 | 音[ホ] | 口 くちへん | 読 哺乳瓶(ほにゅうびん) 書 哺乳類(ほにゅうるい) |
| 13 | 蜂 | 音[ホウ] 訓[はち] | 虫 むしへん | 読 蜂起(ほうき)・養蜂(ようほう) 書 蜂(はち)・蜂蜜(はちみつ) |
| 14 | 貌 | 音[ボウ] | 豸 むじなへん | 読 全貌(ぜんぼう)・美貌(びぼう)・風貌(ふうぼう)・容貌(ようぼう) 書 変貌(へんぼう) |
| 16 | 頬※ | 訓[ほお] | 頁 おおがい | 読 頬(ほお)づえ・頬骨(ほおぼね) 書 頬張(ほおば)る |
| 13 | 睦 | 音[ボク] | 目 めへん | 書 親睦(しんぼく)・和睦(わぼく) |
| 9 | 勃 | 音[ボツ] | 力 ちから | 読 勃興(ぼっこう) 書 勃発(ぼっぱつ) 四 雄心勃勃(ゆうしんぼつぼつ) |
| 9 | マ 昧 | 音[マイ] | 日 ひへん | 読 愚昧(ぐまい)・三昧(さんまい) 書 曖昧(あいまい) |
| 8 | 枕 | 訓[まくら] | 木 きへん | 読 膝枕(ひざまくら) 書 枕(まくら)・枕元(まくらもと) |

| ミ 14 | メ 10 | 16 | ヤ 7 | 8 | 17 |
|---|---|---|---|---|---|
| 蜜 | 冥 | 麺 | 冶 | 弥 | 闇 |
| 音［ミツ］ | 音［メイ］［ミョウ］㊫ | 音［メン］ | 音［ヤ］ | 訓［や］ | 訓［やみ］ |
| 虫 むし | 冖 わかんむり | 麦 ばくにょう | 冫 にすい | 弓 ゆみへん | 門 もんがまえ |
| 読 蜜月（みつげつ） 書 蜂蜜（はちみつ）・花の蜜（はなのみつ） | 読 冥利（みょうり）・冥土（めいど） 書 冥福（めいふく） | 読 乾麺（かんめん）・麺類（めんるい） | 読 陶冶（とうや）・冶金（やきん） | 読 弥生（やよい） | 読 闇雲（やみくも） 書 闇（やみ）・闇夜（やみよ）・宵闇（よいやみ） |

| ユ 12 | 12 | ヨ 7 | 14 | 7 | ラ 8 |
|---|---|---|---|---|---|
| 喩※ | 湧 | 妖 | 瘍 | 沃 | 拉 |
| 音［ユ］ | 音［ユウ］ 訓［わ（く）］ | 音［ヨウ］ 訓［あや（しい）］ | 音［ヨウ］ | 音［ヨク］ | 音［ラ］ |
| 口 くちへん | 氵 さんずい | 女 おんなへん | 疒 やまいだれ | 氵 さんずい | 扌 てへん |
| 読 比喩（ひゆ） 書 暗喩（あんゆ）・隠喩（いんゆ） | 読 温泉（おんせん）が湧（わ）く・湧出（ゆうしゅつ） 書 湧水（ゆうすい） | 読 妖艶（ようえん）・妖術（ようじゅつ） 四 妖怪変化（ようかいへんげ）・妖言惑衆（ようげんわくしゅう） 送 あやしい▼妖しい | 読 潰瘍（かいよう） 書 腫瘍（しゅよう） | 読 豊沃（ほうよく）・沃野（よくや） 書 肥沃（ひよく） 四 沃野千里（よくやせんり） | 書 拉致（らち） |

配当漢字表

| 見出し | 漢字 | 画数 | 音・訓 | 部首 | 用例 |
|---|---|---|---|---|---|
| | 辣 | 14 | 音 [ラツ] | 辛 からい | 読 辛辣（しんらつ）・辣腕（らつわん）・悪辣（あくらつ） |
| | 藍 | 18 | 音 [ラン] 高　訓 [あい] | 艹 くさかんむり | 読 藍染め（あいぞめ）・出藍の誉れ（しゅつらんのほまれ）　書 藍（あい） |
| リ | 璃 | 14 | 音 [リ] | 王 おうへん たまへん | 読 浄瑠璃（じょうるり）・瑠璃（るり） |
| | 慄 | 13 | 音 [リツ] | 忄 りっしんべん | 読 戦慄（せんりつ）・慄然（りつぜん） |
| | 侶 | 9 | 音 [リョ] | 亻 にんべん | 書 僧侶（そうりょ）・伴侶（はんりょ） |
| | 瞭 | 17 | 音 [リョウ] | 目 めへん | 読 明瞭（めいりょう）　四 一目瞭然（いちもくりょうぜん）・簡単明瞭（かんたんめいりょう） |
| ル | 瑠 | 14 | 音 [ル] | 王 おうへん たまへん | 読 浄瑠璃（じょうるり）・瑠璃（るり） |
| ロ | 呂 | 7 | 音 [ロ] | 口 くち | 読 語呂（ごろ）　書 風呂（ふろ） |
| | 賂 | 13 | 音 [ロ] | 貝 かいへん | 書 賄賂（わいろ） |
| | 弄 | 7 | 音 [ロウ]　訓 [もてあそ(ぶ)] | 廾 こまぬき にじゅうあし | 読 弄する（ろうする）・弄ぶ（もてあそぶ）・愚弄（ぐろう）・玩弄（がんろう）　書 翻弄（ほんろう）　四 舞文弄法（ぶぶんろうほう） |
| | 籠 | 22 | 音 [ロウ] 高　訓 [かご] [こ(もる)] | ⺮ たけかんむり | 読 籠絡（ろうらく）・参籠（さんろう）・鳥籠（とりかご）・灯籠（とうろう）・籠（かご）　書 籠城（ろうじょう）　四 籠鳥恋雲（ろうちょうれんうん） |
| | 麓 | 19 | 音 [ロク]　訓 [ふもと] | 木 き | 読 山の麓（やまのふもと）　書 山麓（さんろく） |

10 ワ

# 脇

訓 [わき]

月 にくづき

読 脇目（わきめ）・脇役（わきやく）

書 両脇（りょうわき）・脇見（わきみ）・脇道（わきみち）・脇腹（わきばら）

## 許容字体について

2級配当漢字には、常用漢字表（内閣告示）に示された字体の他に、許容字体として正解として認められる漢字が25字あります。「ページ」は該当する漢字を掲載しているページです。

| 漢字 | 許容字体 | ページ |
|---|---|---|
| 淫 | 淫 | 380 |
| 牙 | 牙 | 379 |
| 葛 | 葛 | 378 |
| 嗅 | 嗅 | 378 |
| 僅 | 僅 | 377 |
| 惧 | 惧 | 377 |
| 稽 | 稽 | 377 |
| 餌 | 餌 | 375 |
| 煎 | 煎 | 373 |
| 詮 | 詮 | 373 |
| 箋 | 箋 | 373 |
| 遡 | 遡 | 372 |
| 遜 | 遜 | 372 |
| 嘲 | 嘲 | 371 |
| 捗 | 捗 | 371 |
| 溺 | 溺 | 371 |
| 塡 | 填 | 370 |
| 賭 | 賭 | 370 |
| 謎 | 謎 | 370 |
| 剝 | 剥 | 369 |
| 箸 | 箸 | 369 |
| 蔽 | 蔽 | 368 |
| 餅 | 餅 | 368 |
| 頰 | 頬 | 368 |
| 喩 | 喻 | 367 |

# 準2級配当漢字表

2級の試験でもよく出題される準2級配当漢字の一覧です。しっかりと覚えておきましょう。用例は、過去に出題されたものや、出題される可能性が高いものを集めました。

328字

## 表の見方

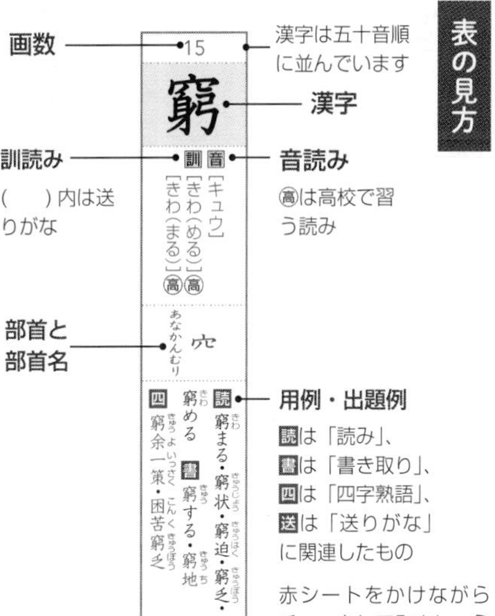


| | 画数 | 漢字 | 音読み | 部首 | 用例・出題例 |
|---|---|---|---|---|---|
| ア | 7 | 亜 | 音 [ア] | 二 に | 読 亜鉛・亜流 書 亜熱帯・亜流・亜鈴 |
| イ | 11 | 尉 | 音 [イ] | 寸 すん | 読 准尉 書 大尉 |
| | 11 | 逸 | 音 [イツ] | 辶 しんにょう しんにゅう | 読 秀逸・逸品 書 逸する・逸話・散逸・逸材・逸脱 |
| | 9 | 姻 | 音 [イン] | 女 おんなへん | 読 姻戚 書 婚姻 |

| 漢字 | 画数 | 見出し | 音 | 訓 | 部首 | 部首名 | 読 | 書 | 四 |
|---|---|---|---|---|---|---|---|---|---|
| 韻 | 19 | | [イン] | | 音 | おと | 脚韻(きゃくいん) | 韻律(いんりつ)・韻(いん)を踏(ふ)む・余韻(よいん) | |
| 畝 | 10 | ウ | | [うね] | 田 | た | | 畝(うね)・畝伝(うねづた)い | |
| 浦 | 10 | | | [うら] | 氵 | さんずい | | 浦風(うらかぜ) | 津津浦浦(つつうらうら) |
| 疫 | 9 | エ | [エキ] [ヤク](高) | | 疒 | やまいだれ | 疫病神(やくびょうがみ)・疫病(えきびょう) | 防疫(ぼうえき)・検疫(けんえき)・免疫(めんえき) | |
| 謁 | 15 | | [エツ] | | 言 | ごんべん | 拝謁(はいえつ) | 謁見(えっけん) | |
| 猿 | 13 | | [エン] | [さる] | 犭 | けものへん | 犬猿(けんえん)・猿知恵(さるぢえ) | 猿(さる)・猿芝居(さるしばい) | |
| 凹 | 5 | オ | [オウ] | | 凵 | うけばこ | 凹凸(おうとつ) | 凸凹(でこぼこ) | |
| 翁 | 10 | | [オウ] | | 羽 | はね | 老翁(ろうおう) | 塞翁(さいおう)が馬(うま) | |
| 虞 | 13 | | | [おそれ] | 虍 | とらがしら とらかんむり | 大雨(おおあめ)の虞(おそれ) | | |
| 渦 | 12 | カ | [カ](高) | [うず] | 氵 | さんずい | 渦潮(うずしお)・渦紋(かもん)・渦(うず)・戦渦(せんか) | 渦中(かちゅう)・渦巻(うずま)く | |
| 禍 | 13 | | [カ] | | 礻 | しめすへん | 舌禍(ぜっか)・災禍(さいか)・惨禍(さんか)・筆禍(ひっか)・戦禍(せんか) | 禍根(かこん) | 吉凶禍福(きっきょうかふく)・禍福得喪(かふくとくそう) |
| 靴 | 13 | | [カ](高) | [くつ] | 革 | かわへん | 製靴(せいか)・靴墨(くつずみ) | 上靴(うわぐつ)・雨靴(あまぐつ)・靴擦(くつず)れ | |

| 寡 | 稼 | 蚊 | 拐 | 懐 |
|---|---|---|---|---|
| 14 | 15 | 10 | 8 | 16 |
| 音 [カ] | 音 [カ]高 訓 [かせ(ぐ)] | 訓 [か] | 音 [カイ] | 音 [カイ] 訓 [ふところ]高 [なつ(かしい)]高 [なつ(かしむ)]高 [なつ(く)]高 [なつ(ける)]高 |
| 宀 うかんむり | 禾 のぎへん | 虫 むしへん | 扌 てへん | 忄 りっしんべん |
| 読 寡欲・衆寡・寡占・寡黙 書 多寡・寡聞 四 寡頭政治・沈黙寡言 | 読 稼働・稼動 書 出稼ぎ 送 かせぐ▼稼ぐ | 読 蚊柱 書 蚊 | 書 誘拐・拐帯 | 読 懐古・懐石・述懐 書 懐・懐柔・懐疑・懐郷・懐中 送 なつかしい▼懐かしい・なつく▼懐く |

| 劾 | 涯 | 垣 | 核 | 殻 | 嚇 |
|---|---|---|---|---|---|
| 8 | 11 | 9 | 10 | 11 | 17 |
| 音 [ガイ] | 音 [ガイ] | 訓 [かき] | 音 [カク] | 音 [カク] 訓 [から] | 音 [カク] |
| 力 ちから | 氵 さんずい | 土 つちへん | 木 きへん | 殳 るまた ほこづくり | 口 くちへん |
| 書 弾劾 四 弾劾裁判 | 読 境涯 書 生涯・天涯 四 天涯孤独 | 読 人垣・垣 書 垣根 | 読 中核 書 核心・核 | 読 甲殻 書 殻・卵殻・地殻 | 書 威嚇 |

| 画数 | 漢字 | 音訓 | 部首 | 用例 |
|---|---|---|---|---|
| 9 | 括 | 音 [カツ] | 扌 てへん | 読 概括(がいかつ)・統括(とうかつ) 書 包括(ほうかつ)・括弧(かっこ) |
| 11 | 喝 | 音 [カツ] | 口 くちへん | 読 喝采(かっさい)・恐喝(きょうかつ) 書 一喝(いっかつ)・喝破(かっぱ) 四 大喝一声(だいかついっせい)・拍手喝采(はくしゅかっさい) |
| 11 | 渇 | 音 [カツ]高 訓 [かわ(く)] | 氵 さんずい | 読 枯渇(こかつ) 書 渇(かっ)する・渇(かわ)く・渇水(かっすい)・渇望(かつぼう) 送 かわく▼渇く |
| 13 | 褐 | 音 [カツ] | 衤 ころもへん | 読 茶褐色(ちゃかっしょく) 書 褐色(かっしょく) |
| 17 | 轄 | 音 [カツ] | 車 くるまへん | 読 直轄(ちょっかつ)・総轄(そうかつ) 書 管轄(かんかつ)・所轄(しょかつ) |
| 5 | 且 | 訓 [か(つ)] | 一 いち | 書 且(か)つ |
| 6 | 缶 | 音 [カン] | 缶 ほとぎ | 読 製缶(せいかん) 書 缶詰(かんづめ) |
| 10 | 陥 | 音 [カン] 訓 [おちい(る)] [おとしい(れる)]高 | 阝 こざとへん | 読 陥落(かんらく) 書 陥没(かんぼつ) 送 おとしいれる▼陥れる・おちいる▼陥る |
| 11 | 患 | 音 [カン] 訓 [わずら(う)]高 | 心 こころ | 読 長患(ながわずら)い・患部(かんぶ) 書 疾患(しっかん) 四 内憂外患(ないゆうがいかん) 送 わずらう▼患う |
| 12 | 堪 | 音 [カン]高 訓 [た(える)] | 土 つちへん | 読 堪忍(かんにん) 書 見るに堪(た)えない |
| 12 | 棺 | 音 [カン] | 木 きへん | 読 石棺(せっかん) 書 出棺(しゅっかん) |
| 12 | 款 | 音 [カン] | 欠 あくび かける | 読 借款(しゃっかん)・定款(ていかん) 書 落款(らっかん)・約款(やっかん) |

## 閑 12

音 [カン]

門 もんがまえ

読 繁閑(はんかん)・閑却(かんきゃく)・等閑視(とうかんし)・閑雅(かんが)・閑古鳥(かんこどり)
書 安閑(あんかん)・閑静(かんせい)
四 閑話休題(かんわきゅうだい)・忙中有閑(ぼうちゅうゆうかん)

## 寛 13

音 [カン]

宀 うかんむり

読 寛厳(かんげん)
書 寛大(かんだい)・寛容(かんよう)
四 寛仁大度(かんじんたいど)

## 憾 16

音 [カン]

忄 りっしんべん

書 遺憾(いかん)
四 遺憾千万(いかんせんばん)

## 還 16

音 [カン]

辶 しんにょう しんにゅう

読 召還(しょうかん)・償還(しょうかん)・往還(おうかん)
書 奪還(だっかん)・還元(かんげん)・帰還(きかん)・送還(そうかん)・返還(へんかん)・還暦(かんれき)

## 艦 21

音 [カン]

舟 ふねへん

読 艦船(かんせん)・艦長(かんちょう)
書 艦隊(かんたい)・艦艇(かんてい)

## 頑 13

音 [ガン]

頁 おおがい

読 頑健(がんけん)・頑是(がんぜ)ない・頑迷(がんめい)
書 頑固(がんこ)・頑強(がんきょう)
四 頑固一徹(がんこいってつ)

キ

## 飢 10

音 [キ]
訓 [う(える)]

食 しょくへん

書 飢餓(きが)
送 うえる▼飢える

## 宜 8

音 [ギ]

宀 うかんむり

書 便宜(べんぎ)・時宜(じぎ)・適宜(てきぎ)

## 偽 11

音 [ギ]
訓 [いつわ(る)] [にせ]高

亻 にんべん

読 偽(にせ)・偽善(ぎぜん)
書 偽札(にせさつ)・真偽(しんぎ)・偽造(ぎぞう)・偽物(にせもの)・虚偽(きょぎ)
送 いつわる▼偽る

## 擬 17

音 [ギ]

扌 てへん

読 擬似(ぎじ)・模擬(もぎ)・擬(ぎ)する・擬音(ぎおん)
書 擬人法(ぎじんほう)・擬声語(ぎせいご)

## 糾 9

音 [キュウ]

糸 いとへん

読 糾明(きゅうめい)・糾弾(きゅうだん)
書 紛糾(ふんきゅう)

## 窮 15

音 [キュウ]
訓 [きわ(める)]高 [きわ(まる)]高

穴 あなかんむり

読 窮(きわ)まる・窮状(きゅうじょう)・窮迫(きゅうはく)・窮乏(きゅうぼう)・窮(きわ)める
書 窮(きゅう)する・窮地(きゅうち)
四 窮余一策(きゅうよのいっさく)・困苦窮乏(こんくきゅうぼう)

| 画数 | 漢字 | 音・訓 | 部首 | 用例 |
|---|---|---|---|---|
| 8 | 拒 | 音[キョ] 訓[こば(む)] | 扌 てへん | 読 拒絶(きょぜつ) 書 拒否(きょひ) 送 こばむ▼拒む |
| 8 | 享 | 音[キョウ] | 亠 なべぶた けいさんかんむり | 読 享年(きょうねん) 書 享受(きょうじゅ)・享有(きょうゆう)・享楽(きょうらく) |
| 9 | 挟 | 音[キョウ]高 訓[はさ(む)] [はさ(まる)] | 扌 てへん | 読 板挟み(いたばさみ)・挟撃(きょうげき) 書 指(ゆび)を挟(はさ)む 送 はさまる▼挟まる |
| 10 | 恭 | 音[キョウ] 訓[うやうや(しい)]高 | 小 したごころ | 読 恭賀(きょうが)・恭謙(きょうけん) 書 恭順(きょうじゅん) 送 うやうやしい▼恭しい |
| 17 | 矯 | 音[キョウ] 訓[た(める)]高 | 矢 やへん | 読 奇矯(ききょう) 書 矯正(きょうせい) 送 ためる▼矯める |
| 12 | 暁 | 音[ギョウ]高 訓[あかつき] | 日 ひへん | 読 早暁(そうぎょう)・通暁(つうぎょう)・払暁(ふつぎょう)・暁天(ぎょうてん) 書 暁(あかつき)の明星(みょうじょう) |
| 11 | 菌 | 音[キン] | 艹 くさかんむり | 読 滅菌(めっきん)・殺菌(さっきん) 書 抗菌(こうきん)・雑菌(ざっきん)・細菌(さいきん) |
| 12 | 琴 | 音[キン] 訓[こと] | 王 おう | 読 琴線(きんせん)に触(ふ)れる 書 琴(こと)・木琴(もっきん) |
| 17 | 謹 | 音[キン] 訓[つつし(む)] | 言 ごんべん | 読 謹啓(きんけい)・謹呈(きんてい)・謹厳(きんげん)・不謹慎(ふきんしん) 書 謹慎(きんしん)・謹聴(きんちょう) 四 謹厳実直(きんげんじっちょく) 送 つつしむ▼謹む |
| 18 | 襟 | 音[キン]高 訓[えり] | 衤 ころもへん | 読 襟足(えりあし) 書 胸襟(きょうきん)・襟(えり)・開襟(かいきん)・襟元(えりもと) |
| 7 | 吟 | 音[ギン] | 口 くちへん | 読 詩吟(しぎん)・苦吟(くぎん)・独吟(どくぎん) 書 吟味(ぎんみ) 四 放歌高吟(ほうかこうぎん)・低唱微吟(ていしょうびぎん) |
| 12 ク | 隅 | 音[グウ] 訓[すみ] | 阝 こざとへん | 読 隅隅(すみずみ) 書 部屋(へや)の隅(すみ)・片隅(かたすみ・へんぐう) |

ケ

| 画数 | 漢字 | 音・訓 | 部首 | 例 |
|---|---|---|---|---|
| 15 | 勲 | 音[クン] | 力 ちから | 読 殊勲(しゅくん)・勲功(くんこう)・勲章(くんしょう)　書 叙勲(じょくん) |
| 16 | 薫 | 音[クン]高　訓[かお(る)] | 艹 くさかんむり | 読 風薫る五月(かぜかおるごがつ)　書 薫陶(くんとう)・薫風(くんぷう)・余薫(よくん) |
| 8 | 茎 | 音[ケイ]　訓[くき] | 艹 くさかんむり | 読 地下茎(ちかけい)　書 歯茎(はぐき)・茎(くき) |
| 11 | 渓 | 音[ケイ] | 氵 さんずい | 読 雪渓(せっけい)　書 渓谷(けいこく)・渓流(けいりゅう)　四 虎渓三笑(こけいさんしょう) |
| 11 | 蛍 | 音[ケイ]　訓[ほたる] | 虫 むし | 書 蛍雪の功(けいせつのこう)・蛍(ほたる)・蛍光(けいこう)・蛍光灯(けいこうとう) |
| 15 | 慶 | 音[ケイ] | 心 こころ | 読 同慶(どうけい)・内弁慶(うちべんけい)　書 慶事(けいじ)・慶弔(けいちょう)・弁慶(べんけい) |
| 13 | 傑 | 音[ケツ] | 亻 にんべん | 読 俊傑(しゅんけつ)・傑作(けっさく)・駿傑(しゅんけつ)　書 傑物(けつぶつ)・傑出(けっしゅつ)　四 英俊豪傑(えいしゅんごうけつ) |
| 13 | 嫌 | 音[ケン][ゲン]　訓[きら(う)][いや] | 女 おんなへん | 読 嫌疑(けんぎ)・嫌がらせ(いやがらせ)・嫌らしい(いやらしい)　書 嫌(いや)・嫌悪(けんお)・機嫌(きげん)　四 自己嫌悪(じこけんお)　送 いやがる▼嫌がる・きらう▼嫌う |
| 13 | 献 | 音[ケン][コン] | 犬 いぬ | 読 一献(いっこん)・献本(けんぽん)・文献(ぶんけん)・献酬(けんしゅう)・献身(けんしん)・献体(けんたい)・献呈(けんてい)　書 貢献(こうけん)・献金(けんきん)・献上(けんじょう)・献立(こんだて) |
| 17 | 謙 | 音[ケン] | 言 ごんべん | 読 恭謙(きょうけん)・謙遜(けんそん)　書 謙虚(けんきょ) |
| 18 | 繭 | 音[ケン]高　訓[まゆ] | 糸 いと | 読 繭糸(けんし)　書 蚕の繭(かいこのまゆ) |
| 18 | 顕 | 音[ケン] | 頁 おおがい | 読 顕示(けんじ)・露顕(ろけん)・顕彰(けんしょう)　書 顕著(けんちょ)　四 破邪顕正(はじゃけんしょう・はじゃけんせい) |

| 漢字 | 画数 | 音・訓 | 部首 | 用例 |
| --- | --- | --- | --- | --- |
| 懸 | 20 | 音［ケン］［ケ］高 訓［か(ける)］［か(かる)］ | 心 こころ | 読 懸垂(けんすい)・懸賞(けんしょう) 書 懸案(けんあん)・命懸(いのちが)け・懸念(けねん)・懸命(けんめい) 四 一所懸命(いっしょけんめい) 送 かける▼懸ける |
| 弦 | 8 | 音［ゲン］ 訓［つる］高 | 弓 ゆみへん | 読 下弦(かげん)・弦楽(げんがく)・上弦(じょうげん) 書 弓の弦(つる)・管弦(かんげん) 四 詩歌管弦(しいかかんげん) |
| 呉 | 7 | 音［ゴ］ | 口 くち | 書 呉服(ごふく) 四 呉越同舟(ごえつどうしゅう) |
| 碁 | 13 | 音［ゴ］ | 石 いし | 読 碁盤(ごばん)・碁会(ごかい)・碁石(ごいし) 書 囲碁(いご) |
| 江 | 6 | 音［コウ］ 訓［え］ | 氵 さんずい | 読 長江(ちょうこう)・江戸(えど) 書 入(い)り江(え) |
| 肯 | 8 | 音［コウ］ | 肉 にく | 読 肯定(こうてい) 書 首肯(しゅこう) |
| 侯 | 9 | 音［コウ］ | 亻 にんべん | 読 王侯(おうこう) 書 諸侯(しょこう)・侯爵(こうしゃく) |
| 洪 | 9 | 音［コウ］ | 氵 さんずい | 書 洪水(こうずい) |
| 貢 | 10 | 音［コウ］［ク］高 訓［みつ(ぐ)］高 | 貝 かい こがい | 読 貢献(こうけん) 書 年貢(ねんぐ)・貢献(こうけん) 送 みつぐ▼貢ぐ |
| 溝 | 13 | 音［コウ］ 訓［みぞ］ | 氵 さんずい | 読 側溝(そっこう) 書 溝(みぞ)が出来(でき)る |
| 衡 | 16 | 音［コウ］ | 行 ぎょうがまえ ゆきがまえ | 読 平衡(へいこう) 書 均衡(きんこう) 四 合従連衡(がっしょうれんこう)・平衡感覚(へいこうかんかく) |
| 購 | 17 | 音［コウ］ | 貝 かいへん | 書 購買(こうばい)・購読(こうどく)・購入(こうにゅう) |

| 画数 | 漢字 | 音訓 | 部首 | 用例 |
|---|---|---|---|---|
| 9 | 拷 | 音[ゴウ] | 扌 てへん | 読 拷問(ごうもん) |
| 10 | 剛 | 音[ゴウ] | 刂 りっとう | 読 剛腹(ごうふく)・剛球(ごうきゅう)・剛柔(ごうじゅう)・剛胆(ごうたん) 書 柔(じゅう)よく剛(ごう)を制(せい)す 四 質実(しつじつ)剛健(ごうけん)・外柔内剛(がいじゅうないごう)・内柔外剛(ないじゅうがいごう) |
| 14 | 酷 | 音[コク] | 酉 とりへん | 読 過酷(かこく)・酷(こく) 書 酷似(こくじ)・酷使(こくし)・酷評(こくひょう) 四 酷寒猛暑(こっかんもうしょ)・冷酷無情(れいこくむじょう) |
| 8 | 昆 | 音[コン] | 日 ひ | 読 昆虫(こんちゅう) 書 昆布(こんぶ・こぶ) |
| 17 | 懇 | 音[コン] 訓[ねんご(ろ)]㊇ | 心 こころ | 書 懇意(こんい)・懇願(こんがん)・懇懇(こんこん)・懇請(こんせい) 四 懇切丁寧(こんせつていねい) 送 ねんごろ▼懇ろ |
| 10 | 唆 | 音[サ] 訓[そそのか(す)]㊇ | 口 くちへん | 読 教唆(きょうさ) 書 示唆(しさ・じさ) 四 教唆扇動(きょうさせんどう) 送 そそのかす▼唆す |
| 12 | 詐 | 音[サ] | 言 ごんべん | 読 詐取(さしゅ) 書 詐称(さしょう)・詐欺(さぎ) |
| 9 | 砕 | 音[サイ] 訓[くだ(く)] [くだ(ける)] | 石 いしへん | 読 砕石(さいせき)・砕氷(さいひょう)・砕身(さいしん) 書 粉砕(ふんさい) 四 粉骨砕身(ふんこつさいしん) 送 くだける▼砕ける・くだく▼砕く |
| 10 | 宰 | 音[サイ] | 宀 うかんむり | 読 主宰(しゅさい) 書 宰相(さいしょう) |
| 10 | 栽 | 音[サイ] | 木 き | 読 植栽(しょくさい) 書 盆栽(ぼんさい)・栽培(さいばい) |
| 11 | 斎 | 音[サイ] | 斉 せい | 読 斎場(さいじょう) 書 書斎(しょさい) 四 精進潔斎(しょうじんけっさい) |
| 10 | 索 | 音[サク] | 糸 いと | 読 思索(しさく)・検索(けんさく)・詮索(せんさく) 書 索引(さくいん)・捜索(そうさく) 四 暗中模索(あんちゅうもさく)・家宅捜索(かたくそうさく) |

| 画数 | 漢字 | 音訓 | 部首 | 用例 |
| --- | --- | --- | --- | --- |
| 12 | 酢 | 音[サク] 訓[す] | 酉 とりへん | 読 酢酸（さくさん） 書 酢（す）・酢豚（すぶた） |
| 10 | 桟 | 音[サン] | 木 きへん | 読 桟道（さんどう）・桟橋（さんばし） 書 桟敷（さじき） |
| 12 | 傘 | 音[サン]高 訓[かさ] | 人 ひとやね | 読 雨傘（あまがさ）・唐傘（からかさ） 書 傘下（さんか）・傘（かさ） |
| 8 | シ 肢 | 音[シ] | 月 にくづき | 読 肢体（したい）・四肢（しし）・下肢（かし） 書 選択肢（せんたくし） |
| 13 | 嗣 | 音[シ] | 口 くち | 読 嗣子（しし） 書 継嗣（けいし） |
| 15 | 賜 | 音[シ]高 訓[たまわ(る)] | 貝 かいへん | 読 下賜（かし） 書 賜（たま）わる・賜杯（しはい） |
| 19 | 璽 | 音[ジ] | 玉 たま | 読 玉璽（ぎょくじ） 書 国璽（こくじ） |
| 14 | 漆 | 音[シツ] 訓[うるし] | 氵 さんずい | 読 漆器（しっき）・乾漆（かんしつ）・漆黒（しっこく） 書 漆（うるし）・漆塗（うるしぬ）り |
| 14 | 遮 | 音[シャ] 訓[さえぎ(る)] | 辶 しんにょう しんにゅう | 読 遮断（しゃだん）・遮蔽（しゃへい） 書 遮音（しゃおん）・遮光（しゃこう） 四 遮二無二（しゃにむに） 送 さえぎる▼遮る |
| 11 | 蛇 | 音[ジャ] [ダ] 訓[へび] | 虫 むしへん | 読 蛇腹（じゃばら）・蛇口（じゃぐち） 書 蛇（へび）・蛇足（だそく）・長蛇（ちょうだ） 四 竜頭蛇尾（りゅうとうだび）・斗折蛇行（とせつだこう） |
| 10 | 酌 | 音[シャク] 訓[く(む)]高 | 酉 とりへん | 読 媒酌（ばいしゃく）・酌（しゃく）をする 書 酌（く）み交（か）わす・晩酌（ばんしゃく） 四 情状酌量（じょうじょうしゃくりょう） |
| 17 | 爵 | 音[シャク] | 爫 つめかんむり つめがしら | 読 男爵（だんしゃく）・伯爵（はくしゃく） 書 爵位（しゃくい） |

## 珠
10

音 [シュ]

王 おうへん たまへん

読 珠算(しゅざん)

書 真珠(しんじゅ)・珠玉(しゅぎょく)

## 儒
16

音 [ジュ]

亻 にんべん

読 儒者(じゅしゃ)・儒教(じゅきょう)

書 儒学(じゅがく)

## 囚
5

音 [シュウ]

囗 くにがまえ

読 囚人(しゅうじん)・虜囚(りょしゅう)

書 幽囚(ゆうしゅう)

## 臭
9

音 [シュウ]
訓 [くさ(い)]
[にお(う)]

自 みずから

読 臭気(しゅうき)・俗臭(ぞくしゅう)・体臭(たいしゅう)・脱臭(だっしゅう)

書 異臭(いしゅう) 四 無味無臭(むみむしゅう)

送 におい▼臭い

## 愁
13

音 [シュウ]
訓 [うれ(える)]高
[うれ(い)]高

心 こころ

読 愁い(うれい)・哀愁(あいしゅう)・愁う(うれう)・愁える(うれえる)・愁傷(しゅうしょう)・愁嘆場(しゅうたんば)・愁眉(しゅうび)

書 郷愁(きょうしゅう)・愁傷(しゅうしょう)・旅愁(りょしゅう)

## 酬
13

音 [シュウ]

酉 とりへん

書 応酬(おうしゅう)・報酬(ほうしゅう)

## 醜
17

音 [シュウ]
訓 [みにく(い)]

酉 とりへん

読 醜聞(しゅうぶん)・醜態(しゅうたい)・醜悪(しゅうあく)

書 美醜(びしゅう)

送 みにくい▼醜い

## 汁
5

音 [ジュウ]
訓 [しる]

氵 さんずい

読 墨汁(ぼくじゅう)・胆汁(たんじゅう)

書 汁粉(しるこ)・果汁(かじゅう)・みそ汁(しる)

四 一汁一菜(いちじゅういっさい)

## 充
6

音 [ジュウ]
訓 [あ(てる)]高

儿 ひとあし にんにょう

読 充てる(あてる)・充満(じゅうまん)・充塡(じゅうてん)・充電(じゅうでん)・補充(ほじゅう)

書 充血(じゅうけつ)・充実(じゅうじつ)・拡充(かくじゅう)・充当(じゅうとう)

四 汗牛充棟(かんぎゅうじゅうとう)

## 渋
11

音 [ジュウ]
訓 [しぶ]
[しぶ(い)]
[しぶ(る)]

氵 さんずい

読 茶渋(ちゃしぶ)

書 渋滞(じゅうたい)・難渋(なんじゅう)・渋柿(しぶがき)・渋好み(しぶごのみ)

送 しぶる▼渋る・しぶい▼渋い

## 銃
14

音 [ジュウ]

金 かねへん

読 銃口(じゅうこう)・火縄銃(ひなわじゅう)・拳銃(けんじゅう)・猟銃(りょうじゅう)

書 銃声(じゅうせい)・銃撃(じゅうげき)

## 叔
8

音 [シュク]

又 また

読 叔母(おば)

書 伯叔(はくしゅく)

| 画数 | 漢字 | 音・訓 | 部首 | 用例 |
|---|---|---|---|---|
| 11 | 淑 | 音 [シュク] | 氵 さんずい | 読 私淑(ししゅく) 書 淑女(しゅくじょ) 四 紳士淑女(しんししゅくじょ) |
| 11 | 粛 | 音 [シュク] | 聿 ふでづくり | 読 粛粛(しゅくしゅく)・粛然(しゅくぜん)・自粛(じしゅく)・粛正(しゅくせい)・粛清(しゅくせい) 書 静粛(せいしゅく)・厳粛(げんしゅく) 四 綱紀粛正(こうきしゅくせい) |
| 14 | 塾 | 音 [ジュク] | 土 つち | 読 私塾(しじゅく) 書 塾(じゅく)に通(かよ)う |
| 9 | 俊 | 音 [シュン] | 亻 にんべん | 読 俊才(しゅんさい)・俊傑(しゅんけつ)・俊敏(しゅんびん) 四 英俊豪傑(えいしゅんごうけつ) |
| 10 | 准 | 音 [ジュン] | 冫 にすい | 読 准尉(じゅんい) 書 批准(ひじゅん) |
| 10 | 殉 | 音 [ジュン] | 歹 かばねへん いちたへん がつへん | 読 殉職(じゅんしょく) 書 殉死(じゅんし)・殉教(じゅんきょう) |
| 12 | 循 | 音 [ジュン] | 彳 ぎょうにんべん | 読 因循(いんじゅん) 書 循環(じゅんかん) |
| 11 | 庶 | 音 [ショ] | 广 まだれ | 読 庶民(しょみん) 書 庶務(しょむ) |
| 14 | 緒 | 音 [ショ] [チョ] 訓 [お] | 糸 いとへん | 読 内緒(ないしょ) 書 勝(か)ってかぶとの緒(お)を締(し)めよ・由緒(ゆいしょ)・鼻緒(はなお)・情緒(じょうちょ・じょうしょ) |
| 9 | 叙 | 音 [ジョ] | 又 また | 読 叙情(じょじょう) 書 叙景(じょけい)・叙勲(じょくん)・叙事(じょじ) |
| 4 | 升 | 音 [ショウ] 訓 [ます] | 十 じゅう | 読 升目(ますめ)・一升(いっしょう)・升席(ますせき) 書 升(ます) |
| 7 | 抄 | 音 [ショウ] | 扌 てへん | 読 抄本(しょうほん)・抄録(しょうろく)・抄訳(しょうやく) |

| 画数 | 漢字 | 音訓 | 部首 | 用例 |
| --- | --- | --- | --- | --- |
| 7 | 肖 | 音［ショウ］ | 肉 にく | 読 不肖（ふしょう） 書 肖像（しょうぞう） |
| 8 | 尚 | 音［ショウ］ | ⺌ しょう | 読 尚早（しょうそう）・好尚（こうしょう）・尚武（しょうぶ） 書 高尚（こうしょう）・和尚（おしょう） 四 時期尚早（じきしょうそう）・読書尚友（どくしょしょうゆう） |
| 10 | 宵 | 音［ショウ］高 訓［よい］ | 宀 うかんむり | 読 春宵（しゅんしょう）・徹宵（てっしょう） 書 宵越し（よいごし）・宵（よい）・春宵（しゅんしょう）・宵闇（よいやみ） 四 春宵一刻（しゅんしょういっこく） |
| 10 | 症 | 音［ショウ］ | 疒 やまいだれ | 読 既往症（きおうしょう）・重症（じゅうしょう）・症候（しょうこう） 書 炎症（えんしょう）・症状（しょうじょう）・症例（しょうれい）・発症（はっしょう） |
| 10 | 祥 | 音［ショウ］ | 礻 しめすへん | 読 不祥事（ふしょうじ）・清祥（せいしょう） 書 発祥（はっしょう）・不祥（ふしょう） |
| 11 | 渉 | 音［ショウ］ | 氵 さんずい | 読 渉猟（しょうりょう）・干渉（かんしょう） 書 渉外（しょうがい）・交渉（こうしょう） |
| 11 | 訟 | 音［ショウ］ | 言 ごんべん | 書 訴訟（そしょう） |
| 12 | 硝 | 音［ショウ］ | 石 いしへん | 読 硝石（しょうせき） 書 硝煙（しょうえん）・硝酸（しょうさん） |
| 12 | 粧 | 音［ショウ］ | 米 こめへん | 書 化粧（けしょう） |
| 12 | 詔 | 音［ショウ］ 訓［みことのり］高 | 言 ごんべん | 読 詔勅（しょうちょく） 書 詔書（しょうしょ） |
| 13 | 奨 | 音［ショウ］ | 大 だい | 書 奨励（しょうれい）・勧奨（かんしょう）・推奨（すいしょう） |
| 14 | 彰 | 音［ショウ］ | 彡 さんづくり | 読 顕彰（けんしょう） 書 表彰（ひょうしょう） |

配当漢字表

| 画数 | 漢字 | 読み | 部首 | 用例 |
|---|---|---|---|---|
| 17 | 償 | 音[ショウ] 訓[つぐな(う)] | 亻 にんべん | 読 償却(しょうきゃく)・補償(ほしょう)・償還(しょうかん)・賠償(ばいしょう) 書 弁償(べんしょう) 四 減価償却(げんかしょうきゃく) 送 つぐなう▼償う |
| 17 | 礁 | 音[ショウ] | 石 いしへん | 読 岩礁(がんしょう)・環礁(かんしょう)・離礁(りしょう) 書 暗礁(あんしょう) |
| 9 | 浄 | 音[ジョウ] | 氵 さんずい | 読 自浄(じじょう)・浄化(じょうか)・不浄(ふじょう)・浄瑠璃(じょうるり) 書 浄財(じょうざい)・清浄(せいじょう)・浄水(じょうすい) 四 西方浄土(さいほうじょうど)・極楽浄土(ごくらくじょうど) |
| 11 | 剰 | 音[ジョウ] | 刂 りっとう | 読 剰員(じょういん) 書 余剰(よじょう)・過剰(かじょう)・剰余(じょうよ) |
| 16 | 壌 | 音[ジョウ] | 土 つちへん | 書 土壌(どじょう) 四 天壌無窮(てんじょうむきゅう) |
| 20 | 醸 | 音[ジョウ] 訓[かも(す)]高 | 酉 とりへん | 読 醸成(じょうせい)・物議(ぶつぎ)を醸(かも)す 書 醸造(じょうぞう) 送 かもす▼醸す |
| 9 | 津 | 音[シン]高 訓[つ] | 氵 さんずい | 読 津波(つなみ) 四 興味津津(きょうみしんしん)・津津浦浦(つつうらうら) |
| 10 | 唇 | 音[シン]高 訓[くちびる] | 口 くち | 読 口唇(こうしん) 書 唇(くちびる) |
| 10 | 娠 | 音[シン] | 女 おんなへん | 書 妊娠(にんしん) |
| 11 | 紳 | 音[シン] | 糸 いとへん | 書 紳士(しんし) 四 紳士淑女(しんししゅくじょ) |
| 12 | 診 | 音[シン] 訓[み(る)] | 言 ごんべん | 読 患者(かんじゃ)を診(み)る・聴診器(ちょうしんき) 書 打診(だしん)・検診(けんしん)・誤診(ごしん) |
| 3 | 刃 | 音[ジン]高 訓[は] | 刀 かたな | 読 刃先(はさき)・兵刃(へいじん) 書 凶刃(きょうじん)・包丁(ほうちょう)の刃(は) |

| 画数 | 漢字 | 音・訓 | 部首 | 出題例 |
|---|---|---|---|---|
| 6 | 迅 | 音[ジン] | 辶 しんにょう・しんにゅう | 書 迅速(じんそく) 四 迅速果断(じんそくかだん)・疾風迅雷(しっぷうじんらい)・迅速果敢(じんそくかかん) |
| 9 | 甚 | 音[ジン]高 訓[はなは(だ)][はなは(だしい)] | 甘 かん・あまい | 読 激甚(げきじん)・深甚(しんじん) 書 幸甚(こうじん)・甚大(じんだい) 送 はなはだしい▼甚だしい・はなはだ▼甚だ |
| 9 (ス) | 帥 | 音[スイ] | 巾 はば | 読 総帥(そうすい) 書 元帥(げんすい) |
| 13 | 睡 | 音[スイ] | 目 めへん | 読 仮睡(かすい) 書 睡魔(すいま)・熟睡(じゅくすい) |
| 8 | 枢 | 音[スウ] | 木 きへん | 読 枢要(すうよう)・枢軸(すうじく) 書 中枢(ちゅうすう) |
| 11 | 崇 | 音[スウ] | 山 やま | 書 崇高(すうこう)・崇拝(すうはい) |
| 11 | 据 | 訓[す(える)][す(わる)] | 扌 てへん | 読 腹が据(す)わる・見据(みす)える 送 すえる▼据える・すわる▼据わる |
| 7 | 杉 | 訓[すぎ] | 木 きへん | 読 杉皮(すぎかわ) 書 杉並木(すぎなみき) |
| 8 (セ) | 斉 | 音[セイ] | 斉 せい | 読 均斉(きんせい) 書 一斉(いっせい)・斉唱(せいしょう) |
| 10 | 逝 | 音[セイ] 訓[ゆ(く)]高[い(く)]高 | 辶 しんにょう・しんにゅう | 読 逝去(せいきょ) 書 逝(ゆ)く・急逝(きゅうせい) |
| 14 | 誓 | 音[セイ] 訓[ちか(う)] | 言 げん | 読 誓願(せいがん)・誓詞(せいし) 書 宣誓(せんせい)・誓約(せいやく) 送 ちかう▼誓う |
| 8 | 析 | 音[セキ] | 木 きへん | 読 分析(ぶんせき) 書 解析(かいせき)・透析(とうせき) |

| 画数 | 漢字 | 読み | 部首 | 用例 |
|---|---|---|---|---|
| 8 | 拙 | 音 [セツ] 訓 [つたな(い)] | 扌 てへん | 読 稚拙(ちせつ)・拙宅(せったく)・巧拙(こうせつ)・古拙(こせつ)・拙速(せっそく) 書 拙劣(せつれつ) 四 巧遅拙速(こうちせっそく) |
| 9 | 窃 | 音 [セツ] | 穴 あなかんむり | 読 窃取(せっしゅ) 書 窃盗(せっとう) |
| 5 | 仙 | 音 [セン] | 亻 にんべん | 読 仙境(せんきょう)・水仙(すいせん)・仙薬(せんやく) 書 仙人(せんにん) |
| 10 | 栓 | 音 [セン] | 木 きへん | 読 元栓(もとせん) 書 栓(せん)・栓抜(せんぬ)き |
| 11 | 旋 | 音 [セン] | 方 ほうへん かたへん | 読 周旋(しゅうせん)・旋回(せんかい) 書 旋風(せんぷう)・旋盤(せんばん)・旋律(せんりつ) 四 周旋奔走(しゅうせんほんそう) |
| 13 | 践 | 音 [セン] | 足 あしへん | 書 実践(じっせん) |
| 15 | 遷 | 音 [セン] | 辶 しんにょう しんにゅう | 読 遷延(せんえん) 書 左遷(させん)・遷都(せんと)・変遷(へんせん) |
| 16 | 薦 | 音 [セン] 訓 [すす(める)] | 艹 くさかんむり | 読 薦(すす)める 書 推薦(すいせん) |
| 17 | 繊 | 音 [セン] | 糸 いとへん | 読 繊毛(せんもう) 書 繊細(せんさい)・繊維(せんい) |
| 13 | 禅 | 音 [ゼン] | 礻 しめすへん | 読 禅譲(ぜんじょう)・座禅(ざぜん)・参禅(さんぜん)・禅宗(ぜんしゅう) 書 禅(ぜん) |
| 14 | 漸 | 音 [ゼン] | 氵 さんずい | 読 漸進(ぜんしん)・漸増(ぜんぞう)・漸減(ぜんげん) 書 漸次(ぜんじ) |

ソ

| 画数 | 漢字 | 読み | 部首 | 用例 |
|---|---|---|---|---|
| 10 | 租 | 音 [ソ] | 禾 のぎへん | 読 租借(そしゃく) 書 租税(そぜい)・免租(めんそ) |

| 画数 | 漢字 | 音訓 | 部首 | 用例 |
| --- | --- | --- | --- | --- |
| 12 | 疎 | 音[ソ] 訓[うと(い)]高 [うと(む)]高 | 𤴔 ひきへん | 読 空疎・疎遠・疎外・疎密 書 過疎 四 内疎外親・意思疎通 送 うとい▼疎い・うとむ▼疎む |
| 13 | 塑 | 音[ソ] | 土 つち | 読 可塑性・塑像 |
| 6 | 壮 | 音[ソウ] | 士 さむらい | 読 壮図・豪壮・勇壮・悲壮・壮年 書 壮健・壮烈・壮絶・壮大・壮観 四 大言壮語・気宇壮大・少壮気鋭 |
| 9 | 荘 | 音[ソウ] | 艹 くさかんむり | 書 荘厳・荘重 |
| 10 | 捜 | 音[ソウ] 訓[さが(す)] | 扌 てへん | 読 捜す 書 捜査・捜索 四 家宅捜索 |
| 10 | 挿 | 音[ソウ] 訓[さ(す)] | 扌 てへん | 読 挿話・挿入 書 挿す・挿絵 |
| 11 | 曹 | 音[ソウ] | 曰 ひらび いわく | 読 法曹界 書 法曹 |
| 12 | 喪 | 音[ソウ] 訓[も] | 口 くち | 読 喪失・喪心 書 喪主・喪に服す・喪中 四 禍福得喪・意気阻喪・玩物喪志 |
| 15 | 槽 | 音[ソウ] | 木 きへん | 読 浴槽 書 水槽・浴槽 |
| 17 | 霜 | 音[ソウ]高 訓[しも] | 雨 あめかんむり | 読 風霜 書 星霜・霜柱・霜・霜降り・霜焼け 四 秋霜烈日・風霜高潔 |
| 19 | 藻 | 音[ソウ] 訓[も] | 艹 くさかんむり | 読 詞藻・海藻 書 藻 |
| 7 | 妥 (タ) | 音[ダ] | 女 おんな | 読 妥結・妥協 書 妥当 四 普遍妥当 |

| 画数 | 漢字 | 音訓 | 部首 | 用例 |
| --- | --- | --- | --- | --- |
| 12 | 堕 | 音 [ダ] | 土 つち | 読 堕(だ)す　書 堕落(だらく)　四 腐敗堕落(ふはいだらく) |
| 12 | 惰 | 音 [ダ] | 忄 りっしんべん | 読 怠惰(たいだ)・惰弱(だじゃく)　書 惰性(だせい)・惰眠(だみん) |
| 14 | 駄 | 音 [ダ] | 馬 うまへん | 読 駄弁(だべん)・駄文(だぶん)・駄駄(だだ)をこねる・無駄(むだ)　書 駄賃(だちん) |
| 10 | 泰 | 音 [タイ] | 氺 したみず | 読 安泰(あんたい)・泰然(たいぜん)・泰斗(たいと)　四 泰山北斗(たいざんほくと)・泰然自若(たいぜんじじゃく) |
| 17 | 濯 | 音 [タク] | 氵 さんずい | 書 洗濯(せんたく) |
| 7 | 但 | 訓 [ただ(し)] | 亻 にんべん | 書 但(ただ)し書(が)き　送 ただし▼但し |

チ

| 画数 | 漢字 | 音訓 | 部首 | 用例 |
| --- | --- | --- | --- | --- |
| 12 | 棚 | 訓 [たな] | 木 きへん | 読 書棚(しょだな)・神棚(かみだな)・大陸棚(たいりくだな)　書 棚(たな)・棚上(たなあ)げ・網棚(あみだな)・棚卸(たなおろ)し |
| 13 | 痴 | 音 [チ] | 疒 やまいだれ | 読 痴態(ちたい)・愚痴(ぐち)　書 音痴(おんち)・痴漢(ちかん) |
| 10 | 逐 | 音 [チク] | 辶 しんにょう しんにゅう | 読 逐次(ちくじ)・角逐(かくちく)・放逐(ほうちく)・逐田(ちくでん)　書 駆逐(くちく)・逐条(ちくじょう) |
| 10 | 秩 | 音 [チツ] | 禾 のぎへん | 書 秩序(ちつじょ)　四 安寧秩序(あんねいちつじょ) |
| 14 | 嫡 | 音 [チャク] | 女 おんなへん | 読 嫡男(ちゃくなん)・嫡嗣(ちゃくし)　書 嫡子(ちゃくし) |
| 9 | 衷 | 音 [チュウ] | 衣 ころも | 読 折衷(せっちゅう)・苦衷(くちゅう)　書 衷心(ちゅうしん)　四 和衷協同(わちゅうきょうどう) |

| 画数 | 漢字 | 音・訓 | 部首 | 用例 |
|---|---|---|---|---|
| 4 | 弔 | 音[チョウ] 訓[とむら(う)] | 弓 ゆみ | 読 弔辞(ちょうじ)・弔意(ちょうい)・弔(とむら)い 書 弔問(ちょうもん)・慶弔(けいちょう) 送 とむらう▼弔う |
| 9 | 挑 | 音[チョウ] 訓[いど(む)] | 扌 てへん | 書 挑発(ちょうはつ)・挑戦(ちょうせん) 送 いどむ▼挑む |
| 11 | 眺 | 音[チョウ] 訓[なが(める)] | 目 めへん | 書 眺望(ちょうぼう) 四 眺望絶佳(ちょうぼうぜっか) 送 ながめる▼眺める |
| 11 | 釣 | 音[チョウ]㊢ 訓[つ(る)] | 金 かねへん | 読 釣友(ちょうゆう) 書 釣(つ)る・釣果(ちょうか) |
| 18 | 懲 | 音[チョウ] 訓[こ(りる)] [こ(らす)] [こ(らしめる)] | 心 こころ | 読 懲役(ちょうえき) 書 懲(こ)らす・性懲(しょうこ)り 四 勧善懲悪(かんぜんちょうあく) 送 こりる▼懲りる・こらしめる▼懲らしめる |
| 9 | 勅 | 音[チョク] | 力 ちから | 読 勅命(ちょくめい)・勅令(ちょくれい) 書 勅願(ちょくがん) |
| 10 | 朕 | 音[チン] | 月 つきへん | 読 朕(ちん)は国家(こっか)なり |
| 12 ツ | 塚 | 訓[つか] | 土 つちへん | 書 貝塚(かいづか)・一里塚(いちりづか)・塚(つか) |
| 14 | 漬 | 訓[つ(ける)] [つ(かる)] | 氵 さんずい | 読 漬物(つけもの) 書 塩漬(しおづ)け・茶漬(ちゃづ)け 送 つける▼漬ける |
| 8 | 坪 | 訓[つぼ] | 土 つちへん | 書 坪(つぼ)・建坪(たてつぼ)・坪庭(つぼにわ)・坪当(つぼあ)たり |
| 7 テ | 呈 | 音[テイ] | 口 くち | 読 謹呈(きんてい)・献呈(けんてい) 書 呈(てい)する・進呈(しんてい)・贈呈(ぞうてい)・露呈(ろてい) |
| 7 | 廷 | 音[テイ] | 廴 えんにょう | 読 出廷(しゅってい)・法廷(ほうてい)・開廷(かいてい)・退廷(たいてい) 書 宮廷(きゅうてい) |

| 画数 | 漢字 | 音・訓 | 部首 | 用例 |
|---|---|---|---|---|
| 8 | 邸 | 音［テイ］ | 阝 おおざと | 読 旧邸（きゅうてい）・公邸（こうてい） 書 官邸（かんてい）・豪邸（ごうてい）・邸宅（ていたく）・別邸（べってい） |
| 9 | 亭 | 音［テイ］ | 亠 なべぶた けいさんかんむり | 書 料亭（りょうてい）・亭主（ていしゅ） |
| 9 | 貞 | 音［テイ］ | 貝 かい こがい | 読 貞淑（ていしゅく） 書 貞節（ていせつ） |
| 10 | 逓 | 音［テイ］ | 辶 しんにょう しんにゅう | 読 逓減（ていげん）・逓増（ていぞう）・逓送（ていそう） 書 逓信（ていしん） |
| 11 | 偵 | 音［テイ］ | 亻 にんべん | 書 偵察（ていさつ）・探偵（たんてい）・内偵（ないてい） |
| 13 | 艇 | 音［テイ］ | 舟 ふねへん | 読 競艇（きょうてい） 書 艦艇（かんてい）・舟艇（しゅうてい） |
| 8 | 泥 | 音［デイ］高 訓［どろ］ | 氵 さんずい | 読 汚泥（おでい）・泥炭（でいたん）・泥棒（どろぼう） 書 拘泥（こうでい）・泥酔（でいすい）・雲泥（うんでい）・泥縄（どろなわ）・泥沼（どろぬま）・泥流（でいりゅう） 四 雲泥万里（うんでいばんり） |
| 8 | 迭 | 音［テツ］ | 辶 しんにょう しんにゅう | 書 更迭（こうてつ） |
| 15 | 徹 | 音［テツ］ | 彳 ぎょうにんべん | 読 徹宵（てっしょう）・冷徹（れいてつ） 書 徹夜（てつや）・透徹（とうてつ） 四 初志貫徹（しょしかんてつ）・周知徹底（しゅうちてってい）・頑固一徹（がんこいってつ）・大悟徹底（たいごてってい） |
| 15 | 撤 | 音［テツ］ | 扌 てへん | 読 撤収（てっしゅう）・撤兵（てっぺい） 書 撤廃（てっぱい）・撤回（てっかい）・撤去（てっきょ） |
| 11 ト | 悼 | 音［トウ］ 訓［いた（む）］高 | 忄 りっしんべん | 読 追悼（ついとう） 書 哀悼（あいとう） 送 いたむ▼悼む |
| 12 | 搭 | 音［トウ］ | 扌 てへん | 書 搭乗（とうじょう）・搭載（とうさい） |

| 画数 | 漢字 | 音訓 | 部首 | 用例 |
|---|---|---|---|---|
| 12 | 棟 | 音 [トウ] 訓 [むね] [むな] 高 | 木 きへん | 書 棟上げ(むねあ)・棟(とう)・病棟(びょうとう)・別棟(べつむね) 四 汗牛充棟(かんぎゅうじゅうとう) |
| 12 | 筒 | 音 [トウ] 訓 [つつ] | 竹 たけかんむり | 書 筒抜け(つつぬ)・封筒(ふうとう)・水筒(すいとう) |
| 17 | 謄 | 音 [トウ] | 言 げん | 書 謄本(とうほん) |
| 20 | 騰 | 音 [トウ] | 馬 うま | 書 急騰(きゅうとう)・暴騰(ぼうとう)・沸騰(ふっとう)・騰貴(とうき) |
| 9 | 洞 | 音 [ドウ] 訓 [ほら] | 氵 さんずい | 読 空洞(くうどう) 書 洞察(どうさつ)・洞窟(どうくつ)・洞穴(どうけつ・ほらあな) |
| 13 | 督 | 音 [トク] | 目 め | 読 督励(とくれい)・家督(かとく) 書 督促(とくそく)・監督(かんとく) |
| 5 | 凸 | 音 [トツ] | 凵 うけばこ | 読 凸版(とっぱん) 書 凸凹(でこぼこ)・凸面鏡(とつめんきょう) |
| 4 | 屯 | 音 [トン] | 屮 てつ | 読 駐屯(ちゅうとん) 書 屯田(とんでん) |
| 11 ナ | 軟 | 音 [ナン] 訓 [やわ(らか)] [やわ(らかい)] | 車 くるまへん | 読 軟らかい(やわ)・軟水(なんすい)・軟弱(なんじゃく) 書 柔軟(じゅうなん)・軟禁(なんきん) |
| 5 ニ | 尼 | 音 [ニ] 高 訓 [あま] | 尸 かばね しかばね | 書 尼寺(あまでら)・尼僧(にそう) |
| 7 | 妊 | 音 [ニン] | 女 おんなへん | 書 妊婦(にんぷ)・妊娠(にんしん) |
| 7 | 忍 | 音 [ニン] 訓 [しの(ぶ)] [しの(ばせる)] | 心 こころ | 読 堪忍(かんにん)・残忍(ざんにん)・忍者(にんじゃ) 書 忍術(にんじゅつ)・忍耐(にんたい) 四 隠忍自重(いんにんじちょう)・堅忍不抜(けんにんふばつ) 送 しのばせる▼忍ばせる・しのぶ▼忍ぶ |

配当漢字表

| 画数 | 漢字 | 音・訓 | 部首 | 用例 |
|---|---|---|---|---|
| 14 | 寧 | 音[ネイ] | 宀 うかんむり | 読 安寧(あんねい) 書 丁寧(ていねい) 四 安寧秩序(あんねいちつじょ)・懇切丁寧(こんせつていねい) |
| 7 | 把 | 音[ハ] | 扌 てへん | 読 大雑把(おおざっぱ) 書 把握(はあく) |
| 19 | 覇 | 音[ハ] | 襾 おおいかんむり | 読 覇(は)を競(きそ)う・覇業(はぎょう)・覇権(はけん)・覇者(はしゃ) 書 覇気(はき)・制覇(せいは) |
| 12 | 廃 | 音[ハイ] 訓[すた(れる)] [すた(る)] | 广 まだれ | 読 廃屋(はいおく)・統廃合(とうはいごう)・廃坑(はいこう)・廃絶(はいぜつ)・老廃物(ろうはいぶつ) 書 撤廃(てっぱい)・荒廃(こうはい)・廃棄(はいき)・廃材(はいざい)・廃物(はいぶつ) 送 すたれる▼廃れる |
| 11 | 培 | 音[バイ] 訓[つちか(う)]㊫ | 土 つちへん | 書 培養(ばいよう)・栽培(さいばい) 送 つちかう▼培う |
| 12 | 媒 | 音[バイ] | 女 おんなへん | 読 媒酌(ばいしゃく) 書 触媒(しょくばい)・媒介(ばいかい) |
| 15 | 賠 | 音[バイ] | 貝 かいへん | 読 賠償(ばいしょう) |
| 7 | 伯 | 音[ハク] | 亻 にんべん | 読 伯爵(はくしゃく) 書 伯仲(はくちゅう)・画伯(がはく) 四 勢力伯仲(せいりょくはくちゅう) |
| 11 | 舶 | 音[ハク] | 舟 ふねへん | 読 舶来(はくらい) 書 船舶(せんぱく) |
| 13 | 漠 | 音[バク] | 氵 さんずい | 読 漠(ばく)とした・空漠(くうばく)・広漠(こうばく)・荒漠(こうばく) 書 砂漠(さばく)・漠然(ばくぜん) 四 空空漠漠(くうくうばくばく) |
| 6 | 肌 | 訓[はだ] | 月 にくづき | 読 鳥肌(とりはだ)・柔肌(やわはだ)・肌身(はだみ) 書 人肌(ひとはだ)・地肌(じはだ)・素肌(すはだ)・肌合(はだあ)い |
| 13 | 鉢 | 音[ハチ] [ハツ]㊫ | 金 かねへん | 読 丼鉢(どんぶりばち) 書 鉢(はち)・鉢巻(はちま)き |

## ヒ

**閥**（14画）
音 ［バツ］
部首：門 もんがまえ
読 財閥（ざいばつ）
書 派閥（はばつ）・学閥（がくばつ）

**煩**（13画）
音 ［ハン］［ボン］高
訓 ［わずら（う）］［わずら（わす）］
部首：火 ひへん
読 煩雑（はんざつ）・煩忙（はんぼう）
書 煩悩（ぼんのう）
四 百八煩悩（ひゃくはちぼんのう）
送 わずらわしい▼煩わしい・わずらわす▼煩わす

**頒**（13画）
音 ［ハン］
部首：頁 おおがい
読 頒価（はんか）
書 頒布（はんぷ）

**妃**（6画）
音 ［ヒ］
部首：女 おんなへん
読 妃殿下（ひでんか）
書 王妃（おうひ）

**披**（8画）
音 ［ヒ］
部首：扌 てへん
読 披見（ひけん）
書 披露（ひろう）
四 襲名披露（しゅうめいひろう）

**扉**（12画）
音 ［ヒ］
訓 ［とびら］高
部首：戸 とだれ／とかんむり
読 扉（とびら）
書 門扉（もんぴ）・鉄扉（てっぴ）

**罷**（15画）
音 ［ヒ］
部首：罒 あみがしら／あみめ／よこめ
読 罷免（ひめん）・罷業（ひぎょう）

**猫**（11画）
音 ［ビョウ］高
訓 ［ねこ］
部首：犭 けものへん
読 猫背（ねこぜ）・猫舌（ねこじた）
書 猫（ねこ）・愛猫（あいびょう）・猫柳（ねこやなぎ）・野良猫（のらねこ）

**賓**（15画）
音 ［ヒン］
部首：貝 かい／こがい
読 迎賓館（げいひんかん）
書 貴賓（きひん）・国賓（こくひん）・主賓（しゅひん）

**頻**（17画）
音 ［ヒン］
部首：頁 おおがい
読 頻出（ひんしゅつ）・頻度（ひんど）・頻頻（ひんぴん）
書 頻発（ひんぱつ）・頻繁（ひんぱん）

**瓶**（11画）
音 ［ビン］
部首：瓦 かわら
読 一升瓶（いっしょうびん）
書 花瓶（かびん）・鉄瓶（てつびん）

## フ

**扶**（7画）
音 ［フ］
部首：扌 てへん
書 扶養（ふよう）・扶助（ふじょ）
四 相互扶助（そうごふじょ）

| 画数 | 漢字 | 音・訓 | 部首 | 用例 |
|---|---|---|---|---|
| 8 | 附 | 音[フ] | 阝 こざとへん | 読 附属(ふぞく) 四 附和雷同(ふわらいどう) |
| 19 | 譜 | 音[フ] | 言 ごんべん | 読 棋譜(きふ) 書 楽譜(がくふ)・譜面(ふめん)・暗譜(あんぷ)・採譜(さいふ) |
| 8 | 侮 | 音[ブ] 訓[あなど(る)]㊫ | 亻 にんべん | 読 軽侮(けいぶ)・侮辱(ぶじょく) 送 あなどる▼侮る |
| 8 | 沸 | 音[フツ] 訓[わ(く)] [わ(かす)] | 氵 さんずい | 読 沸沸(ふつふつ) 書 煮沸(しゃふつ)・沸(わ)かす・沸(わ)く・沸騰(ふっとう) |
| 12 | 雰 | 音[フン] | 雨 あめかんむり | 書 雰囲気(ふんいき) |
| 15 | 憤 | 音[フン] 訓[いきどお(る)]㊫ | 忄 りっしんべん | 読 憤然(ふんぜん)・発憤(はっぷん)・憤(いきどお)り・鬱憤(うっぷん) 書 憤慨(ふんがい) 送 いきどおる▼憤る |

## へ

| 画数 | 漢字 | 音・訓 | 部首 | 用例 |
|---|---|---|---|---|
| 5 | 丙 | 音[ヘイ] | 一 いち | 読 甲乙丙丁(こうおつへいてい) |
| 8 | 併 | 音[ヘイ] 訓[あわ(せる)] | 亻 にんべん | 読 併(あわ)せる・併用(へいよう) 書 合併(がっぺい)・併設(へいせつ) |
| 12 | 塀 | 音[ヘイ] | 土 つちへん | 読 塀(へい)・土塀(どべい) 書 板塀(いたべい) |
| 15 | 幣 | 音[ヘイ] | 巾 はば | 読 紙幣(しへい) 書 貨幣(かへい)・造幣(ぞうへい) |
| 15 | 弊 | 音[ヘイ] | 廾 こまぬき にじゅうあし | 読 弊社(へいしゃ)・宿弊(しゅくへい)・病弊(びょうへい)・旧弊(きゅうへい)・語弊(ごへい) 書 悪弊(あくへい)・疲弊(ひへい)・弊害(へいがい) |
| 11 | 偏 | 音[ヘン] 訓[かたよ(る)] | 亻 にんべん | 読 偏狭(へんきょう)・偏在(へんざい)・偏向(へんこう)・偏重(へんちょう) 書 偏見(へんけん)・偏食(へんしょく) 四 不偏不党(ふへんふとう) 送 かたよる▼偏る |

| 画数 | 漢字 | 音・訓 | 部首 | 用例 |
|---|---|---|---|---|
| 12 | 遍 | 音［ヘン］ | ⻌ しんにょう しんにゅう | 読 満遍(まんべん)・普遍(ふへん) 書 お遍路(へんろ) 四 普遍妥当(ふへんだとう)・読書百遍(どくしょひゃっぺん) |
| ホ 8 | 泡 | 音［ホウ］ 訓［あわ］ | 氵 さんずい | 読 気泡(きほう) 書 泡(あわ)・水泡(すいほう)・発泡(はっぽう) |
| 10 | 俸 | 音［ホウ］ | 亻 にんべん | 読 俸給(ほうきゅう) 書 年俸(ねんぽう) |
| 15 | 褒 | 音［ホウ］㊔ 訓［ほ(める)］ | 衣 ころも | 読 褒賞(ほうしょう)・褒章(ほうしょう) 書 褒美(ほうび) 送 ほめる▼褒める |
| 10 | 剖 | 音［ボウ］ | 刂 りっとう | 書 解剖(かいぼう) |
| 10 | 紡 | 音［ボウ］ 訓［つむ(ぐ)］㊔ | 糸 いとへん | 読 紡績(ぼうせき)・混紡(こんぼう)・紡織(ぼうしょく) 送 つむぐ▼紡ぐ |
| 6 | 朴 | 音［ボク］ | 木 きへん | 読 質朴(しつぼく) 書 純朴(じゅんぼく)・素朴(そぼく) |
| 14 | 僕 | 音［ボク］ | 亻 にんべん | 書 公僕(こうぼく) |
| 15 | 撲 | 音［ボク］ | 扌 てへん | 読 撲滅(ぼくめつ) 書 打撲(だぼく) |
| 11 | 堀 | 訓［ほり］ | 土 つちへん | 読 堀端(ほりばた) 書 堀(ほり) |
| 8 | 奔 | 音［ホン］ | 大 だい | 読 奔流(ほんりゅう)・狂奔(きょうほん)・出奔(しゅっぽん) 書 奔放(ほんぽう)・奔走(ほんそう) 四 東奔西走(とうほんせいそう)・自由奔放(じゆうほんぽう)・周旋奔走(しゅうせんほんそう) |
| マ 11 | 麻 | 音［マ］ 訓［あさ］ | 麻 あさ | 読 麻縄(あさなわ) 書 麻(あさ)・麻薬(まやく) 四 快刀乱麻(かいとうらんま) |

配当漢字表

| 索引 | 画数 | 漢字 | 音訓 | 部首 | 用例 |
|---|---|---|---|---|---|
| | 15 | 摩 | 音［マ］ | 手（て） | 読 摩滅（まめつ）・摩耗（まもう）・摩天楼（まてんろう）・摩擦（まさつ） |
| | 16 | 磨 | 音［マ］ 訓［みが(く)］ | 石（いし） | 読 錬磨（れんま）・研磨（けんま）<br>送 みがく▼磨く |
| | 8 | 抹 | 音［マツ］ | 扌（てへん） | 読 一抹（いちまつ）・抹香（まっこう）・抹殺（まっさつ）<br>書 抹消（まっしょう）・抹茶（まっちゃ） |
| ミ | 8 | 岬 | 訓［みさき］ | 山（やまへん） | 書 岬（みさき） |
| メ | 14 | 銘 | 音［メイ］ | 金（かねへん） | 読 感銘（かんめい）・銘記（めいき）・銘柄（めいがら）<br>書 銘（めい）じる<br>四 正真正銘（しょうしんしょうめい） |
| モ | 6 | 妄 | 音［モウ］［ボウ］㊫ | 女（おんな） | 読 迷妄（めいもう）・妄想（もうそう）<br>四 軽挙妄動（けいきょもうどう）・誇大妄想（こだいもうそう）・被害妄想（ひがいもうそう）・妄言多謝（もうげんたしゃ） |
| | 8 | 盲 | 音［モウ］ | 目（め） | 読 盲点（もうてん）<br>書 盲導犬（もうどうけん）<br>四 盲亀浮木（もうきふぼく） |
| | 10 | 耗 | 音［モウ］［コウ］㊫ | 耒（すきへん／らいすき） | 読 摩耗（まもう）<br>書 消耗（しょうもう・しょうこう）<br>四 心神耗弱（しんしんこうじゃく） |
| ヤ | 4 | 厄 | 音［ヤク］ | 厂（がんだれ） | 読 厄日（やくび）・災厄（さいやく）・厄災（やくさい）<br>書 厄介（やっかい） |
| ユ | 12 | 愉 | 音［ユ］ | 忄（りっしんべん） | 読 愉悦（ゆえつ）<br>書 愉快（ゆかい） |
| | 16 | 諭 | 音［ユ］ 訓［さと(す)］ | 言（ごんべん） | 読 説諭（せつゆ）・教諭（きょうゆ）<br>書 諭旨（ゆし）<br>送 さとす▼諭す |
| | 18 | 癒 | 音［ユ］ 訓［い(える)］［い(やす)］ | 疒（やまいだれ） | 読 平癒（へいゆ）・快癒（かいゆ）<br>書 治癒（ちゆ）・癒着（ゆちゃく） |

| 唯 | 悠 | 猶 | 裕 | 融 | 庸 |
|---|---|---|---|---|---|
| 11 | 11 | 12 | 12 | 16 | 11 ヨ |
| 音［ユイ］［イ］高 | 音［ユウ］ | 音［ユウ］ | 音［ユウ］ | 音［ユウ］ | 音［ヨウ］ |
| 口 くちへん | 心 こころ | 犭 けものへん | 衤 ころもへん | 虫 むし | 广 まだれ |
| 読 唯美（ゆいび） 書 唯一（ゆいいつ） 四 唯唯諾諾（いいだくだく）・唯一無二（ゆいいつむに）・唯我独尊（ゆいがどくそん） | 読 悠揚（ゆうよう）・悠然（ゆうぜん）・悠長（ゆうちょう） 書 悠久（ゆうきゅう） | 読 猶予（ゆうよ） | 読 富裕（ふゆう）・裕福（ゆうふく） 書 余裕（よゆう） | 読 融合（ゆうごう）・金融（きんゆう）・融和（ゆうわ） 書 融通（ゆうずう）・融解（ゆうかい）・融資（ゆうし） | 読 凡庸（ぼんよう） 書 中庸（ちゅうよう） |

| 窯 | 羅 | 酪 | 痢 | 履 | 柳 |
|---|---|---|---|---|---|
| 15 | 19 ラ | 13 | 12 リ | 15 | 9 |
| 音［ヨウ］高 訓［かま］ | 音［ラ］ | 音［ラク］ | 音［リ］ | 音［リ］ 訓［は（く）］ | 音［リュウ］ 訓［やなぎ］ |
| 穴 あなかんむり | 罒 あみがしら あみめ よこめ | 酉 とりへん | 疒 やまいだれ | 尸 かばね しかばね | 木 きへん |
| 読 窯業（ようぎょう）・窯跡（かまあと） 書 窯元（かまもと）・窯（かま） | 書 甲羅（こうら）・羅列（られつ）・網羅（もうら）・修羅場（しゅらば） 四 森羅万象（しんらばんしょう） | 書 酪農（らくのう） | 読 赤痢（せきり） 書 下痢（げり） | 読 履行（りこう）・履物（はきもの） 書 履く（はく）・履修（りしゅう）・草履（ぞうり）・履歴（りれき） | 読 川柳（せんりゅう） 書 柳（やなぎ）・猫柳（ねこやなぎ） |

| 画数 | 漢字 | 音・訓 | 部首 | 用例 |
|---|---|---|---|---|
| 10 | 竜 | 音[リュウ] 訓[たつ] | 竜 りゅう | 読 恐竜(きょうりゅう) 書 竜巻(たつまき)・登竜門(とうりゅうもん)・恐竜(きょうりゅう)・竜(りゅう) 四 竜頭蛇尾(りゅうとうだび) |
| 12 | 硫 | 音[リュウ] | 石 いしへん | 読 硫酸(りゅうさん) 書 硫黄(いおう) |
| 13 | 虜 | 音[リョ] | 虍 とらがしら とらかんむり | 読 捕虜(ほりょ) |
| 11 | 涼 | 音[リョウ] 訓[すず(しい)] [すず(む)] | 氵 さんずい | 読 涼む(すず)・涼感(りょうかん) 書 荒涼(こうりょう)・清涼(せいりょう)・納涼(のうりょう)・涼風(りょうふう・すずかぜ) 送 すずしい▼涼しい |
| 14 | 僚 | 音[リョウ] | 亻 にんべん | 書 閣僚(かくりょう)・同僚(どうりょう) |
| 15 | 寮 | 音[リョウ] | 宀 うかんむり | 読 入寮(にゅうりょう)・退寮(たいりょう) 書 寮(りょう) |

| 画数 | 漢字 | 音・訓 | 部首 | 用例 |
|---|---|---|---|---|
| 10 | 倫 | 音[リン] | 亻 にんべん | 読 人倫(じんりん) 書 倫理(りんり)・人倫(じんりん) 四 精力絶倫(せいりょくぜつりん) |
| ル 11 | 累 | 音[ルイ] | 糸 いと | 読 累積(るいせき)・係累(けいるい) 書 累計(るいけい) 四 累世同居(るいせいどうきょ)・累進課税(るいしんかぜい) |
| 12 | 塁 | 音[ルイ] | 土 つち | 読 孤塁(こるい)・塁審(るいしん) 書 盗塁(とうるい)・塁(るい) |
| レ 7 | 戻 | 音[レイ]㊒ 訓[もど(す)] [もど(る)] | 戸 とだれ とかんむり | 読 返戻(へんれい) 送 もどす▼戻す・もどる▼戻る |
| 13 | 鈴 | 音[レイ] [リン] 訓[すず] | 金 かねへん | 読 振鈴(しんれい) 書 鈴(すず)・予鈴(よれい)・亜鈴(あれい)・風鈴(ふうりん) |
| ワ 13 | 賄 | 音[ワイ] 訓[まかな(う)] | 貝 かいへん | 読 贈賄(ぞうわい)・収賄(しゅうわい) 書 賄賂(わいろ) 送 まかなう▼賄う |

8

# 枠

訓 [わく]

木 きへん

読 別枠(べつわく)・枠内(わくない)

書 枠(わく)・枠組(わくぐ)み

# 試験に出る四字熟語

四字熟語の問題では、前半か後半のどちらか二字が問われます。どちらを問われても答えられるようにしっかりと覚えましょう。

| 四字熟語 | 読み | 意味 |
|---|---|---|
| 青息吐息 | あおいきといき | 心配や苦労のあまり心身ともに弱ったときに吐くため息。また、ため息の出るような状態。 |
| 悪戦苦闘 | あくせんくとう | 強敵に対しての苦しい戦い。転じて、困難に打ち勝とうと苦労しながら努力すること。 |
| 悪口雑言 | あっこうぞうごん | 口にまかせていろいろな悪口を言うこと。また、その言葉。 |
| 安心立命 | あんじんりつめい | 心を安らかに保ち天命に身を任せどのような場合でも動揺しないこと。 |
| 暗中模索 | あんちゅうもさく | 手がかりがないまま、あてもなくさぐり求めること。 |
| 安寧秩序 | あんねいちつじょ | 国や社会が安定を保ち、秩序立っていること。 |
| 唯唯諾諾 | いいだくだく | 事の善悪にかかわらず、人の言うことにはいはいと従うこと。人の言いなりになって、おもねること。 |

| 四字熟語 | 読み | 意味 |
|---|---|---|
| 遺憾千万 | いかんせんばん | 大変残念である。思いどおりにいかず、非常に心残り。「遺憾」はうらみを遺す意。類語に「残念至極」がある。 |
| 意気消沈 | いきしょうちん | 元気がなくしょげ返っていること。失望してがっかりしていること。「消沈」は「銷沈」とも書く。 |
| 意気衝天 | いきしょうてん | 元気がよく天を衝(つ)かんばかりに、勢いがよいこと。意気込みが盛んなこと。類語に「意気揚揚」がある。 |
| 意気阻喪 | いきそそう | 元気がなく、意気込みがくじける。気力が衰えること。「阻」は「沮」とも書く。「沮」はくじける、「喪」は失う。対語に「意気衝天」がある。 |
| 意気投合 | いきとうごう | 心持ちが互いにぴったりと合い、一つになること。 |
| 意気揚揚 | いきようよう | 勢いがあり、威勢がよいさま。誇らしげにふるまうこと。類語に「意気衝天」「意気軒昂(こう)」がある。 |
| 医食同源 | いしょくどうげん | ふだんの食事に気を配ることが、病気を予防するための最もよい策であるということ。「同源」は、もとが同じの意。 |

**異端邪説**（いたんじゃせつ）
正統からはずれた意見や立場。

**一栄一辱**（いちえいいちじょく）
栄えることもあれば衰えたりすることもあること。

**一期一会**（いちごいちえ）
生涯に一度だけの機会のこと。また、生涯に一度だけ会うこと。茶道に由来する言葉。

**一日千秋**（いちじつせんしゅう）
非常に待ち遠しく思うことのたとえ。たった一日が千年のように長く思われる意。類語に「一日三秋」がある。

**一汁一菜**（いちじゅういっさい）
大変質素、粗末な食事のこと。「菜」はおかず。

**一罰百戒**（いちばつひゃっかい）
一人を罰することで、他の大勢が同じような罪を犯さないように戒めること。

**一病息災**（いちびょうそくさい）
多少気になるくらいの軽い病気を持っていたほうが、無理をせず長生きするということ。

**一網打尽**（いちもうだじん）
網を一打ちしてその周辺にいる魚を残らずとらえること。転じて、一度に悪党の一味や敵対する者すべてをとらえつくすこと。

**一目瞭然**（いちもくりょうぜん）
ひと目見ただけではっきりとわかること。

**一陽来復**（いちようらいふく）
冬が終わって春がやってくること。悪いことや苦しい時期が過ぎて、待ちかねた幸運がやっとめぐりくること。

**一喜一憂**（いっきいちゆう）
状況の変化によって、そのつど喜んだり、心配したりすること。

**一騎当千**（いっきとうせん）
一人の騎兵が千人の敵を相手に戦うほど、強い力を持っていること。

**一挙両得**（いっきょりょうとく）
一つのことをするだけで、二つの利益をあげること。

**一切衆生**（いっさいしゅじょう）
この世で生きている全ての生物のこと。

**一子相伝**（いっしそうでん）
学問や技芸などの奥義を自分の子ども一人だけに伝え、他にはもらさないこと。

**一視同仁**（いっしどうじん）
差別することなく、すべての人を見て愛すること。区別なく接すること。

**一唱三嘆**（いっしょうさんたん）
詩の出来を褒め称える言葉。一度詩を読み上げれば何度も感心する意。「一倡三歎」とも書く。

**一所懸命**（いっしょけんめい）
物事に真剣に取り組むこと。懸命に努力すること。類語に「一生懸命」がある。

**一朝一夕**（いっちょういっせき）
一朝と一晩。転じて、短いとき。

| 四字熟語 | 意味 |
|---|---|
| 意味深長（いみしんちょう） | 人の行動や言葉、詩文などの意味が深く、ふくみがあること。 |
| 隠忍自重（いんにんじちょう） | 苦しみや怒りをじっとこらえて外に表さず、軽々しい行動をとらないこと。 |
| 有為転変（ういてんぺん） | この世の中のすべての事象は常に移り変わっていく、はかないものであるということ。 |
| 雲水行脚（うんすいあんぎゃ） | 修行僧がいろいろな土地をめぐり、修行をすること。 |
| 雲泥万里（うんでいばんり） | 非常に大きい差異のこと。隔たりの甚だしいことのたとえ。 |
| 栄枯盛衰（えいこせいすい） | 人や家の栄えることと衰えること。 |
| 英俊豪傑（えいしゅんごうけつ） | 大勢の中で、とくにすぐれた人物。 |
| 会者定離（えしゃじょうり） | 会った者は必ず別れる運命にある。人生の無常を説いた語。「定」は必ずの意。 |
| 遠交近攻（えんこうきんこう） | 遠くの国と仲良くし、近くの国を挟み撃ちして攻める策。 |
| 円転滑脱（えんてんかつだつ） | なめらかで、自由自在なこと。人との対応が角立たず、あかぬけして巧みなこと。 |
| 円満具足（えんまんぐそく） | 十分に満ち足りていて、少しの不足もないこと。 |
| 延命息災（えんめいそくさい） | 命をのばして災いを取り去る。「息災」は災いをとめる。「息」はやむ、終わらせるの意。「延命」は「えんみょう」とも読む。類語に「無病息災」「無事息災」がある。 |
| 遠慮会釈（えんりょえしゃく） | 相手に配慮して、控えめに応対すること。強引に物事を進めるさまを「遠慮会釈もない」という。 |
| 汚名返上（おめいへんじょう） | 着せられた汚名をそそいで、名誉を回復すること。 |
| 温厚篤実（おんこうとくじつ） | 人の性格が穏やかで誠実であること。 |
| 怨親平等（おんしんびょうどう） | 恨み敵対する者も憎むべきでなく、親しい者と同じように慈しみの心をもつこと。 |
| 外柔内剛（がいじゅうないごう） | 外見は物柔らかに見えるが、実際はしんが強くしっかりしていること。対語に「内柔外剛」がある。 |
| 快刀乱麻（かいとうらんま） | 「快刀、乱麻を断つ」の略。切れ味のよい刀剣で乱れもつれた麻を切るという意から、紛糾して解決の糸口を見失った物事をてきぱきと手ぎわよく処理すること。類語に「一刀両断」がある。 |

**怪力乱神**（かいりきらんしん）
理屈では説明ができない不思議な現象や、超自然的な存在のたとえ。「怪力」は「かいりょく」とも読む。

**佳人薄命**（かじんはくめい）
美人には不幸や短命な者が多いということ。「佳人」は美人。類語に「美人薄命」がある。

**花鳥風月**（かちょうふうげつ）
自然の美しい景色や風流な遊びのこと。

**活殺自在**（かっさつじざい）
他の事や人を、自分の思いどおりに扱うこと。類語に「生殺与奪」がある。

**合従連衡**（がっしょうれんこう）
国と国との外交政策や、地方と地方あるいは同業の者がその時の利害に応じて、団結したり離れたりすること。

**我田引水**（がでんいんすい）
自分の都合のいいように物事を考えたり、行ったりすること。

**寡頭政治**（かとうせいじ）
少数の権力者による独裁的な政治のこと。

**歌舞音曲**（かぶおんぎょく）
音と踊りと音楽のこと。華やかな遊芸の総称。

**禍福得喪**（かふくとくそう）
わざわいにあったり、幸福にあったりすること。出世したり、地位を失ったりすること。

**夏炉冬扇**（かろとうせん）
夏の火ばちと冬の扇の意で、時節に合わず、役に立たないもの。類語に「冬扇夏炉」がある。

**感慨無量**（かんがいむりょう）
言葉では言い表せないほど、胸いっぱいにしみじみと感じ入ること。

**緩急自在**（かんきゅうじざい）
速くしたり遅くしたり、自分の思いどおりに操ること。

**汗牛充棟**（かんぎゅうじゅうとう）
蔵書が非常に多いこと。また、多くの蔵書。牛車に積んで運ぶと牛が汗をかき、家に積み重ねると棟がつかえるほど一杯になるの意。

**頑固一徹**（がんこいってつ）
強情で周りの意見に耳を貸さず、自分の意見を押し通すこと。また、そのような性格。

**換骨奪胎**（かんこつだったい）
骨を取り換え、子の宿る所を奪って自分のものにすることから、先人の発想や趣旨を取り入れ、自分なりの語句で表現し、独自の新たな作品を作ること。現在では内容を少し変えただけの焼き直しの意味に用いられる。

**寛仁大度**（かんじんたいど）
心が広くて度量の大きいこと。

| 四字熟語 | 意味 |
|---|---|
| 勧善懲悪（かんぜんちょうあく） | 善行を勧め励まし、悪事を懲らしめること。略して「勧懲」という。 |
| 玩物喪志（がんぶつそうし） | 無用なものに心を奪われて、本来の志を見失ってしまうこと。 |
| 感奮興起（かんぷんこうき） | 心を非常に動かされ奮い立つこと。 |
| 閑話休題（かんわきゅうだい） | 無駄話をやめて、話を本筋にもどすときに用いる語。それはさておき。さて。「閑話」は「間話」とも書き、無駄話の意。「休題」は話をやめること。 |
| 気宇壮大（きうそうだい） | 心持ち、度量が人並みはずれて大きいこと。 |
| 気炎万丈（きえんばんじょう） | 燃え上がる炎のように、意気盛んなこと。 |
| 奇奇怪怪（ききかいかい） | 非常に奇怪なこと。考えられないような不思議なさま。 |
| 危急存亡（ききゅうそんぼう） | 危険が迫っていて、生き残るかほろびるかのせとぎわのこと。「危急存亡の秋」と用いる。 |
| 喜色満面（きしょくまんめん） | 顔いっぱいに喜びの表情が表れていること。 |
| 吉凶禍福（きっきょうかふく） | 幸福とわざわい。 |
| 喜怒哀楽（きどあいらく） | 喜び、怒り、悲しみ、楽しみのこと。人間のさまざまな感情。 |
| 九牛一毛（きゅうぎゅうのいちもう） | 取るに足りないささいなこと。「九牛」は九頭の牛、多数の牛。「一毛」は一本の毛。多数の中のごくわずかな一部分の意。 |
| 窮余一策（きゅうよのいっさく） | 苦しまぎれに思いついたはかりごと。類語に「苦肉之（の）策」がある。 |
| 教唆扇動（きょうさせんどう） | 人をそそのかして、あおり立てること。また、悪事をけしかけること。 |
| 驚天動地（きょうてんどうち） | 天を驚かし、地を動かす意で、世間を大いに驚かすこと。 |
| 器用貧乏（きようびんぼう） | 器用なためあちこちに手を出し、かえって中途半端となり大成しないこと。 |
| 興味津津（きょうみしんしん） | 興味が尽きないこと。「津津」は絶えずわき出て、あふれんばかりに多いさま。 |
| 虚虚実実（きょきょじつじつ） | 相手のすきを狙い、互いに計略をめぐらせて必死に戦うこと。真実とうそをおりまぜて、相手の腹のうちを読み合うこと。 |

| | |
|---|---|
| 挙措進退（きょそしんたい） | 普段の立ち居振る舞いのこと。 |
| 機略縦横（きりゃくじゅうおう） | その時その時の状況に応じたはかりごと。臨機応変の策略。 |
| 錦衣玉食（きんいぎょくしょく） | ぜいたくな生活をすること。 |
| 金科玉条（きんかぎょくじょう） | きわめて重要な規則や法律。自分の主張のよりどころとなるもの。「科」「条」は法律の意、「金」「玉」は重要なものの意。 |
| 謹厳実直（きんげんじっちょく） | まじめで正直、つつしみ深く誠実であること。 |
| 勤倹力行（きんけんりっこう） | まじめに働き、倹約し、精一杯努力をすること。 |
| 金城鉄壁（きんじょうてっぺき） | 非常に守りが堅く、つけ込むすきがないこと。 |
| 錦上添花（きんじょうてんか） | よいものや美しいものの上にさらによいもの、美しいものを加えること。 |
| 金城湯池（きんじょうとうち） | 金の城と熱湯をたたえた堀の意から、守りが非常に堅固で、城が侵略されにくいこと。 |
| 空空漠漠（くうくうばくばく） | 限りなく広いさま。とりとめのないさま。 |
| 空前絶後（くうぜんぜつご） | 過去に例がなく、この先も起こりそうにない非常にめずらしいさま。類語に「前代未聞（みもん）」がある。 |
| 空中楼閣（くうちゅうのろうかく） | 空中に、地上のものが反射して浮かぶように見える建物。「しんきろう」のこと。転じて根拠がないことのたとえ。類語に「砂上楼閣」がある。 |
| 群雄割拠（ぐんゆうかっきょ） | 多くの実力者が互いに対立し合うこと。「群雄」は多くの英雄のこと。 |
| 鯨飲馬食（げいいんばしょく） | 鯨が海水を吸い込むようにたくさん酒を飲み、馬が草をはむようにたくさん食べるさま。類語に「牛飲馬食」「暴飲暴食」がある。 |
| 軽挙妄動（けいきょもうどう） | よく考えもせず軽はずみに行動すること。「軽挙」は軽率な行動、「妄動」はみだりに行動すること。 |
| 鶏口牛後（けいこうぎゅうご） | 「鶏口となるも牛後となるなかれ」と同じ。大きなものの後ろにつくよりは、小さなものの頭になるべきだの意。「牛後」は牛のしり。 |
| 経世済民（けいせいさいみん） | 世の中をよく治めて民を苦しみから救うこと。 |

| | |
|---|---|
| 月下氷人（げっかひょうじん） | 男女の仲をとりもつ人。仲人。媒酌人。 |
| 犬牙相制（けんがそうせい） | 隣り合う二国の国境を入り組ませ、互いにけん制するようにしむけること。 |
| 言行一致（げんこういっち） | 言葉と行動が食い違わないこと。類語に「有言実行」がある。 |
| 堅忍不抜（けんにんふばつ） | 固い意志を持ち、困難に負けず我慢強く耐えること。類語に「志操堅固」がある。 |
| 厚顔無恥（こうがんむち） | あつかましくて恥知らずなさま。 |
| 綱紀粛正（こうきしゅくせい） | 国の規律を引き締め、政治の不正を除くこと。また、規律を厳しく正すこと。 |
| 巧言令色（こうげんれいしょく） | 巧みな言葉や、顔色をつくろったりすること。転じて、言葉を飾り、口先だけのことを言い、相手にこびへつらうこと。 |
| 巧遅拙速（こうちせっそく） | じょうずで遅いより、へたでも速いほうがよいの意。古くは兵法の語。 |
| 荒唐無稽（こうとうむけい） | 言動に根拠がなく、現実性に欠けること。 |
| 公明正大（こうめいせいだい） | 公正でかくしだてをせず、私心がないこと。類語に「公平無私」「大公無私」がある。 |
| 高論卓説（こうろんたくせつ） | すぐれた意見、論説のこと。「卓」は抜きんでている意。 |
| 呉越同舟（ごえつどうしゅう） | 仲の悪い者同士が同じ境遇や場所にいること。仲の悪い者同士が反目し合いながらも、利害の一致をみるときは協力し合うということ。 |
| 極悪非道（ごくあくひどう） | この上なく道理にそむいたひどい悪事を行うこと。 |
| 国士無双（こくしむそう） | 国内に並ぶ者のないすぐれた人物。「国士」は国内ですぐれた人、「無双」は二つとないの意。 |
| 孤軍奮闘（こぐんふんとう） | 孤立した中で少人数で必死に戦うこと。 |
| 虎渓三笑（こけいさんしょう） | ある一つのことに熱中しすぎて他の全てのことを忘れてしまうこと。 |
| 古今無双（ここんむそう） | 昔から今に至るまで、他に比するものがないこと。「無双」は他に比べるものがないという意。類語に「海内無双（かいだいむそう）」がある。 |

**後生大事**（ごしょうだいじ）
心を込めて励み、物を大事に扱うこと。

**孤城落日**（こじょうらくじつ）
孤立無援の城に、沈む夕日が差し込んでいる光景。勢力が傾き、助けもない心細いさま。

**故事来歴**（こじらいれき）
昔から伝えられてきた物事についてのいわれや経過の次第。「故事」とは昔から伝わる話や、物事のいわれ。

**誇大妄想**（こだいもうそう）
自分の現状を実際以上に想像して事実のように思い込むこと。

**酷寒猛暑**（こっかんもうしょ）
耐えがたいほど厳しい寒さや暑さのこと。

**刻苦勉励**（こっくべんれい）
非常に苦労して、仕事や勉学に励むこと。

**鼓舞激励**（こぶげきれい）
気持ちを奮い立たせて励ますこと。元気づけること。類語に「叱咤（しった）激励」がある。

**孤立無援**（こりつむえん）
独りぼっちで、だれも手を差しのべてくれない状態。類語に「孤軍奮闘」がある。

**困苦窮乏**（こんくきゅうぼう）
生活に必要なものが不足するほどに生活が苦しいこと。

**困苦欠乏**（こんくけつぼう）
生活に必要なものが足りないほど苦しいこと。

**懇切丁寧**（こんせつていねい）
細かいところまで心が行き届いていて丁寧なこと。

**西方浄土**（さいほうじょうど）
阿弥陀（あみだ）仏のいる苦しみのない安楽の世界。西方十万億土の彼方にあるとされる。「極楽浄土」に同じ。「西方」は「せいほう」とは読まない。

**残虐非道**（ざんぎゃくひどう）
無慈悲で人の道から背いた生き方。

**山紫水明**（さんしすいめい）
山が陽光を受けて紫色に映え、流れる川の水は澄んで清らかなこと。

**斬新奇抜**（ざんしんきばつ）
物事の発想が独特で、今までにないほど新しいさま。「斬」はきわだっていること、「奇抜」は抜きんでてすぐれていること。

**詩歌管弦**（しいかかんげん）
漢詩・和歌と管楽器・弦楽器、すなわち文学と音楽のこと。

**時期尚早**（じきしょうそう）
行動を起こす時期としては、まだ早すぎること。ある物事をするのに、まだ状況が適していないこと。

**事実無根**（じじつむこん）
根も葉もないこと。でたらめ。

| | |
|---|---|
| 四十不惑（しじゅうふわく） | 四十歳になったら迷わなくなること。孔子が自らの生涯を振り返った言葉から。 |
| 自縄自縛（じじょうじばく） | 自分が作った縄で自分を縛ること。自分自身の行動で自分が規制されて自由に動けず、結局は進退きわまってしまうこと。 |
| 志操堅固（しそうけんご） | 正しいと信じる主義や志がしっかりと定まっていて、容易にはくずれないこと。 |
| 時代錯誤（じだいさくご） | 時代の流れにそぐわない、昔ながらの考え方。 |
| 舌先三寸（したさきさんずん） | 口先でうまいことを言って誠実さに欠け、中身がないこと。 |
| 質実剛健（しつじつごうけん） | 飾り気がなく、まじめで心身ともに強く、しっかりとたくましいこと。 |
| 疾風迅雷（しっぷうじんらい） | 速く吹く風と、激しい雷鳴のこと。転じて、物事の変化がすばやく激しいさま。 |
| 失望落胆（しつぼうらくたん） | 希望を失い、気持ちが沈んでがっかりすること。 |
| 四分五裂（しぶんごれつ） | ちりぢりばらばらに分裂すること。 |
| 自暴自棄（じぼうじき） | 物事がうまくいかず、投げやりになること。やけくそになること。 |
| 遮二無二（しゃにむに） | 「遮二」は二を断ち切る、「無二」は二がない意から、あれこれと他のことは考えず、そのことだけをがむしゃらにすること。類語に「我武者羅」がある。 |
| 終始一貫（しゅうしいっかん） | 始めから終わりまで、態度や行動が変わらず同じであること。周りの変化に影響されることなく、主義主張を保ち続ける場合に用いる。類語に「首尾一貫」がある。 |
| 衆人環視（しゅうじんかんし） | 多くの人がまわりを取り囲むようにして見ていること。 |
| 周旋奔走（しゅうせんほんそう） | あちこち走り回って間を取り持つこと。 |
| 秋霜烈日（しゅうそうれつじつ） | 態度や処罰などが、非常に厳しいこと。秋の冷たい霜と、強烈に照りつける太陽から転じた言葉。 |
| 自由奔放（じゆうほんぽう） | 自分の思い通りに振る舞うこと。 |
| 主客転倒（しゅかくてんとう） | 主人と客が入れ替わることで、重要な事柄と取るに足りない事柄、また人や物事の軽重などが逆になること。「主客」は「しゅきゃく」とも読む。類語に「本末転倒」がある。 |

| 四字熟語 | 読み | 意味 |
| --- | --- | --- |
| 熟読玩味 | じゅくどくがんみ | 文章をじっくり読み、深く味わうこと。 |
| 熟慮断行 | じゅくりょだんこう | よく考えたうえで、大胆に思い切って実行すること。 |
| 酒池肉林 | しゅちにくりん | きわめてぜいたくな酒宴の意。豪遊の限りを尽くすこと。 |
| 出処進退 | しゅっしょしんたい | 身のふり方のことで、現在の職にとどまるか辞めてしまうかということ。「出」は官職にあること。「処」は官をしりぞいて民間にあること。 |
| 首尾一貫 | しゅびいっかん | 始めから終わりまで一つの方針や態度を貫き通すこと。始めと終わりで矛盾しないさま。 |
| 春日遅遅 | しゅんじつちち | 春の日が長く、のどかな様子。 |
| 春宵一刻 | しゅんしょういっこく | 「春宵一刻値千金」の略。春の夜が美しく心地よいことをいう。 |
| 順風満帆 | じゅんぷうまんぱん | 船の帆が追い風を受けて順調に進むこと。物事がすべて順調に進むこと。 |
| 上意下達 | じょういかたつ | 上の者の命令や意志を、下の者によく徹底させること。 |
| 笑止千万 | しょうしせんばん | 非常にばかばかしいこと。「笑止」はおかしいこと。「千万」はこの上ない、はなはだしいの意。 |
| 盛者必衰 | じょうしゃひっすい | 勢いの盛んなものはいつか必ず衰える。この世の無常であることをいう。 |
| 生者必滅 | しょうじゃひつめつ | 命あるものは必ず死ぬときが来るということ。 |
| 精進潔斎 | しょうじんけっさい | 飲食をつつしみ、身体を清めてけがれを避けること。 |
| 正真正銘 | しょうしんしょうめい | うそや偽りがなく、本物であること。 |
| 小心翼翼 | しょうしんよくよく | 気が小さく、いつもびくびくしているさま。 |
| 少壮気鋭 | しょうそうきえい | 年が若くて血気盛んなこと。「気鋭」は意気込みが鋭いこと。 |
| 枝葉末節 | しようまっせつ | 本質ではなく、ささいなこと。取るに足りないこと。 |
| 初志貫徹 | しょしかんてつ | 初めに思い立った希望や考えを、最後まで貫き通すこと。 |
| 支離滅裂 | しりめつれつ | 一貫性がなく、物事の筋道が立っていないこと。まとまりがなく、ばらばらであること。 |

| 四字熟語 | 読み | 意味 |
| --- | --- | --- |
| 思慮分別 | しりょふんべつ | 慎重に考えて判断すること。多くのことをわきまえた大人の考え方の意でも用いられる。対語に「軽挙妄動」がある。 |
| 心願成就 | しんがんじょうじゅ | 神や仏を心から祈っていると願いが叶うこと。 |
| 心機一転 | しんきいってん | あることを契機にして、気持ちをすっかり入れ替えて出直すこと。 |
| 深山幽谷 | しんざんゆうこく | 人里を離れた奥深い山々や、物の形がはっきりしないほど深い谷。 |
| 人事不省 | じんじふせい | 病気やけがなどで意識を失う。こんすい状態におちいる。類語に「前後不覚」がある。 |
| 進取果敢 | しんしゅかかん | 積極的に事を行い、決断力があり、大胆なさま。 |
| 伸縮自在 | しんしゅくじざい | 思いのままに伸ばしたり縮めたりできること。 |
| 神出鬼没 | しんしゅつきぼつ | すばやく、自由自在に、現れたり隠れたりすること。所在が容易につかめないさま。 |
| 針小棒大 | しんしょうぼうだい | 針のように小さなことを、棒ほどもあるように大きく言うこと。 |
| 新進気鋭 | しんしんきえい | 新しく現れ、勢いが盛んで将来性があること。 |
| 迅速果敢 | じんそくかかん | 即座に判断して思い切りよく行動すること。類語に「迅速果断」がある。 |
| 迅速果断 | じんそくかだん | すばやく判断し、思い切って物事を行うこと。類語に「即断即決」「迅速果敢」がある。 |
| 人畜無害 | じんちくむがい | 他者に対して害のないこと。また、そのような平凡な人物のこと。 |
| 心頭滅却 | しんとうめっきゃく | 心の中の雑念が消え去り、無念・無想の境地に至ること。「心頭を滅却すれば火もまた涼し」の略。どんな苦難にあっても、それを超越して心頭にとどめなければ苦しさを感じないの意。 |
| 森羅万象 | しんらばんしょう | 宇宙空間に存在する、すべての物、すべての現象。「万象」は「ばんぞう」「まんぞう」とも読む。類語に「有象無象」がある。 |
| 酔生夢死 | すいせいむし | 酒に酔い、夢心地で自覚もなく一生を過ごす意。何もせずにぼんやりとむだに一生を送ること。類語に「無為徒食」がある。 |

**晴好雨奇**（せいこううき）
晴れていても雨でも素晴らしい景色のこと。

**晴耕雨読**（せいこううどく）
悠々自適の生活を送ること。晴れた日は田を耕し、雨の日は読書をする意。

**生殺与奪**（せいさつよだつ）
生かすも殺すも自分の思うままに、他人を支配すること。

**静寂閑雅**（せいじゃくかんが）
ひっそり静かでみやびやかな風情がある様子。「閑雅」は静かで風情のあること。

**盛衰興亡**（せいすいこうぼう）
ものごとが盛んになることと滅びること。

**生生流転**（せいせいるてん）
万物は絶えず生まれては変化し、移り変わっていくこと。「生生」は「しょうじょう」とも読む。

**勢力伯仲**（せいりょくはくちゅう）
二つの勢力に優劣がないこと。「伯」は長兄、「仲」は次兄のこと。

**清廉潔白**（せいれんけっぱく）
心が清く不正をするような後ろめたいところがないさま。類語に「青天白日」「晴雲秋月」がある。

**是是非非**（ぜぜひひ）
公正に物事を判断すること。是（正しいこと）は正しい、非（正しくないこと）は正しくないと認めること。

**殺生禁断**（せっしょうきんだん）
生き物を殺すことを禁ずる仏教の慈悲の教え。「殺生」は仏教でいう十悪のひとつ。

**是非曲直**（ぜひきょくちょく）
理にかなっていることと外れていること。正しいことと間違っていること。

**浅学非才**（せんがくひさい）
学問や知識が浅く、才能も乏しいこと。

**前後不覚**（ぜんごふかく）
物事の後先の判断がつかなくなるほど正体を失うこと。類語に「人事不省」がある。

**千載一遇**（せんざいいちぐう）
二度とない絶好のチャンス。千年に一度であえるくらいのチャンス。

**千差万別**（せんさばんべつ）
いろいろなものそれぞれに相違や差異があること。「万別」は「まんべつ」とも読む。

**千紫万紅**（せんしばんこう）
さまざまな色。色彩豊かで、さまざまな花が咲きほこっていること。

**前代未聞**（ぜんだいみもん）
これまで聞いたことのないような珍しい事柄。また、あきれてまともに扱えないこと。

**先憂後楽**（せんゆうこうらく）
世の人々が心配しだすより先に世のことを憂え、施策が功を奏して人々が安楽に暮らせるようになった後に、自らもその恩恵に浴して楽しむこと。

| | |
|---|---|
| 千慮一失（せんりょのいっしつ） | 知者が、どんなに入念に考えたことでも、一つぐらいは失敗や間違いがあるということ。 |
| 善隣友好（ぜんりんゆうこう） | 隣国や隣家などと仲良くすること。外交上、友好関係を結ぶこと。 |
| 粗製濫造（そせいらんぞう） | 質が悪くて粗末な品をむやみにたくさん作り出すこと。「濫造」は「乱造」とも書く。 |
| 率先垂範（そっせんすいはん） | 先頭に立って積極的に行動し、模範を示すこと。「率先」は先に立って行動する、「垂範」は手本を示す。 |
| 大喝一声（だいかついっせい） | 大きなひと声でしかり付けること。 |
| 大願成就（たいがんじょうじゅ） | 「大願」は「だいがん」とも読む。大きな願いがとげられること。 |
| 大義名分（たいぎめいぶん） | 行動のよりどころとなる正当な理由や道理。 |
| 大言壮語（たいげんそうご） | ふさわしくない大きなことを言うこと。また、その言葉。 |
| 大悟徹底（たいごてってい） | 心の迷いを断ち切って真理をさとり、ふっきれた心境になること。 |
| 泰山北斗（たいざんほくと） | 学問や芸術など、その道の第一人者。 |
| 大慈大悲（だいじだいひ） | 限りなく大きい仏の慈悲。 |
| 大所高所（たいしょこうしょ） | 細部にとらわれない広い視野のこと。 |
| 泰然自若（たいぜんじじゃく） | 気持ちが落ち着いて物事に動揺しないさま。 |
| 大胆不敵（だいたんふてき） | 度胸があり、恐れたり驚いたりしないこと。 |
| 大同小異（だいどうしょうい） | 多少の違いがあるだけで、おおよそ同じであること。似たり寄ったり。 |
| 大同団結（だいどうだんけつ） | 多くの団体が意見の違いをこえて団結すること。 |
| 多岐亡羊（たきぼうよう） | 逃げた羊を追いかけたが、分かれ道が多いために、とうとう羊を見失ったという故事から、方針が多すぎて選択に迷うたとえ。 |
| 多情多恨（たじょうたこん） | 感性が強いため、恨んだり悲しんだりすることが多いこと。 |

| | |
|---|---|
| 暖衣飽食（だんいほうしょく） | 暖かい服を着て、十分に食べること。なんの不足もない恵まれた生活。 |
| 断崖絶壁（だんがいぜっぺき） | 険しく切り立ったがけのこと。転じて、切羽詰まった危機的な状態のこともいう。「断崖」「絶壁」はどちらも非常に険しいがけのこと。 |
| 胆大心小（たんだいしんしょう） | 大胆でありながら、細心の注意を払うこと。 |
| 談論風発（だんろんふうはつ） | 考えを活発に話し合い議論すること。 |
| 昼夜兼行（ちゅうやけんこう） | 昼も夜も休まず進むこと。転じて、仕事などを続けて行うこと。類語に「不眠不休」がある。 |
| 朝三暮四（ちょうさんぼし） | 目先の違いにこだわり、本質が同じであることに気づかないこと。物事の本質を理解しないこと。 |
| 眺望絶佳（ちょうぼうぜっか） | 見晴らしが非常にすばらしいこと。 |
| 朝令暮改（ちょうれいぼかい） | 命令や方針などがすぐに変わり、定まらないこと。 |
| 直情径行（ちょくじょうけいこう） | 感情のおもむくままに行動に移すこと。「直」も「径」もまっすぐの意。 |
| 沈思黙考（ちんしもっこう） | 静かにじっとして、深く考え込むこと。 |
| 沈黙寡言（ちんもくかげん） | 落ち着いており、言葉数が少ないこと。無口なこと。 |
| 痛快無比（つうかいむひ） | この上なく痛快であること。 |
| 津津浦浦（つつうらうら） | 全国のいたるところ。 |
| 低唱微吟（ていしょうびぎん） | 小さな低い声で詩歌をうたうこと。 |
| 手練手管（てれんてくだ） | 他人を思うままに操る様々な手段のこと。 |
| 天衣無縫（てんいむほう） | 天人の衣は縫い目がないことから、技巧などがなく自然なさま。また、人柄に飾り気がなく純真で無邪気なさま。 |
| 天涯孤独（てんがいこどく） | 親類・縁者などの身寄りが一人もなく、まったく独りぼっちであること。 |
| 天下御免（てんかごめん） | 何者にもはばかることなく堂々と行えること。公認されていること。 |

| 四字熟語 | 意味 |
|---|---|
| 電光石火（でんこうせっか） | 稲妻の光と火打ち石を打って出る火花。非常に短い時間。また、動作がきわめて速いこと。 |
| 天壌無窮（てんじょうむきゅう） | 天地とともに永遠、永久に続くこと。 |
| 天地神明（てんちしんめい） | 天と地の神々のこと。 |
| 天変地異（てんぺんちい） | 雷、暴風、地震など、自然界に起こる異変。類語に「天災地変」がある。 |
| 当意即妙（とういそくみょう） | その場の状況に応じて、機転をきかせて対応すること。 |
| 陶犬瓦鶏（とうけんがけい） | 形ばかりりっぱで、役に立たないもののたとえ。 |
| 同工異曲（どうこういきょく） | 手際や技巧は同じだが、趣や味わいが違うこと。転じて、見かけは違うが同じ手法であること。類語に「異曲同工」、「大同小異」がある。 |
| 闘志満満（とうしまんまん） | 戦う意気込みにあふれていること。 |
| 当代随一（とうだいずいいち） | 今の時代で、数多くある中の第一位。一番。 |
| 東奔西走（とうほんせいそう） | 四方八方忙しく走り回って尽力すること。 |
| 読書三到（どくしょさんとう） | 読書をする上で大切な三つの心得のことで、目で見ること、口に出すこと、心を集中することをいう。 |
| 読書尚友（どくしょしょうゆう） | 読書をすることで昔の賢者を友人とすること。 |
| 読書百遍（どくしょひゃっぺん） | 難解な文章でも繰り返し読めば意味が自然にわかってくるということ。 |
| 徒手空拳（としゅくうけん） | 手に何も持たず、身一つで他に頼れるものがないこと。「赤手空拳」ともいう。 |
| 斗折蛇行（とせつだこう） | 川や道がくねくねと折れ曲がっている様子のこと。北斗七星や蛇がくねくねと折れ曲がっていることから。 |
| 怒髪衝天（どはつしょうてん） | 人が怒ったとき、髪の毛が逆立ち、天をつくくらいにピンと立つこと。大きな怒り。 |
| 頓首再拝（とんしゅさいはい） | 頭を下げて、うやうやしく礼をすること。 |
| 内柔外剛（ないじゅうがいごう） | 外見は強そうに見えるが内面は弱いこと。 |
| 内疎外親（ないそがいしん） | 表向きは親しそうであるが、内心ではきらっていること。 |

**内憂外患**（ないゆうがいかん）
内部にも外部にも問題が多く、心配事が多いこと。

**難攻不落**（なんこうふらく）
守りが堅くて攻め落としにくい。転じて、相手がなかなかこちらの思い通りにならないことのたとえ。

**南船北馬**（なんせんほくば）
（南は船で、北は馬で）絶えずあちこちに旅行すること。

**日常茶飯**（にちじょうさはん）
普段の食事。転じて、ありふれた平凡なものごと。

**二律背反**（にりつはいはん）
矛盾する二つの命題が、同等の妥当性を持って主張されること。

**熱願冷諦**（ねつがんれいてい）
熱意をもって願うことと冷静に物事の本質を見極めること。「諦」は明らかによく見ること。

**破顔一笑**（はがんいっしょう）
顔をほころばせて笑うこと。

**白砂青松**（はくしゃせいしょう）
白い砂浜と青い松。海岸の美しい風景。

**薄志弱行**（はくしじゃっこう）
意志が弱くて実行力が足りないこと。類語に「意志薄弱」「優柔不断」がある。

**博覧強記**（はくらんきょうき）
たくさんの書物を読み、いろいろな事をよく記憶していること。

**馬耳東風**（ばじとうふう）
他人の意見や批判に無関心で、注意を払わないこと。「東風」は心地よい春風。

**破邪顕正**（はじゃけんしょう）
「顕正」は「けんせい」とも読む。不正を打破し、正義を表すこと。

**破綻百出**（はたんひゃくしゅつ）
言動がいいかげんで、次々とほころびが出てくること。

**抜山蓋世**（ばつざんがいせい）
気力が充実していて勢いが非常に強いこと。

**抜本塞源**（ばっぽんそくげん）
物事の根本にさかのぼって対処すること。災いの原因を取り除くこと。木の根を抜いて水源をふさぐ意。

**汎愛兼利**（はんあいけんり）
様々な人を区別なく愛して利益を皆で広く分け合うこと。

**万死一生**（ばんしいっせい）
必死の覚悟を決めること。絶体絶命の状況で、僅かな活路を見出すこと。

**万代不易**（ばんだいふえき）
永遠に変化しないこと。

**万緑一紅**（ばんりょくいっこう）
数多くの中に、すぐれたものが一つだけ存在すること。

| | |
|---|---|
| 飛花落葉（ひからくよう） | 絶えず移り変わる人の世の無常のたとえ。 |
| 皮相浅薄（ひそうせんぱく） | 薄っぺらく表面だけしか見ていなかったり考えていなかったりすること。 |
| 眉目秀麗（びもくしゅうれい） | 顔かたちがととのっていて美しいこと。 |
| 百八煩悩（ひゃくはちぼんのう） | 人間が持っているたくさんの煩悩。 |
| 百鬼夜行（ひゃっきやこう） | 悪人がのさばっているたとえ。いろいろな化け物が夜中に列を作って歩く意。「夜行」は「やぎょう」とも読む。 |
| 表裏一体（ひょうりいったい） | まったく逆に見える事柄が、内面ではつながっており、切り離せないこと。また、相反する二つのものが一つになること。 |
| 比翼連理（ひよくれんり） | いつも翼を並べて飛ぶ鳥と、二本の木の枝がくっついて木目が一つにつながった枝。転じて、夫婦の愛情の深いこと。 |
| 富貴利達（ふうきりたつ） | 立身出世すること。お金持ちになり身分が高くなること。 |
| 風霜高潔（ふうそうこうけつ） | 清らかで澄み切った秋の景色のこと。 |
| 不易流行（ふえきりゅうこう） | 常に変化をしない本質的なもの（不易）を忘れない中にも、新しい変化のあるもの（流行）を取り入れることが風雅の根幹であること。 |
| 複雑多岐（ふくざつたき） | 多くのことが込み入っていて多方面にわたっているさま。類語に「複雑多様」がある。 |
| 物情騒然（ぶつじょうそうぜん） | 世間、世人がおだやかでなく物騒な状態。類語に「物議騒然」がある。 |
| 腐敗堕落（ふはいだらく） | 気持ちがゆるんで、だらしない生活をするようになること。 |
| 舞文弄法（ぶぶんろうほう） | 法律を自分の都合のいいように解釈すること。 |
| 普遍妥当（ふへんだとう） | どんな場合にも真理として承認されること。 |
| 不偏不党（ふへんふとう） | どちらにも味方せずに中立を保つこと。類語に「中立公正」がある。 |
| 不眠不休（ふみんふきゅう） | 眠らず、休まないこと。期限の間際など、せっぱつまった状態のときに懸命に努めるさま。 |

| | |
|---|---|
| 附和雷同（ふわらいどう） | 自分なりの確固とした考えを持たず、他人の説や判断に軽々しく同調すること。「附和」は「付和」とも書く。 |
| 粉骨砕身（ふんこつさいしん） | 骨身を惜しまず力の限りを尽くすこと。 |
| 文人墨客（ぶんじんぼっかく） | 書画にたけ、風雅、風流を求める人。「墨客」は「ぼっきゃく」とも読む。詩文、 |
| 奮励努力（ふんれいどりょく） | 気力を奮い起こして努力し、励むこと。 |
| 平穏無事（へいおんぶじ） | 何事もなく、穏やかであること。 |
| 平身低頭（へいしんていとう） | 頭を下げて、恐れ入ること。ひたすら謝ること。 |
| 平平凡凡（へいへいぼんぼん） | とても平凡であること。 |
| 変幻自在（へんげんじざい） | 出没や変化が自由自在であること。またその様子。類語に「千変万化」「変幻出没」がある。 |
| 片言隻語（へんげんせきご） | わずかな言葉。「片言隻句」に同じ。 |
| 報怨以徳（ほうえんいとく） | 自分にうらみをもつ人物に恩徳を以て報いること。 |
| 放歌高吟（ほうかこうぎん） | あたりかまわず大声を出して歌い吟ずること。 |
| 傍若無人（ぼうじゃくぶじん） | 人のことを気にせず、自分勝手に振る舞うこと。 |
| 忙中有閑（ぼうちゅうゆうかん） | 忙しい時間のうちにも、ほっと息をつく暇はあるものだということ。 |
| 方底円蓋（ほうていえんがい） | 物事がお互いにうまくかみ合わないことのたとえ。 |
| 本末転倒（ほんまつてんとう） | 物事の根本と、枝葉のつまらないことを取り違えること。類語に「主客転倒」がある。 |
| 漫言放語（まんげんほうご） | 言いたいように言うこと。言いたい放題。 |
| 妙計奇策（みょうけいきさく） | 人の意表をつく、奇抜ですぐれたはかりごと。 |
| 無為徒食（むいとしょく） | なんの仕事もせず遊び暮らすこと。「無為」は何もしない、「徒食」は働かない。 |
| 無理算段（むりさんだん） | 苦しい状況下でなんとかやりくりすること。 |

| | | |
|---|---|---|
| 明鏡止水 | めいきょうしすい | 曇りのない鏡と静止した水のように、わだかまりのない澄みきった心境。 |
| 名実一体 | めいじついったい | 名前と実質、評判と実際の内容が一致していること。対語に「有名無実」がある。 |
| 明窓浄机 | めいそうじょうき | 明るい窓辺と、綺麗に掃除された机のこと。転じて快適な書斎のこと。「浄机」は「浄几」とも書く。 |
| 迷惑千万 | めいわくせんばん | たいへん迷惑なこと。「千万」は程度がはなはだしいこと。類語に「迷惑至極」がある。 |
| 免許皆伝 | めんきょかいでん | 武術や芸道などで、師が弟子に、その道の奥義を残らず伝え、その修了を認めること。 |
| 面従腹背 | めんじゅうふくはい | 表面では服従の様子を見せていながら、内心では反抗していること。 |
| 面壁九年 | めんぺきくねん | 長い間集中して勉学に励むこと。だるま大師が壁に向かって九年間座禅を組み悟りを開いたことから。 |
| 面目一新 | めんもくいっしん | 外見が以前とすっかり変わること。それまでとは違う、高い評価を得ること。 |
| 面目躍如 | めんもくやくじょ | 「面目」は「めんぼく」とも読む。いかにもその人らしい、名誉や評価にふさわしい活躍をするさま。 |
| 盲亀浮木 | もうきふぼく | 出会うことが難しいこと。めったにないことのたとえ。 |
| 妄言多謝 | もうげんたしゃ | いい加減なことを発言したことをわびる言葉。 |
| 物見遊山 | ものみゆさん | いろいろなところを見物して遊び歩くこと。 |
| 門戸開放 | もんこかいほう | 制限をなくして自由にすること。 |
| 唯一無二 | ゆいいつむに | たった一つだけで、同じものがないこと。 |
| 唯我独尊 | ゆいがどくそん | 宇宙の中で自分ほど尊い者はいないという意味。自分は偉いとうぬぼれる、ひとりよがりの意味にも使われる。 |
| 優勝劣敗 | ゆうしょうれっぱい | 力のある者が勝ち、劣っている者が負けること。類語に「弱肉強食」「適者生存」がある。 |
| 雄心勃勃 | ゆうしんぼつぼつ | 勇ましい気持ちが盛んに湧いてくる様子のこと。 |
| 雄大豪壮 | ゆうだいごうそう | 雄々しく壮大で立派であるさま。 |

| | |
|---|---|
| 勇猛果敢（ゆうもうかかん） | 強く勇ましく、決断力があること。 |
| 油断大敵（ゆだんたいてき） | 注意を怠れば必ず失敗を招くから警戒せよという戒め。 |
| 要害堅固（ようがいけんご） | 備えのかたいこと。「要害」は地勢が険しく、攻めるのに難しく、守るのにたやすい地。 |
| 妖怪変化（ようかいへんげ） | 人間には想像もつかない不思議な化け物のこと。 |
| 妖言惑衆（ようげんわくしゅう） | あやしい話を言いふらし、多くの人を惑わせること。 |
| 容姿端麗（ようしたんれい） | 姿形が整っていて美しいこと。 |
| 羊質虎皮（ようしつこひ） | 外見はりっぱだが、実質が伴わないこと。 |
| 沃野千里（よくやせんり） | よく肥えた土地が広がっていること。 |
| 抑揚頓挫（よくようとんざ） | 文や声の調子を上下させて、勢いを変えたりする。また、勢いが急になくなること。 |
| 落花流水（らっかりゅうすい） | 散る花と流れる水。転じて人や物が落ちぶれること。また、男女が互いに慕い合うことのたとえ。 |
| 乱臣賊子（らんしんぞくし） | 国を乱す家来と親に背く子のこと。 |
| 力戦奮闘（りきせんふんとう） | 力いっぱい戦うこと。全力を尽くして努力すること。 |
| 離合集散（りごうしゅうさん） | 離れたり、集まったりすること。 |
| 理非曲直（りひきょくちょく） | 道理にかなったこととはずれていること。また、正しいことと間違っていること。「理非」は道理に合うこととそうでないこと、「曲直」は曲がっていることとまっすぐなこと。 |
| 流言飛語（りゅうげんひご） | 確かな根拠のない、いいかげんな情報。でたらめなうわさ。 |
| 粒粒辛苦（りゅうりゅうしんく） | 米を作る農民の辛さのひとつぶひとつぶとおりでないこと。転じて、物事を成しとげるために、こつこつと努力や苦労をすること。 |
| 竜頭蛇尾（りょうとうだび） | 「竜頭」は「りゅうとう」とも読む。竜の頭に蛇の尾。最初は勢いが盛んでありながら、終わりは振るわなくなってしまうことのたとえ。 |

**良風美俗**（りょうふうびぞく）
非常によい風俗習慣のこと。

**理路整然**（りろせいぜん）
話の内容や考え方の筋道がしっかり通っていること。対語に「支離滅裂」がある。

**臨機応変**（りんきおうへん）
その場に臨み、変化に応じて最も適切な手段をほどこすこと。また、そのさま。

**累世同居**（るいせいどうきょ）
何代にもわたる親族が同じ家に住むこと。

**冷汗三斗**（れいかんさんと）
ひどく怖い思いをしたり、人前で恥じ入ったりするさまの形容。冷や汗をたくさんかくこと。類語に「冷水三斗」がある。

**冷酷無情**（れいこくむじょう）
冷酷で思いやりがないこと。

**霊魂不滅**（れいこんふめつ）
人間の魂は肉体の死後も存在していると いう考え方。

**老少不定**（ろうしょうふじょう）
人間の寿命は予知できるものではないということ。

**老成円熟**（ろうせいえんじゅく）
経験が豊富で、人格、知識、技能などが十分に熟練して、豊かな内容を持っていること。

**籠鳥恋雲**（ろうちょうれんうん）
捕らえられている人が自由になることを望むこと。

**老若男女**（ろうにゃくなんにょ）
年齢や性別に関係ない全ての人の意。

**六根清浄**（ろっこんしょうじょう）
欲望や迷いがなくなり、心身が清らかになること。

**論功行賞**（ろんこうこうしょう）
功績を考慮してそれに応じた賞を与えること。「功」は手柄、「賞」はほうび。

**和敬清寂**（わけいせいじゃく）
茶道の精神を表す言葉。

**和魂漢才**（わこんかんさい）
日本固有の精神と中国伝来の学問。また、その二つをそなえ持つこと。「和魂」は日本固有の精神、「漢才」は漢学の知識。類語に「和魂洋才」がある。

**和魂洋才**（わこんようさい）
日本固有の精神と西洋の学問。また、その二つをそなえ持つこと。「和魂」は日本固有の精神、「洋才」は西洋文明伝来の才能。類語に「和魂漢才」がある。

**和衷協同**（わちゅうきょうどう）
心を同じくして、ともに力を合わせること。類語に「和衷共済」がある。

本書記載の情報は制作時点のものです。受検をお考えの方は、必ずご自身で下記の公益財団法人 日本漢字能力検定協会の発表する最新情報をご確認ください。

公益財団法人 日本漢字能力検定協会
ホームページ　https://www.kanken.or.jp/
〈本部〉　京都市東山区祇園町南側551番地
ホームページにある「よくある質問」を読んで該当する質問がみつからなければメールフォームでお問合せください。電話でのお問合せ窓口は0120－509－315（無料）です。

◆「漢検」「漢字検定」は公益財団法人 日本漢字能力検定協会の登録商標です。

**本書に関する正誤等の最新情報は、下記のアドレスでご確認ください。**
**https://www.seibidoshuppan.co.jp/info/pocket-kanken2-2305**

◎上記アドレスに掲載されていない箇所で、正誤についてお気づきの場合は、書名・質問事項・氏名・住所（またはFAX番号）を明記の上、**成美堂出版**まで**郵送**または**FAX**でお問い合わせください。**お電話でのお問い合わせはお受けできません。**
◎内容によってはご質問をいただいてから回答を発送するまでお時間をいただくこともございます。
◎本書の内容を超える質問等にはお答えできませんので、あらかじめご了承ください。

よくあるお問い合わせ

**Q** **持っている辞書に掲載されている部首と、本書に掲載されている部首が違いますが、どちらが正解でしょうか？**

**A** 辞書によっては、部首としているものが異なることがあります。**漢検の採点基準では、「漢検要覧2～10級対応 改訂版」（日本漢字能力検定協会発行）で示しているものを正解**としていますので、本書もこの基準に従っています。そのためお持ちの辞書と部首が異なることがあります。

## ポケット漢検2級問題集

編　著　成美堂出版編集部
発行者　深見公子
発行所　成美堂出版
〒162-8445　東京都新宿区新小川町1-7
電話(03)5206-8151　FAX(03)5206-8159
印　刷　大盛印刷株式会社


ISBN978-4-415-23264-5
落丁・乱丁などの不良本はお取り替えします
定価はカバーに表示してあります